★ 职业教育城市轨道交通专业精品教材 ★

Chengshi Guidao Jiaotong Gongdian Jishu

城市轨道交通供电技术
（第2版）

童岩峰　主　编
张明瀚　余晓光　副主编

人民交通出版社股份有限公司
北京

内 容 提 要

本书为职业教育城市轨道交通专业精品教材,以城市轨道交通供电系统的构成为切入点,全面介绍了城市轨道交通供电系统的各个子系统。全书共分8个单元,主要内容包括城市轨道交通供电系统组成、外部电源、中压网络、城市轨道交通各类变电所的主要设备和电气主接线、接触网,以及城市轨道交通供电系统的保护、监视、控制和安全防护。

本书是职业教育轨道交通类专业的教学用书,也可作为城市轨道交通行业职工培训教材使用,或供从事轨道交通管理及技术人员学习参考。

图书在版编目(CIP)数据

城市轨道交通供电技术/童岩峰主编. —2版. —北京:人民交通出版社股份有限公司,2023.5

ISBN 978-7-114-18756-8

Ⅰ.①城…　Ⅱ.①童…　Ⅲ.①城市铁路—供电系统　Ⅳ.①U239.5

中国国家版本馆 CIP 数据核字(2023)第072900号

书　　名:城市轨道交通供电技术(第2版)
著　作　者:童岩峰
责任编辑:时　旭
责任校对:赵媛媛
责任印制:张　凯
出版发行:人民交通出版社股份有限公司
地　　址:(100011)北京市朝阳区安定门外馆斜街3号
网　　址:http://www.ccpcl.com.cn
销售电话:(010)59757973
总　经　销:人民交通出版社股份有限公司发行部
经　　销:各地新华书店
印　　刷:北京市密东印刷有限公司
开　　本:787×1092　1/16
印　　张:14.25
字　　数:333 千
版　　次:2010年8月　第1版
　　　　　2023年5月　第2版
印　　次:2023年5月　第2版　第1次印刷　总第14次印刷
书　　号:ISBN 978-7-114-18756-8
定　　价:43.00元

(有印刷、装订质量问题的图书,由公司负责调换)

Preface 第 2 版前言

随着我国城镇化规模不断扩大，人员流动与机动车数量快速增加，现有城市交通基础设施面临着巨大的挑战。城市轨道交通对改善现代城市交通拥堵局面、调整和优化城市区域布局、促进国民经济发展发挥的作用，已是不容置疑的客观现实。在城市化进程加快、新一线城市经济崛起的背景下，我国城市轨道交通迎来快速发展，城市轨道交通运营规模不断扩大，城市轨道交通运营人才紧缺问题亟待解决。

本套城市轨道专业教材自2010年出版以来，在教学、科研和培训工作中发挥了很大的作用，深受使用院校师生的好评。为体现城市轨道交通发展中新技术、新材料、新设备、新工艺和新标准的应用，更好地适应职业教育"校企合作，工学结合"的人才培养模式，满足实际教学需求，人民交通出版社股份有限公司根据使用院校师生反馈的意见和建议，组织相关专业教师、企业技术人员，对本套教材进行了全面修订。

本书以城市轨道交通供电系统的构成为切入点，全面介绍了城市轨道交通供电系统的各个子系统。全书共分8个单元：单元1，概述城市轨道交通供电系统的功能、组成以及城市电网对城市轨道交通的供电方式；单元2，主要介绍主变电所的设置、主要设备和电气主接线；单元3，主要介绍中压网络的电压等级、构成形式和运行方式；单元4，主要介绍降压变电所的设置、主要设备和电气主接线；单元5，主要介绍牵引降压混合变电所的设置、主要设备和电气主接线；单元6，主要介绍柔性接触网、刚性接触网和第三轨的结构和维护要点；单元7，介绍城市轨道交通继电保护、开关控制回路、电力监控的工作原理；单元8，针对城市轨道交通供电中较为突出的安全问题，如电气安全、防雷接地、杂散电流等，阐述了机理和处置的具体措施。

作为一本面向城市轨道交通职业教育的教材，本书结合了国家规范和设计院、工程单位、城市轨道交通运营企业、生产厂家的技术资料，理论联系实际是这本教材的特色。各单元都设置了"问题导入""学习要点""技能目标""素质目标"，旨在引导读者有针对性、有目的性地进行学习。各小节中还设置了"想一想""做一做"环节，可培养学生的动手和参与能力，让学生在操作过程中巩固理论知识，熟悉操作规程，掌握操作技能。

本书由南京铁道职业技术学院童岩峰担任主编，南京铁道职业技术学院张明瀚、余晓光担任副主编，由城市轨道交通有关技术人员、专业院校教师共同编写。编写分工如下：南京铁道职业技术学张明瀚编写单元7第1、2、5节，南京铁道职业技术学院余晓光编写单元8第1、2、3、4节，南京铁道职业技术学院戴丽君编写单元2第3节，南京铁道职业技术学院邢光兵编写单元6第4节，南京地铁运营有限责任公司訾晨凯编写单元 6 第 3 节,南京地铁运营有限责任公司陶钧编写单元 8 第 5 节,南京地铁运营有限责任公司许小军编写单元 2 第 4 节,其他部分由童岩峰编写并负责全书统稿。

本书在编写过程中,得到了南京地铁、苏州地铁供电部门和相关职教院校与主管单位的大力支持,在此表示感谢!

由于编写时间仓促,且编者水平有限,书中难免有谬误和不妥之处,真诚希望读者和专家给予批评指正。

编　者

2023 年 3 月

Contents 目录

单元1 城市轨道交通供电系统概述	1
1.1 城市轨道交通概述	2
1.2 城市轨道交通电气化概述	8
1.3 城市轨道交通供电系统的功能和组成	11
1.4 外部电源	14
复习思考题	20
单元2 主变电所	21
2.1 主变电所的位置和布置	22
2.2 主变压器	26
2.3 高压开关设备	34
2.4 成套设备	40
2.5 电气主接线	44
复习思考题	52
单元3 中压网络	53
3.1 中压网络的电压等级	54
3.2 中压网络的构成形式	55
3.3 中压网络的运行	60
3.4 中压电力电缆	62
复习思考题	66
单元4 降压变电所	67
4.1 降压变电所的设置	68
4.2 降压变电所主接线	72
4.3 配电变压器	75
4.4 交流开关柜	82
复习思考题	89
单元5 牵引降压混合变电所	90
5.1 牵引所的设置	91
5.2 牵引降压混合变电所主接线	94
5.3 整流机组	101

| 5.4 | 直流开关柜 | 106 |

复习思考题 114

单元6 接触网 116
6.1	接触网概述	117
6.2	柔性架空接触网	118
6.3	刚性架空接触网	149
6.4	接触轨	161

复习思考题 167

单元7 城市轨道交通供电系统的保护和控制 168
7.1	继电保护概述	169
7.2	直流系统继电保护	171
7.3	二次回路	181
7.4	高压开关控制回路	186
7.5	电力监控系统	188

复习思考题 198

单元8 安全防护 199
8.1	城市轨道交通供电安全防护概述	200
8.2	过电压与防雷	201
8.3	接地	205
8.4	杂散电流防护	208
8.5	城市轨道交通供电系统安全要求	211

复习思考题 218

附录 219

参考文献 221

单元 1　城市轨道交通供电系统概述

问题导入

在当今城市发展过程中,城市轨道交通在公共交通系统中的地位越来越重要。供电系统作为城市轨道交通系统的重要组成部分,相当于人的中枢系统。没有可靠安全的供电系统供电,没有牵引系统足够的动力支持,就不可能有城市轨道交通的正常运行。城市轨道交通供电系统到底由哪些部分组成?这些部分如何起作用呢?城市轨道交通供电系统作为电网的用户,城市电网如何为其供电?本单元将回答这些问题。

学习要点

1. 城市轨道交通的定义、特点及类型;
2. 城市轨道交通供电系统的功能及要求;
3. 城市轨道交通供电系统的组成及各组成部分的作用;
4. 城市轨道交通供电系统供电制式的发展历程及应用现状;
5. 城市轨道交通外部电源的供电方案。

技能目标

1. 能区分各种类型的城市轨道交通系统的特点;
2. 能画出城市轨道交通供电系统的构成图;
3. 能复述城市轨道交通供电系统采用直流供电制式的原因;
4. 能分析外部电源方案的选择是否恰当。

素质目标

1. 具有良好的团队协作、人际交往和协商沟通的能力;
2. 具有良好的心理素质以及克服困难的能力;
3. 具有良好的职业道德和规范、安全与质量控制等职业素养;
4. 具有良好的城市轨道交通工程伦理和环保意识。

建议学时

6 学时

1.1 城市轨道交通概述

1.1.1 城市轨道交通的定义和特点

城市中,使用车辆在固定导轨上运行并主要用于城市客运的交通系统称为城市轨道交通。

国家标准《城市轨道交通技术规范》(GB 50490—2009)将城市轨道交通定义为"采用专用轨道导向运行的城市公共客运交通系统"。

行业标准《城市公共交通分类标准》(CJJ/T 114—2007)将城市轨道交通定义为"采用轨道结构进行承重和导向的车辆运输系统,依据城市交通总体规划的要求,设置全封闭或部分封闭的专用轨道线路,以列车或单车形式,运送相当规模客流量的公共交通方式"。

城市轨道交通是城市公共交通的一个重要组成部分,随着城市的不断发展,它逐渐成为城市中最主要的交通工具。城市轨道交通以鲜明的特点,赢得了城市管理者和市民的青睐,成为"城市交通的主动脉"。它的特点包括以下几点。

(1)安全。城市轨道交通大部分与地面隔离,其特定的路权方式使系统安全可靠。此外,因为城市轨道交通具有运量大的特点,人们在设计、建设、管理以及资金的投入方面,对其安全也特别重视。

(2)快捷。城市轨道交通的线路条件不受地面环境影响,并具有良好的控制体系,速度快。

(3)准时。城市轨道交通在其专用的轨道上行驶,在可靠技术支持下,按照运营计划行驶,一般都会正常准时运营。

(4)舒适。城市轨道交通有良好的环控体系和候车环境,乘车舒适性好。

(5)运量大。城市轨道交通的车厢空间大,一列城市轨道交通列车可载1400人以上。

(6)无污染(或少污染)。城市轨道交通的动力是电能,没有污染。

(7)占地少,不破坏地面景观。城市轨道交通的线路主要在地下,占用城市地面面积少,不会破坏地面景观。但是,城市轨道交通也存在建设投资大、路网结构不易调整、运营成本高、技术条件要求高等缺点。

想一想

城市轨道交通有哪些和其他公共交通方式不一样的特点?

1.1.2 城市轨道交通的发展历程

纵观世界城市轨道交通发展历史,大致可分为两大阶段:第一阶段从1863年到20世纪中叶,第二阶段从20世纪中叶至今。

1)第一阶段

城市轨道交通的雏形是轨道公共马车,如图1-1所示。

1863年，用蒸汽机车牵引的地下铁道线路——大都会铁路（Metropolitan Railway）在英国伦敦建成通车，这是世界上第一条地铁。此时的地铁受技术条件限制，采用最原始的明挖法建设。建设时，先将地面挖开，在露天情况下修建路轨、站台、挡土墙，然后再覆盖回填，如图1-2所示。地铁和火车，最早是同一种交通工具，区别是一个在地下行驶，一个在地面行驶。

图1-1　城市轨道交通的雏形——轨道公共马车　　　　图1-2　地铁明挖法施工场景模型

1879年电力驱动机车的成功研究，使地下客运环境和服务条件得到了空前的改善，地铁建设展现出强大的生命力。此后，欧美国家和地区的城市轨道交通发展较快，第二次世界大战前，有13个城市修建了地铁。

2）第二阶段

第二次世界大战后，伴随着各国城市的快速发展，地铁发展也极为迅速。到1969年，又有17个城市新建了地铁，特别是1975年之后的几十年时间里，由于城市人口规模的膨胀和道路交通的拥挤，城市轨道交通建设又进入一个新的发展阶段。

根据2005年日本地下铁道协会的统计，当时全世界有142个城市建成了城市轨道交通系统，其中90%以上的线路均在20世纪90年代以前建成。里程长度排名前10位的城市分别是巴黎、纽约、伦敦、首尔、莫斯科、东京、芝加哥、柏林、波士顿、旧金山。

3）我国城市轨道交通发展

由于经济实力和技术水平的限制，我国城市轨道交通建设起步较晚。我国第一条投入运营的地铁是1965年动工、1969年建成通车的北京地铁1号线一期工程，如图1-3所示。

图1-3　北京地铁1号线一期工程

随后，我国又建设了天津地铁1号线、北京地铁2号线、上海地铁1号线、广州地铁1号线等，但数量较少，整体上处于起步阶段。

随着我国经济的高速发展,城市化进程加快,国家于1999年开始陆续审批了深圳、武汉、南京、长春、重庆、大连等城市的地铁或轻轨建设项目,城市轨道交通进入高速发展阶段,建设速度远超前30年。表1-1统计了我国部分城市的第一条轨道交通线路的开通时间。

我国部分城市第一条城市轨道交通线路开通时间　　　　　　　　表1-1

城市	第一条城市轨道交通线路开通时间(年)	城市	第一条城市轨道交通线路开通时间(年)
北京	1969	哈尔滨	2013
香港	1979	郑州	2013
天津	1984	长沙	2013
上海	1994	宁波	2014
台北	1996	无锡	2014
广州	1998	青岛	2015
长春	2002	南昌	2015
大连	2003	福州	2016
武汉	2004	东莞	2016
深圳	2004	南宁	2016
重庆	2004	合肥	2016
南京	2005	桃园	2017
高雄	2008	石家庄	2017
沈阳	2010	贵阳	2017
成都	2010	厦门	2017
佛山	2010	乌鲁木齐	2018
西安	2011	温州	2019
苏州	2012	济南	2019
昆明	2012	兰州	2019
杭州	2012	常州	2019

从表1-1中可以看出,我国城市轨道交通在2000年之后快速发展,1999年审批通过的6座城市的城市轨道交通陆续建成通车。到了2008年之后,我国城市轨道交通更是进入迅猛发展阶段,经济比较发达或地理位置重要的城市均开始建设城市轨道交通,每年都有新开通城市轨道交通的城市。到2022年底,我国已经有55个城市开通或在建城市轨道交通系统。

1999年之前,我国城市轨道交通线路总长约54km,2022年我国城市轨道交通运营里程已经超过1万km,位居世界第一。在世界轨道交通运营里程城市排行榜中,前10强中我国占有7席,分别是上海、北京、广州、成都、武汉、杭州、南京,相信不久的将来还会有更多中国城市进入这份榜单。

　想一想

世界和中国城市轨道交通发展分别有哪几个阶段?

1.1.3 城市轨道交通的类型

按照不同的标准,城市轨道交通可以划分成不同的类别。如按轨道空间位置划分,可分为地下铁道、地面铁路和高架铁路;按轨道形式划分,可分为重轨铁路、轻轨铁路和独轨铁路;按服务区域划分,可分为市郊铁路、市内铁路和区域快速铁路等。由于目前各国对于城市轨道交通的划分尚未统一的标准,造成城市轨道交通的类型也不是很明确。

下面列举一些基本上得到认同的轨道交通形式。

1) 地铁

地下铁道交通(简称地铁)是一种在城市中修建的快速、大运量的轨道交通,通常以电力牵引,其单向高峰小时客运能力可达3万人次以上,它的线路通常设在地下隧道内,也有的在城市中心以外地区从地下转到地面或高架桥上。

目前国内外的一些大城市,如纽约、伦敦、巴黎、莫斯科、东京、北京、上海、广州、南京等,均已形成一定的城市轨道交通规模和网络,且以地铁为主干,延伸到城市的各个方向。图1-4所示为南京地铁1号线。

我国城市轨道交通运营里程中,地铁的占比在75%以上。

地铁具有以下特征:

(1) 全部或大部分线路建于地面以下。
(2) 建设费用大、周期长,成本回收慢。
(3) 行车密度大,速度高。
(4) 客运量大,一般在高峰时段单向运输能力为3万~7万人次/h。
(5) 地铁列车的编组数决定于客运量和站台的长度,一般为2~8辆。
(6) 地铁车辆的消声减振和防火均有严格要求,既安全,又舒适。
(7) 地铁列车主要通过"架空接触网-受电弓"或"第三轨-受电靴"的形式受电,电压主要为直流1500V或直流750V。

2) 轻轨

城市轻轨铁路(简称轻轨)泛指高峰时单向运输能力在1万~3万人次/h的中等运量的轨道交通系统。轻轨是在老式的地面有轨电车的基础上发展起来的,在西欧、北美等地已经成为城市公共交通投资的主流。国内也有许多城市建有轻轨线路,图1-5所示为天津轨道交通9号线——津滨轻轨。

图1-4 南京地铁1号线

图1-5 天津轨道交通9号线——津滨轻轨

轻轨与一般的铁路相比,具有以下特征:

(1)线路可以为地面、地下和高架混合型,一般与地面道路完全隔离,采用半封闭或全封闭专用车道。

(2)建设费较少,每千米线路造价仅为地铁的1/5～1/2。

(3)中等运量,单向运输能力一般为2万～4万人次/h,运输能力介于地铁和公共汽车之间。

(4)轻轨车辆有单节4轴车、双节单铰6轴车和3节双铰8轴车等。

(5)对车辆和线路的消声和减振有较高要求。

(6)供电制式以直流750V架空线(或第三轨)供电为主,也有部分采用直流1500V和直流600V供电。

3)市郊铁路

市郊铁路是指将城市市区与郊区,尤其是远郊区联系起来的长距离城市轨道交通系统。它主要为短途、通勤的旅客提供运输服务,故也称通勤铁路(commuter rail)或地区铁路(regional rail)。现在其概念范围也在扩大,包括了城际直达的高速铁路,俗称"快轨"。

和其他的轨道交通形式相比,它具有如下特点:

(1)站间距大。

(2)速度快,最高速度可达100km/h以上。

(3)建设成本低,一般每千米线路造价是地铁的1/10～1/5。

(4)运量大,单向运输能力高达6万～8万人次/h。

图1-6所示为英国伦敦的市郊铁路。

4)独轨

独轨铁路简称独轨,是指车辆在一根轨道上运行的一种轨道交通系统。通常分为跨座式和悬挂式两种类型。前者车辆的走行装置(转向架)跨骑在走行轨道上,其车体重心处于走行轨道的上方;后者车体悬挂于可在轨道梁上行走的走行装置的下面,其重心处于走行装置的下面。图1-7所示为我国芜湖的独轨铁路。

图1-6 英国伦敦的市郊铁路

图1-7 芜湖的独轨铁路

独轨铁路的优点是:

(1)线路多架于空中,可充分利用城市空间,适宜于在大城市的繁华中心区建设,具有交通和旅游观光的双重作用。

(2)线路构造较简单,建设费用低,为地铁的1/3左右。

(3)能实现大坡度和小半径曲线运行,可绕行城市的建筑物。

(4)一般采用轻型车辆,列车编组为4~6辆。

(5)走行装置采用空气弹簧和橡胶轮结构,并采用电力驱动,故运行噪声低,无废气,乘坐舒适。

独轨铁路的缺点是:

(1)能耗大。由于其走行装置采用橡胶轮,它与混凝土轨面的滚动摩擦阻力比钢轮钢轨大,故其能耗比一般轨道交通约高40%,且有轻度的橡胶粉尘污染。

(2)运能较小。一般单向最大运输能力为1.2万人次/h。

(3)独轨线路不能与常规的地铁、轻轨等接轨。

(4)道岔结构复杂、笨重,转换时间较长,从而延长了列车折返时间。

(5)列车运行至区间时若发生事故,疏散和救援困难。

城市轨道交通有哪些类型,各有什么特点?

1.1.4 城市轨道交通系统的组成

城市轨道交通系统由车辆、供电系统、通信系统、信号系统、自动售检票、暖通空调、屏蔽门(安全门)、自助扶梯和电梯、防火、灭火系统、给排水、综合监控系统组成。

1)车辆

城市轨道交通的车辆是用来运输旅客的工具,按有无动力可分为两大类:拖车(T),本身无动力牵引装置;动车(M),本身带有动力牵引装置。在运营时,城市轨道交通列车一般采用动拖结合、固定编组的电动列车组形式,城市轨道交通车辆不仅要有良好的牵引、制动性能,保证运行安全、正点、快速,同时又要有良好的旅客服务设施,使乘客感到舒适、文明、方便。

2)供电系统

电能是城市轨道车辆电力牵引系统必需的能源,电动车辆以及为城市轨道交通运营服务的机电设备,包括通风、空调、照明、通信、信号、给排水、防灾报警、电梯、电动扶梯等也都依赖并消耗电能。在城市轨道交通运营中,供电一旦中断,不仅会造成城市轨道交通运营瘫痪,而且还有可能危及乘客生命安全,造成财产损失。因此,高度安全、可靠且经济合理的供电系统是城市轨道交通正常运营的重要条件和保证。

城市轨道交通供电电源一般取自城市电网,通过城市电网一次电力系统和轨道交通供电系统实现输送或变换,最后以适当的电压等级、一定的电流形式(直流或交流电)供给用电设备。

3)通信系统

城市轨道交通的通信系统是传递语言、文字、数据、图像等多种信息的综合业务数字系统,它包括数字传输、电话交换、高频电话、有线和无线通信、闭路电视、有线广播、时钟、电源等设备系统。城市轨道交通通信系统要求高可靠、易扩充、组网灵活、独立采用通信网络,并能与公共通信系统联网。

4)信号系统

城市轨道交通的信号系统是保证列车运行安全和提高线路通过能力的重要设施。以前列车运行,主要是列车司机根据色灯信号(红、黄、绿)进行操作。而城市轨道交通具有高密度、短间隔、站距短和快速等特点,其信号系统也从传统的方式,即以地面信号的显示传递行车命令,列车司机按行车规则操作列车运行的方式,发展到按地面发送的信息自动监控列车速度和自动调整列车追踪间隔的方式。实现这一方式的关键设备是列车自动控制系统(Automatic Train Control,ATC)系统。

5)其他

自动售检票、暖通空调、屏蔽(安全)门、自动扶梯和电梯等车站设施和防火、灭火、给排水系统等环控设施,在保证乘客有一个良好的候车环境的同时,更保证了乘客能够安全、快捷地乘坐列车。

综合监控系统包括:电力监控系统、机电设备监控系统、屏蔽门监控系统、防淹门(FG)互联系统、火灾自动报警、广播系统、闭路电视系统、车载信息系统、车站信息系统、自动检售票系统、信号系统、时钟系统。它涉及的专业门类较多,是一个真正意义的综合系统。

城市轨道交通系统由哪些部分组成?

1.2 城市轨道交通电气化概述

1.2.1 城市轨道交通电气化的发展

1821年,英国科学家迈克尔·法拉第发现了电磁感应现象,由此开启了全新的电力时代。1828年,匈牙利物理学家耶德利克·阿纽什研制完成世界上第一台直流电动机,还制造了一台与之配套的迷你车辆,由电动机驱动车辆运行,但还属于玩具性质。有了这个电力应用的先河,后继的发明家纷纷投身到电力技术领域,电力技术突飞猛进。

历史上公认的首次电力机车载客试验,是在1879年由德国发明家和企业家维尔纳·冯·西门子完成的。在当时的柏林工业展览会上,西门子公司铺设了一条长约300m的环形铁路,在两根钢轨之间另外铺设第三条供电轨,供电电压采用直流150V,上面运行一台2.2kW的小型四轮电力机车,后面牵引3辆拖车,每辆拖车可以乘坐6人,机车最多能够运载30名乘客,运行速度约为13km/h,如图1-8所示。

图1-8 1879年西门子发明的电车

单元1　城市轨道交通供电系统概述

西门子在1881年修建的柏林有轨电车线路和爱迪生在1880年修建的门洛帕克试验电车线路,采用的都是地面或者地下供电方式,由于供电轨暴露在外面,对过往行人和动物造成了严重的威胁,为了将危险降到安全范围之内,就必须将电压降低,所以就限制了电能的应用。查尔斯·范·德博莱在1885年发明了"悬空电线轮滑式受电系统",如图1-9所示,这种供电技术与现在采用的接触网供电方式基本相同,使架空供电方式替代了地面第三轨供电方式。

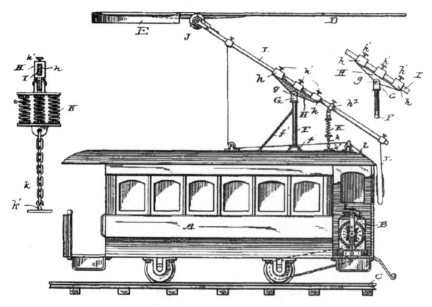

图1-9　德博莱发明的"悬空电线轮滑式受电系统"

真正将有轨电车技术臻于完善并开始大规模商业推广的人物是"美国电力牵引之父"弗兰克·朱利安·史伯格,如图1-10所示。史伯格投身有轨电车的研发,是从改良发电机开始的,他发明了一台新型发电机,能够长期稳定运行,不产生电火花,而且采用再生制动技术。这种独到的再生制动技术至今仍然在城市轨道交通车辆和电梯中采用。史伯格对有轨电车的另一个关键贡献,就是改进了查尔斯·范·德博莱发明的"悬空电线轮滑式受电系统",这个装置还有一个名称叫"弹簧承压触轮杆"。史伯格改进了其齿轮结构,使之性能更加优越,可以被大范围地装配到有轨电车上面。

早期的城市轨道交通车辆中一般采用直流电动机作为牵引电动机,特别是直流串励牵引电动机,具有适合牵引所需的"牛马"特性、启动性能好、调速范围宽、过载能力强、功率利用充分、控制简单等优点,在城市轨道交通车辆上得到广泛应用。但直流电动机也存在必须通过换向器才能工作、结构复杂、检修工作量大等缺点。而且早期的直流牵引

图1-10　弗兰克·朱利安·史伯格

9

电动机的控制方式一般采用变阻控制,不仅能耗大,而且会造成隧道内温度升高,易引发火灾等问题。

随着电力电子器件的迅速发展,从20世纪70年代起,城市轨道交通车辆普遍采用了直流电机斩波调压技术,20世纪80年代后交流异步电机可变电压(Variable Voltage and Variable Frequency,VVVF)控制系统在城市轨道交通车辆进入实用阶段。

我国的城市轨道交通设备同样起步较晚,但从无到有,逐步实现国产化,城市轨道交通车辆的系统集成、牵引传动、网络控制、转向架、车体、制动、弓网受流、振动噪声控制、工程机械电气传动与控制、电力电子器件等方面取得重大突破,达到国际先进水平。

想一想
城市轨道交通电气化的过程中有哪些标志性的人物和发明?

1.2.2 电力牵引制式

电力牵引用于轨道交通系统已有100多年的历史,随着经济和科学技术的不断发展,用于轨道交通的电力牵引方式有许多不同的制式出现。这里所说的制式是指供电系统向电动车辆或电力机车供电所采用的电流和电压制式,如直流制或交流制、电压等级、交流制中的频率(工频或低频)以及交流制中是单相或三相等。目前应用广泛的是直流制和工频单相交流制。

城市轨道交通几乎都采用直流供电制式。世界各国城市轨道交通的供电电压都在直流DC 550~1500V之间,现在国际电工委员会拟定的电压标准为DC 600V、DC 750V和DC 1500V三种。我国国家标准也规定为DC 750V和DC 1500V。

采用直流制式的原因有如下几点:

(1)城市轨道交通电动车辆的功率并不很大,供电半径也不大,因此供电电压不需要太高。

(2)在同样电压等级下,直流制因为没有电抗压降而比交流制的电压损失小。

(3)城市轨道交通供电系统的供电线路处在城市建筑群之间,供电电压不宜太高,以确保安全。

(4)由于大功率半导体整流元件(晶闸管)的出现,在直流制电动车辆上,采用整流器可对直流串励牵引电动机进行调压调速,减少了能耗。

(5)快速晶闸管出现后,由快速晶闸管等组成的逆变器,可将直流电逆变成频率可以调节的交流电,解决了多年来想采用结构简单、结实的鼠笼式异步电动机作为牵引电动机的愿望,这种用改变频率改变异步电动机速度的方法(简称变频调速),使异步牵引电动机性能满足牵引列车特点的要求。虽然电动车辆上采用的是交流异步牵引电动机,但其供电电压还是直流的,所以还属于直流制式的范畴,这就给直流制的应用提供了一个更宽广的发展空间。

中国城市轨道交通的供电制式根据各城市的具体条件和要求有不同的形式,即使是同一城市不同线路,也可以采用不同的供电制式。但总的来说,有三种类型:DC 750V 第

单元1 城市轨道交通供电系统概述

三轨、DC 1500V 第三轨、DC 1500V 接触网。其中,北京地铁、天津地铁、武汉地铁采用 DC 750V 第三轨供电,上海地铁第一条 APM 线路——浦江线采用 DC 750V 导向轨供电;广州地铁 4 号线和 5 号线、无锡地铁 1 号线和 2 号线、深圳地铁龙岗线等采用 DC 1500V 第三轨供电;大多数地铁线路采用的是 DC 1500V 接触网供电,如南京地铁、成都地铁、杭州地铁、西安地铁等。除了这三种最常见的供电制式外,还有一些其他的形式,比如广州地铁 APM 线路采用 600V 的三相交流供电,上海磁浮采用频率、电压、相角均可调的三相交流供电。

我国各城市的轨道交通采用什么样的牵引供电制式?

1.3 城市轨道交通供电系统的功能和组成

1.3.1 城市轨道交通供电系统的功能

城市轨道交通供电系统是城市轨道交通各系统的动力能源和心脏,它不仅为城市轨道交通电动列车提供牵引用电,而且还为城市轨道交通运营服务的其他设施提供电能,如照明、通风、空调、给排水、通信、信号、防灾报警、自动扶梯等。在城市轨道交通的运营中,供电一旦中断,不仅会造成城市轨道交通运输的瘫痪,而且还会危及乘客的生命安全和造成财产损失。因此,高度安全、可靠并且经济合理的电力供给是城市轨道交通正常运营的前提和重要保证。它应具备安全、可靠、调度方便、技术先进、功能齐全、经济合理的特点,并应具备以下所述一些功能。

1) 全方位的服务功能

供电系统的服务对象除运送乘客的电动车辆外,还有保证旅客在旅行中有良好卫生环境和秩序的通风换气、空调设施、自动扶梯、自动售检票、屏蔽门、排水泵、排污泵、通信信号、消防设施和各种照明设备。在这个庞大的用电群体中,用电设备有不同的电压等级、不同的电压制式,既有固定的,也有时刻在变化着的,供电系统就是要满足这些不同用途的用电设备对电源的不同需求,使城市轨道交通系统的每种用电设备都能发挥各自的功能和作用,保证城市轨道交通系统能够安全、可靠地运营。

2) 故障自救功能

无论供电系统如何构成,采用什么样的设备,安全、可靠地供电总是第一位的。在系统中发生任何一种故障,系统本身都应有备用措施,以保证城市轨道交通系统的正常运营。供电系统设计以双电源为主要原则,当一路电源故障时,另一路电源应能保证系统的正常供电。如主变电所、牵引变电所和降压变电所为双电源、双机组;动力照明的一、二级负荷采用双电源、双回路供电;牵引网同一馈电区采用双边供电(双电源供电)方式,当一座牵引变电所故障解列时,靠两个相邻变电所的过负荷能力对牵引网进行大双边供电,保证列车可以照常运行不受影响。

3）系统的自我保护功能

系统应有完善、协调的保护措施,供电系统的各级继电保护应相互配合和协调,当系统发生故障时,应当只切除故障部分的设备,从而使故障范围缩小。系统的各级保护应当满足可靠性、灵敏性、速动性、选择性的要求。对牵引供电系统而言,为保证旅客的安全,保护的速动性是第一位的,其保护的原则是"宁可误动作,不可不动作",误动作可以用自动重合闸校正,而保护不动作则很危险,因为直流电弧在不切断电源时可以长时间维持燃烧,从而威胁旅客安全。城市轨道交通供电系统中压交流侧保护,应和城市电网的保护相配合和协调,因此,其保护的选择性也受到制约。

4）防止误操作的功能

系统中任何一个环节的操作都应有相应的联锁条件,不允许因误操作而导致发生故障。尤其是各种隔离开关(无论是电动还是手动)或手车式开关的隔离触头,都不允许带负荷操作。防止误操作的联锁条件可以是机械的,也可以是电气的,还可以是电气设备本身所具备的或是在操作规程和程序上严格规定的。防止误操作是确保系统安全、可靠运行不可缺少的环节。

5）方便灵活的调度功能

系统应能在控制中心进行集中控制、监视和测量,并应能根据运行需要,方便灵活地进行调度、变更运行方式、分配负荷潮流,使系统的运行更加经济合理。当系统发生故障而使一路或两路电源退出运行时,为保证城市轨道交通列车的正常运行,电力调度可以对供电分区进行调度和调整,以达到安全可靠、经济运行的目的。

6）完善的控制、显示和计量功能

系统应能进行本地和远程控制,并可以方便地进行操作转换,系统各环节的运行状态应有明确的显示,使运行人员一目了然。各种信号显示应明确,事故信号、预告信号分别显示,各种电量的测量和电能的计量应准确,并便于运行人员查证和分析;牵引用电和动力照明用电应分别计量,以利于对用电指标进行考核与经济分析。在控制中心应能对整个供电系统进行控制、信号显示、各种量值的计量统计。

城市轨道交通供电系统应具备哪些功能？

1.3.2 城市轨道交通供电系统的组成

城市轨道交通供电系统主要用于向城市轨道交通车辆和各机电设备系统提供安全和可靠的电力供应,满足各级供电网络在正常、事故和灾害情况下的控制、测量、监视、计量和调整的功能、安全操作联锁功能和故障保护功能。

城市轨道交通供电系统主要包括电源系统、牵引供电系统、动力照明供电系统、电力监控系统。

1）电源系统

电源系统将来自城市电网的高压电源降压为城市轨道交通系统可使用的中压,或者是将城市电网的中压电源引入城市轨道交通系统,通过中压环网供电网络分配给牵引供电系统和动力照明供电系统。细分起来,城市电压的高压或中压电源属于外部电源,城市轨道交通内部的中压电源属于内部电源,平常多称之为中压环网。

2)牵引供电系统

牵引供电系统将引自主变电所或者是地方电网的中压电源,通过牵引变电所降压整流,变成适合城市轨道交通车辆使用的直流电源,通过接触网和回流网供给城市轨道交通车辆使用。

城市轨道交通牵引变电站及其以后部分统称为"牵引供电系统",它应该包括直流牵引变电所、馈电线、接触网、轨道(走行轨)及回流线等。在城市轨道交通牵引供电系统中,电能从牵引变电所经馈电线、接触网输送给电动列车,再从电动列车经钢轨(称轨道回路)、回流线流回牵引变电所。由馈电线、接触网、轨道回路及回流线组成的供电网络称为牵引网。因此,城市轨道交通牵引供电系统即由直流牵引变电所和牵引网组成,如图1-11所示。

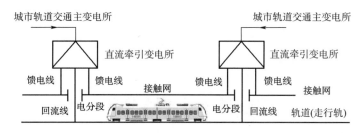

图1-11 城市轨道交通牵引供电系统

(1)直流牵引变电所。供给城市轨道交通一定区域内牵引电能的变电所,是牵引供电系统的核心。一般由进出线单元、变压变流单元及馈出单元构成。其主要功能是将中压环网的 AC 35kV 或 AC 10kV 三相高压交流电源经变压变流单元后转换为适合城市轨道交通传输和城轨交通列车所需的 DC 1500V 或 DC 750V 电源,并分配到上下行线路供列车使用。

(2)接触网。接触网是沿列车走行轨架设的一种特殊供电线路,可经电动列车的受电器(受电弓、受电靴)向其供给电能。按其结构可分为架空式和接触轨式,按其悬挂方式又可分为柔性接触网和刚性接触网。习惯上,由于接触轨式是沿线路敷设的与轨道平行的附加轨,故又称第三轨;而采用架空方式时,才称为"接触网"。

(3)馈电线。从牵引变电所向接触网输送牵引电能的导线称为馈电线。

(4)回流线。用以供牵引电流返回牵引变电所的导线称为回流线。

(5)电分段。为便于检修和缩小事故范围,将接触网分成若干段,称为电分段。

(6)轨道(走行轨)。轨道构成了牵引供电回路的一部分。列车行走时,利用走行轨作为牵引电流回流的电路。在采用跨座式单轨电动车组时,由于轨道是钢筋混凝土轨,则需沿线路专门敷设单独的回流线。

3)动力照明供电系统

城市轨道交通的动力照明供电系统如图1-12所示,将中压电源通过降压变电所降压,变成380/220V的低压电源,供给风机、空调、灯具等动力与照明设备使用。

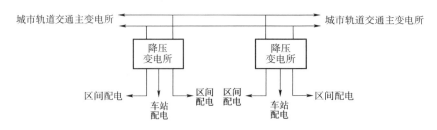

图 1-12 城市轨道交通动力照明供电系统

（1）降压变电所。降压变电所将三相电源进线电压降压变为三相 380V 交流电，其主要用电设备是风机、水泵、照明、通信、信号、防火报警设备等。

（2）配电所（室）。配电所（室）仅起到电能分配的作用。降压变电所通过配电所（室）将三相 380V 和单相 220V 交流电分别供给动力、照明设备，各配电所（室）对本车站及其两侧区间动力和照明等设备配电。

（3）配电线路。配电所（室）与用电设备之间的导线为配电线路。在动力供电系统中，降压变电所一般每个车站设置一个，有时也可几个车站合设一个，也可将降压（动力）变压器附设在某个牵引变电站之中，构成牵引与动力混合变电所。城市轨道交通车站及区间照明电源采用 380/220V 系统三相五线制系统配电。正常时，工作照明、事故照明均由交流供电，当交流电源不工作时，事故照明自动切换为蓄电池供电，确保事故期间必要的紧急照明。

4）电力监控系统

电力监控系统的功能是实时对城市轨道交通各变电所、接触网设备进行远程数据采集和监控。在城市轨道交通控制中心，通过调度端、通信通道和执行端（变电所综合自动化系统）对主要电气设备进行监视、测量和控制，实现对整个供电系统的运营调度和管理。

城市轨道交通供电系统由哪些部分组成，分别起什么作用？

1.4 外部电源

顾名思义，城市轨道交通的外部电源就是为城市轨道交通供电系统的主变电所或电源开闭所供电的外部城市电网电源。

我国的电力生产由国家经营管理，因此，无论是城市轨道交通还是电气化铁路的用电，均由国家电网供给。城市轨道交通是城市电网的一个重要用户，如图 1-13 所示。

发电厂（站）是发出电能的中心，一般可分为火力发电厂、水力发电站和原子能核电站等。为减少线路的电压损失和能量损耗，发电厂的发电机发出的电能，要先经过升压变压器升高电压，然后以 110kV 或 220kV 甚至更高的高压，通过三相输电线路输送到区域变电所。

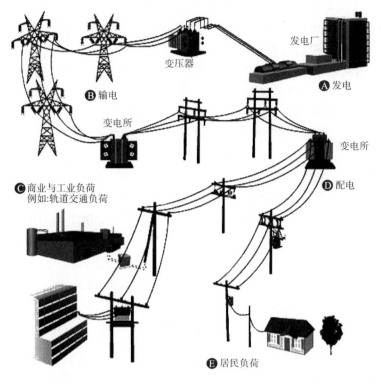

图 1-13 城市轨道交通系统是电网的用电负荷之一

在区域变电所中,电能先经过降压变压器把 110kV、220kV 甚至更高电压的高压降低电压等级(如 10kV、35kV 或 110kV),再经过三相配电线路配送给本区域内的各用电中心。城市轨道交通系统用电既可从区域变电所高压线路取得电源,也可以从下一级电压的城市地方电网取得电源,这取决于系统和城市电网的具体情况以及用电容量的大小,涉及外部电源的供电方案。

1.4.1 外部电源方案的形式

外部电源方案一般有三种:集中式供电、分散式供电、混合式供电。

1)集中式供电

集中式供电方案,是指设置专门的主变电所,由主变电所集中为牵引变电所及降压变电所供电的外部供电方式,如图 1-14 所示。

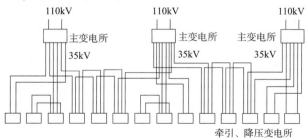

图 1-14 集中式供电方案示意图

每个主变电所有两路独立的进线电源,主变电所进线电压一般是110kV,经降压后变为35kV或10kV(也可以是20kV)。牵引变电所、降压变电所均有两个独立的引入电源。

集中式供电方案的主要特点有:

(1)在城市轨道交通沿线,建设专用主变电所,集中为牵引变电所和降压变电所供电。

(2)城市轨道交通供电系统从城市电网引入高压电源,与城市电网的接口比较少,每座主变电所只从城市电网引入两路独立的进线电源,外部电源电压等级一般为110kV。

(3)城市轨道交通供电系统相对独立,自成系统,便于运营管理。

我国大多数的地铁都采用了集中式供电方案。

2)分散式供电

分散式供电方案,是指沿线分散引入城市中压电源直接(或通过电源开闭所间接)为牵引变电所及降压变电所供电的外部供电方式,如图1-15所示。由于城市电网中35kV电压级趋于淘汰,因而分散式供电一般从城市电网引入10kV中压电源,这要求城市轨道交通沿线有足够的电源引入点及备用容量。

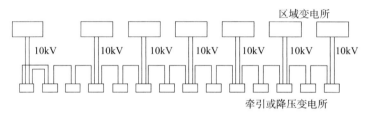

图1-15 分散式供电方案示意图

分散式供电方案的主要特点有:

(1)在城市轨道交通沿线,直接从城市电网分散地引入多路中压电源作为城市轨道交通电源。

(2)城市轨道交通供电系统从城市电网引入中压电源,与城市电网的接口比较多,平均每4～5个车站就要引入两路电源。外部电源电压等级多为10kV,也有少量的35kV电压级。

(3)城市轨道交通供电系统与城市电网关联密切,独立性差,运营管理相对复杂。

分散式供电在北京地铁中较为常见,北京地铁1号线、2号线、4号线、5号线、9号线都采用了分散式供电方案,大连轻轨、长春轻轨也采用了分散式供电方案。

3)混合式供电

混合式供电方案是介于集中式供电与分散式供电之间的一种结合方案,是由主变电所和城市中压电源共同为牵引变电所及降压变电所供电的外部供电方式。

混合式供电多是以集中式供电为主、以分散式供电为辅的供电方式。当一条地铁线路很长,远端站点的变电所距离主变电所太远时,这些远端站点的变电所可以直接从附近的城市电网中压电源获取电能,形成以集中式供电为主、个别地段采用分散式供电进行补充的结构,使供电系统完善和可靠。武汉轨道交通一期工程采用的就是这种以集中为主的混合式供电方案。

当然也有以分散式为主的混合式供电。在构建分散式供电方案时,如果沿线有城市轨道交通主变电所可以资源共享,那么也可以从该主变电所引入中压电源,作为城市电网中压电源点的补充。北京地铁 10 号线二期工程采用的就是以分散为主的混合式供电方案。

城市轨道交通外部电源供电方案有哪几种?

1.4.2 外部电源的电压等级

1)标准电压

根据国家标准《标准电压》(GB 156—2017)的规定,我国交流电网标准电压是 1000kV、750kV、500kV、330kV、220kV、110kV、66kV、35kV、(25kV)、20kV、10kV、(6kV)、(3kV)及 380/660V、220/380V,共 16 个电压等级。上述括号内的 25kV 是交流单相牵引系统标称电压,6kV 和 3kV 仅限于某些应用领域的系统使用,不出现在公共配电系统中。

一般把 220kV 及以上的电压等级称为高压输电网,110kV、66kV 等级为高压配电网,1kV 以上、35kV 及以下电压等级为中压配电网,1kV 及以下电压等级为低压配电网。

2)集中式供电对外部电源电压等级的要求

集中式供电要求从城市电网引入高压电源。因 330kV 及以上为地区高压输电电压等级,故不宜接用于电力用户。目前 220kV 变电所的变压器装机容量多在 $2\times120\sim3\times250$ MV·A 之间,对于中等运量的城市轨道交通,主变压器选择多在 $2\times25\sim2\times63$ MV·A 之间,远没有达到 220kV 变电所正常装机容量需求。

若城市轨道交通主变电所外部电源采用 220kV,将不能充分发挥 220kV 的供电能力,造成电力资源的浪费,而且还将增加设备投资,加大管理难度。因此,对于集中式外部电源供电方案,目前一般采用 110kV 电压等级。

东北地区沈阳、哈尔滨等城市则为 66kV。

3)分散式供电对外部电源电压等级的要求

分散式供电需要从城市电网直接引入中压电源,故对于分散式供电方案,中压网络的电压等级应与城网相一致,根据城网情况可以采用 10kV,也可以采用 35kV。

我国城市轨道交通集中式供电的外部电源为什么多选择 110kV 电压等级?

1.4.3 城市轨道交通供电系统对外部电源的要求

城市轨道交通作为城市电网的重要用户,属于一级负荷,需要引入双路高压电源对其供电系统进行供电。

1)相关国家标准对一级负荷电源的规定

根据国家标准《供配电系统设计规范》(GB 50052—2009)第 3.0.2 条、第 3.0.3 条和《地铁设计规范》(GB 50157—2013)中第 15.1.6 条、第 15.1.7 条,一级负荷的供电电源应符合下列规定：

(1)一级负荷应由两路电源供电,当一路电源发生故障时,另一路电源不应同时受到损坏。

(2)一级负荷中特别重要的负荷,除由两个电源供电外,尚应增设应急电源,并严禁将其他负荷接入应急系统。

《供配电系统设计规范》(GB 50052—2009)第3.0.4条又对应急电源作了如下规定：下列电源可作为应急电源：

(1)独立于正常电源的发电机组。

(2)供电网络中独立于正常电源的专用的馈电线路。

(3)蓄电池。

(4)干电池。

根据上述标准中对一级负荷供电电源的要求,城市轨道交通供电系统的主变电所、牵引变电所、降压变电所,都要求能获得两路电源。

2)城市轨道交通供电系统对电源的要求

(1)两路电源要求来自不同的变电所或同一变电所的不同母线。

(2)每个进线电源的容量应满足变电所全部一、二级负荷的要求。

(3)两路电源应分列运行,互为备用。当一路电源发生故障时,由另一路电源恢复供电。

(4)为便于运营管理和减少损耗,要求集中式供电的主变电所的站位和分散式供电的电源点要尽量靠近城市轨道交通线路,减少引入城市轨道交通的电缆通道的长度。

(5)设有两座以上主变电所的应急电源系统中,在保证城市轨道交通电动车组安全快捷地运送乘客的基本功能的前提下,要求将下列负荷纳入应急电源系统：

①保证一定运输能力的牵引负荷。一定运输能力的负荷应是指高峰小时以下的运输能力时的负荷。

②保证城市轨道交通正常运行必需的动力照明负荷,包括通信、信号、自动售检票机、屏蔽门、工作照明、变电所自用电、自动扶梯等。

城市轨道交通对电源有什么要求？

1.4.4 外部电源方案的选择

城市轨道交通系统作为城市电网的特殊用户,一般用电范围多在几千米到几十千米之间,采用何种供电方式,与城市电网的构成及城市轨道交通线路的分布有密切的关系。城市轨道交通的远期建设将呈网络状,因而其外部电源的确立,不应局限在某一条线路,而应结合轨道交通线网进行统筹考虑。

1)供电质量

集中式供电的外部电源引自城市高压电网(如110kV),电压等级高,输电容量大,系统短路容量大,抗干扰能力强,电网电压波动小。另外,城市轨道交通主变电所一般装设有载调压装置,因此中压侧电压相对稳定,供电质量高。

分散式供电的外部电源引自城市中压电网(如 10kV),一般从距离城市轨道交通线路较近的城网变电所直接引入,输电线路较短,线路损耗较少。但由于中压配电网络电压等级较低,用户较多,所以系统网压波动较大。

2) 供电可靠性

对于集中式供电,由于主变电所进线电压等级较高,电气设备的绝缘等级、制造水平、继电保护配置等要求都比较高,线路故障率相对较低,同时,城市轨道交通供电系统相对独立,与城网接口较少,城市其他负荷对城市轨道交通供电系统干扰较少,因而,集中式供电系统可靠性比较高。

对于分散式供电,城市轨道交通电源开闭所或车站变电所从城网直接引入中压电源,这种接线方式满足系统可靠性要求,但由于中压系统接入用户较多,且一般处于城网继电保护的中末端,因此,城市轨道交通供电系统的运行会受到其他用户的干扰。

3) 中压网络电压

对于集中式供电,中压网络的电压等级不受城网电压等级的限制,可根据用电负荷、供电距离等情况比选确定。目前集中式供电的中压网络电压等级较高,一般为 35kV。这样可以提高系统的供电能力与供电可靠性,同时可以降低供电线路的功率损耗。

对于分散式供电,中压网络的电压等级完全受城市电网电压等级的制约,必须选择与城市电网相同的电压等级。

4) 对城市电网的影响

城市轨道交通供电系统对城市电网的影响主要表现在谐波影响和网压波动两个方面。目前,牵引整流机组一般采用双机组等效 24 脉波整流装置,由谐波理论可知,牵引整流机组的脉波数越高,产生的低次谐波就越少。因此,无论采用集中式供电还是分散式供电,城市轨道交通直流牵引系统注入城市电网的谐波含量都非常低,对城市电网影响非常小。但相对而言,采用集中式供电时,高次谐波经过多级变电所变换、分流以后,注入城市电网的谐波含量将会更少。

在网压波动方面,由于城市轨道交通牵引系统是一个实时变化的移动负荷,电源电压将会受到一定的影响。采用集中式供电时,牵引负荷产生的电压波动和闪变在城市轨道交通供电系统内部经过两级变压器的转换,逐渐变得平衡,对城市电网其他用户的影响相对要少得多。采用分散式供电时,牵引变电所直接接入城市中压电网,牵引负荷产生的网压波动只经过一级变压器转换,就会波及与城市轨道交通接入同一供电系统的其他用户,如果该变压器容量较小,那么产生的影响就会更明显。

5) 资源共享

电力资源共享、满足环境保护要求是城市轨道交通供电系统的发展方向。

采用集中式供电,有利于主变电所电力资源共享的实施。具体来说,一方面两条及以上数量的城市轨道交通线路可以共享一个主变电所,另一方面城市轨道交通主变电所可与城市电网主变电所合建,向城市轨道交通系统及地区用户同时提供电源。

对于中压网络资源丰富的城市,城市轨道交通采用分散式供电,可以充分利用既有外部城市电网中压资源,节省城市轨道交通主变电所的建设费用。

6）工程实施

采用集中式供电时，城市轨道交通主变电所与城市电网接口较少，外部电源引入路径占用相对较少，建设单位与城市规划的协调工作也相对较少，易于实施。另外，由于集中式供电系统与城市电网接口较少，相对独立，城市轨道交通系统向城市电力部门的用电申请也容易协调，操作简便。

采用分散式供电时，由于城市轨道交通供电系统与城市电网接口较多，难免有部分电源电缆的敷设路径难以解决，尤其在中心城区，地下各种管线及构筑物交错庞杂，电缆路径更是难以解决。如果改变电源开闭所位置或电源电缆路径，供电质量与末端电压就难以保证。另外，中心城区城市电网变电站负荷相对饱和，如果新增城市轨道交通这样的大用户，供电容量有时也难以满足需求。

想一想

外部电源采用集中式供电和分散式供电方式，各有什么优缺点？

复习思考题

1. 城市轨道交通的特点是什么？
2. 城市轨道交通有哪些类型？各有什么特点？
3. 城市轨道交通供电系统的功能及要求是什么？
4. 城市轨道交通供电系统由哪些部分组成？各组成部分的作用是什么？
5. 城市轨道交通供电系统采用何种供电制式？
6. 城市轨道交通供电系统对电源有哪些要求？
7. 城市电网对城市轨道交通供电系统的供电方式有哪些？

单元 2　主变电所

问题导入

　　从单元1的学习中我们知道,我国大多数城市轨道交通线路的外部电源采用集中式供电方案,也就是多数的城市轨道交通线路都会设置主变电所。那么主变电所起什么作用?如何设置?主变电所内有哪些主要的设备?采用什么样的接线方式进行连接?本单元将回答这些问题。

学习要点

1. 城市轨道交通主变电所选址的要求;
2. 城市轨道交通主变电所的主要设备和布置方式;
3. 主变压器的结构和参数;
4. 高压开关设备的结构和原理;
5. 主变电所电气主接线。

技能目标

1. 能分析影响主变电所位置选择的因素;
2. 能布置主变电所的设备;
3. 能维护主变压器和高压开关设备;
4. 能根据主变电所主接线调整运行方式。

素质目标

1. 具有良好的团队协作、人际交往和协商沟通的能力;
2. 具有良好的心理素质以及克服困难的能力;
3. 具有良好的职业道德和规范、安全与质量控制等职业素养;
4. 具有良好的工程伦理和环保意识。

建议学时

8学时

2.1 主变电所的位置和布置

变电所是城市轨道交通供电系统的重要组成部分,一般在城市轨道交通沿线设置,其数量、容量及其在线路上的分布应在综合考虑的基础上计算确定。城市轨道交通的变电所可以建在地下,也可以建在地面。地下变电所不占用地面,但土建造价高;地面变电所占用地面大,但土建造价低。城市轨道交通的变电所(尤其是地下变电所)在防火方面都有一定的要求,其防火措施主要应从结构和建筑材料以及变电所电气设备本身的不燃性等方面来考虑。变电所应装设自动消防报警装置、防火门和防火墙等隔离设施和有效的灭火系统。

城市轨道交通供电系统一般设置3类变电所,即主变电所(分散式供电方式为电源开闭所)、降压变电所、牵引变电所。

主变电所是指采用集中供电方式时,连接城市电网高压电源,经其降压后为牵引变电所和降压变电所提供中压电源的一种城市轨道交通变电所。

根据城市轨道交通用电负荷特点,主变电所一般沿线路布置。根据电压损失要求确定主变电所数量之后,通过与城市规划、电力等部门协商就可以确定主变电所位置。主变电所的结构形式应根据主变电所所处城市位置确定。

2.1.1 所址选择的基本原则

(1)靠近负荷中心,邻近城市轨道交通线路。
(2)满足中压网络电缆压降要求。
(3)满足城市轨道交通供电网络规划中主变电所资源共享的要求。
(4)应和城市规划、城市电网规划相协调。
(5)可独立设置,也可以合建。
(6)便于电缆线路引入、引出。
(7)便于设备运输。
(8)周围环境宜无明显污秽。
(9)具有适宜的地质、地形和地貌条件(如避开断层、塌陷区等)。
(10)应考虑主变电所与周围环境、邻近设施的相互影响。

城市轨道交通主变电所的用电负荷沿城市轨道交通线路走向呈线状分布,这就要求主变电所的位置只能在城市轨道交通沿线。主变电所位置应尽量靠近轨道线路,以便减小主变电所至城市轨道交通线路之间的电缆通道距离。一般来说,主变电所位置离城市轨道交通线路的距离控制在几百米范围之内。实际上,许多主变电所贴近线路布置。

2.1.2 主变电所位置的确定

一条城市轨道交通线路设置一个主变电所还是设置两个及以上主变电所,其数量取决于负荷分布及大小(负荷矩),及中压网络电缆的压降应满足设计要求。《地铁设计规范》(GB 50157—2013)第15.1.16条要求:"供电系统的中压网络应按列车运行的远期通过能力设计,对互为备用线路,一路退出运行另一路应承担其一、二级负荷的供电,线路末端电压损失不宜超过5%。"

据此确定主变电所数量,并初步确定主变电所的大致位置。在沿线用电负荷基本均匀的情况下,若设一座主变电所,首选位置考虑在线路长度中心附近;若设两座主变电所,则首选位置考虑在线路长度的1/4及3/4处。当然,如果线路很长,不能满足压降要求,也可以设置三座主变电所。

随着城市轨道交通建设的网络化发展,主变电所位置还应满足网络资源共享的要求。

在大致确定主变电所位置后,具体位置要与城市规划部门沟通,征得城市规划部门同意,以便实现主变电所建设与城市规划相协调。另外,主变电所位置的确定还必须考虑外部电源引入方便,并与城市电网规划相协调。

2.1.3 主变电所结构形式

城市变电所按其结构形式,主要分成户外式、户内式和地下式三类,其中户外式分全户外式和半户外式,户内式分常规户内式和小型户内式,地下式分全地下式和半地下式。

城市轨道交通主变电所多数采用户内式,也有部分半户外式或地下式。其结构形式的选择要根据新建主变电所所在城市的不同位置而进行。

随着城市市区用地日趋紧张、选址困难和环保要求提高,使得体积大、用地多的常规户外式结构已不再适合当今情况,减少主变电所占地和加强环保措施已成为需要解决的迫切问题。在不影响电网安全运行和供电可靠性的前提下,通过改进布置方式、简化接线和设备选型等措施,实现变电所户内化、小型化,可以达到减少占地、改善环境质量的目的。所以,采用紧凑型布置方式的半户外式、全户内式、地下式以及与其他建筑合建等结构形式的变电所在国内外都得到迅速发展。

对户内式变电所和地下变电所,消防和通风显得尤为重要。从消防角度考虑,电气设备应尽量无油化,采用全封闭组合电器成套配电设备,并备先进的消防措施和隔音装置,以防故障引起火灾。

2.1.4 主变电所的布置

1)主变电所的总体布置

主变电所一般采用户内式,大多数主变电所是单独建设,可设置成两层或三层的小楼。

主变电所地下设置电缆夹层,在地面层设置两个油浸主变压器的单独房间,变压器室设有储油坑。考虑运输方便,接地和所用变压器室设置在地面层。为方便电缆进出开关柜,中压开关柜也设置在地面层。另外,还有接地电阻室及值班室也设置在地面层。

对于控制室设备,由于进出电缆较小,设备运输也相对方便,因此,可以设置在二层或者三层,室内采用防静电地板,将地坪抬高,控制电缆在防静电地板下敷设。为了满足人员疏散的要求,在控制室的外侧应当设置平台及步行楼梯通到地面层。

110kV GIS(SF_6全封闭组合电器)设备室也可设置在二层或三层,110kV进线可以通过主变压器上方接至主变压器。

为满足电力系统对谐波治理的要求,在主变电所应安装或预留滤波装置的安装位置,其可以设置在主变电所的三层或者二层。

由于主变电所的主变压器为油浸式,因为主变电所与周边建筑物的间距应当符合消防通道的要求,根据建筑设计防火规范的要求,一般不小于20m。

2)主变电所的设备布置

变电所的设备布置是指根据变电所设备的房间划分、设备距墙体、设备间距的要求,以及维护通道、操作通道、运输通道的要求等,对各种设备进行合理排列与布置。什么情况下设备可以单排布置,什么情况下设备可以双排布置,什么设备之间可以排列成一排,什么设备之间应当有间距,这些都是变电所设备布置的重要内容。

(1)主变压器布置。

为了运输方便,变压器室一般布置在一层,每台主变压器布置在一个单独的房间内,有载调压开关也布置在主变压器室内。主变压器高度较高,一般占用一层和二层的两层空间。

主变压器一次侧高压电缆通过主变压器室上部接至主变压器接线端子,二次侧中压出线侧采用封闭母线接至中压开关柜。

(2)高压GIS室布置。

高压GIS可以布置在二层,靠近两台主变压器上空的地方,GIS设备出线可直接与主变压器进线连接;也可以布置在地面,比如两台主变压器之间。

(3)接地变压器室布置。

若主变电所需要设置接地变压器,接地变压器可以和所用变压器合并,作为接地变压器兼所用变压器,其容量一般为250~450kV·A,多为干式变压器,一般不带外壳,采用单独房间安装。与四周墙壁的净距不小于600mm;中压电压等级为10kV时,离门的距离不小于1000mm;中压电压等级为35kV时,离门的距离不小于1200mm。

(4)接地电阻室布置。

若主变电所需要设置接地电阻器,接地电阻器需要设置单独房间进行布置,接地电阻器外轮廓与四周墙壁的净距按照干式变压器的净距要求设置。

(5)中压开关柜室布置。

35kV开关柜一般采用真空断路器气体绝缘金属全封闭设备,10kV开关柜一般采用真空断路器空气绝缘金属全封闭设备,可以与其他低压设备布置在同一房间,但实际应用中中压开关柜一般布置在单独的房间内。根据房间具体布局,中压开关柜可以布置成单排,也可以布置成两排。

按照设计规范要求,中压开关柜室长度大于7m时,为了人员快速疏散,需要设置两个出口。

对于需要柜后维护的中压开关柜,柜后需要留出维护通道,柜前还需要留出操作通道。对于手车式开关柜,当开关柜单排布置时,柜前的操作通道考虑手车拉出检修时仍然能够保证人员通过,操作通道宽度为单车长再增加1200mm;当开关柜双排布置时,要考虑两侧手车同时拉出检修时人员能够通过,操作通道宽度为双车长再增加900mm。对于固定式开关柜,当开关柜单排布置时,柜前操作通道宽度为1500mm;当双排布置时,柜前操作通道考虑两个开关柜同时操作,距离为2000mm。各种通道要求见表2-1。

中压开关柜室内各种通道的最小距离(单位:mm)　　　　　　　　　表 2-1

布置方式	通道种类		
	维护通道	操作通道	
		固定式	手车式
单排布置	800	1500	单车长 +1200
双排布置	1000	2000	双车长 +900

(6)控制室布置。

主变电所的控制室一般位于主变电所建筑物的上层,室内安装的主要设备有控制屏、信号屏、交直流电源屏,以及要求安装在控制室内的计量屏和保护屏。

控制室内各种屏的布置可以采用一排或多排布置。布置在第一排的设备称为主环,根据屏的数量主环可采用一字形、L 形或 ∏ 形布置。屏的布置要考虑使电缆最短、交叉最少,要求监视、调试方便,力求紧凑,并应注意整齐、美观。主环设备是控制室内主要需要监视的设备,主环的正面布置控制屏、信号屏,交直流电源屏布置在主环的侧面或正面的边上。

控制室设有两个出口,主环处需设置一个出口,以方便进出,控制室的门不宜直接通向屋外,可以通过走廊或套间与屋外相通。控制室各屏的距离要求见表 2-2。

控制室各屏间及通道宽度(单位:mm)　　　　　　　　　表 2-2

名称	一般值	最小值
屏背面距墙	1000 ~ 1200	800
屏正面距屏背面	—	2000
屏边距墙	1000 ~ 1200	800
主屏距墙	3000	2500
单排布置屏正面距墙	2000	1500

2.1.5 主变电所的设备

为了实现变电所的受电、变电和配电的功能,在变电所中,必须把各种电气设备按一定的接线方案连接起来,组成一个完整的供配电系统。在这个系统中担负输送、变换和分配电能任务的电路称为主电路,也叫一次电路;用来控制、指示、监测和保护主电路及其主电路中设备运行的电路称为二次电路(二次回路)。相应地,变电所中的电气设备也分成两大类:一次电路中的所有电气设备,称为一次设备或一次元件;二次电路中的所有电气设备,称为二次设备或二次元件。

一次设备按其在一次电路中的功用又可分为变换设备、开关设备、保护设备、补偿设备和成套设备等类型。

1)变换设备

变换设备是用以变换电能电压或电流的设备,如电力变压器、整流器、电压互感器、电流互感器等。

2）开关设备

开关设备是用以控制电路通断的设备，如各种高低压开关设备。

3）保护设备

保护设备是用以防止电路过电流或过电压的设备，如高低压熔断器、限流电抗器、避雷器等。

4）补偿设备

补偿设备是用以补偿电路的无功功率以提高系统功率因数的设备，如高低压电容器、静止无功发生装置（SVG）等。

5）成套设备

成套设备是按一定线路方案将有关一次、二次设备组合而成的设备，如高压开关柜、中压开关柜、低压配电屏、高低压电容器柜等。

主变电所中的电气设备主要包括主变压器、高压开关柜、中压开关柜、所用变压器、控制屏等，有些设备在牵引变电所和降压变电所中也会出现。为避免重复，本章主要介绍的主变电所设备是主变压器和高压开关柜。

想一想

主变电所中的设备有哪些，如何进行布置？

2.2　主变压器

城市轨道交通主变电所中的变压器包括主变压器和所用电变压器，其中主变压器是核心设备。

变压器是一种静止的电气设备，它利用电磁感应原理，将某一等级的交流电压和电流转变成同频率的另一等级的电压和电流。

变压器的分类方法很多，比如按相数可分为单相变压器和三相变压器，按绕组数及耦合方式可分为双绕组变压器、三绕组变压器和自耦变压器，按变压器内部绝缘介质可分为油浸式变压器和干式变压器。

变压器（文字符号为 T 或 TM）是城市轨道交通变电所中实现电能输送、电压变换，满足不同电压等级负荷要求的核心设备之一，城市轨道交通供电系统中使用最多的是三相油浸式电力变压器和三相环氧树脂浇筑干式变压器，其中主变压器都是三相油浸式电力变压器。

2.2.1　变压器的原理

一个单相变压器的工作原理如图 2-1 所示，它是一种按电磁感应原理工作的电气设备。一个单相变压器的原边、副边两个线圈绕在一个铁芯上，副边开路，原边施加交流电压 U_1，则原边线圈中流过电流 I_1，在铁芯中产生交变磁通 ϕ。磁通穿过原边副边线圈在铁芯中闭合，在原边线圈上产生感应电动势 E_1，在副边线圈上产生感应电动势 E_2。当变压器副边接上负载后,在电势的作用下将有副边电流 I_2 通过,这样负载两端会有一个电压降 U_2。如果忽略线圈的电压降,U_2 约等于 E_2,U_1 约等于 E_1,所以:

$$U_1/U_2 = E_1/E_2 = W_1/W_2 = K \tag{2-1}$$

式中:U_1、U_2——原、副边线圈的端电压;
$\quad\quad W_1$、W_2——原、副边线圈的匝数;
$\quad\quad K$——变压器的变比。

由上式可以看出,由于变压器原、副边匝数不同,因而起到变换电压的作用,变压器的电压变比是绕组的匝数比,电流变比是绕组匝数比的倒数。根据上述原理可以制造出单相、三相、双绕组、三绕组等各种变压器。

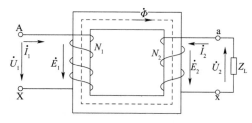

图 2-1　单相变压器原理示意图

2.2.2 油浸式变压器

城市轨道交通中应用到油浸式变压器的地方是主变电所,主变电所的主变压器通常是油浸式三相电力变压器。电力变压器根据容量、电压等级、线圈匝数的不同,外形和附件不完全相同,但主要部件基本上是相同的,油浸式变压器的外形和结构如图 2-2 所示。

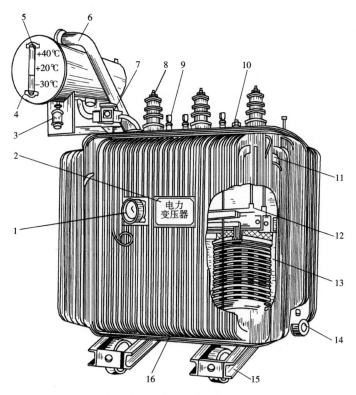

图 2-2　油浸式三相变压器的结构

1-温度计;2-铭牌;3-呼吸器;4-油枕;5-油位计;6-安全气道;7-气体继电器;8-高压套管;9-低压套管;10-分接开关;11-油箱;12-铁芯;13-绕组;14-放油阀;15-小车;16-接地端子

油浸式变压器的主要部件及其功能如下。

1) 铁芯

铁芯由导磁性能良好的硅钢片叠装组成,它形成一个磁通闭合回路,变压器的一、二次绕组都绕在铁芯上。

2) 线圈

线圈又称为绕组,是变压器的导电回路。线圈用铜线或铝线绕成多层圆筒形。线圈绕在铁芯柱上,导线外边包有绝缘材料,形成导线之间及导线对地的绝缘。

3) 油箱

油箱由箱体、箱盖、散热装置、放油阀组成,其主要作用是把变压器连成一个整体,并进行散热。油箱的内部是绕组、铁芯和变压器油。变压器油既有循环冷却和散热作用,又有绝缘作用。绕组与箱体(箱壁、箱底)有一定的距离,通过油箱内的油绝缘。

油浸式变压器冷却方式通常分为自然油循环冷却和强迫油循环冷却两种。对于自冷式变压器,目前采用的油箱主要有以下几种形式:平板式油箱、管式油箱、散热器式油箱、波纹式油箱和冷却器别置式油箱。城市轨道交通的油浸式变压器常见的是散热器式油箱。

4) 油枕

油枕也称储油柜。变压器油因温度变化会发生热胀冷缩现象,油面也将随温度的变化而上升或下降,油枕的作用是储油与补油,使变压器油箱内保证充满油。同时,油枕缩小了变压器与空气的接触面,减缓了油的老化速度。油枕侧面装有油位计,可以监视油面的变化。

5) 呼吸器

由一根铁管和玻璃容器组成,内装干燥剂(如硅胶),也叫吸湿器。当油枕内的空气随变压器油的体积膨胀或缩小时,排出或吸入的空气都经过呼吸器,呼吸器内的干燥剂吸收空气中的水分,对空气起过滤作用,从而保持油的清洁。

6) 绝缘套管

变压器绕组的引出线采用绝缘套管,以便与箱体绝缘。绝缘管有纯瓷、充油和电容等不同形式。套管内有导体,用于变压器一、二次绕组接入和引出。

7) 瓦斯继电器

瓦斯继电器又称为气体继电器,是变压器内部故障的主保护装置,它装在油箱和油枕的连接管上,当变压器内部发生严重故障时,瓦斯继电器接通断路器跳闸回路,当变压器内部发生不严重故障时,瓦斯继电器接通故障信号回路。

8) 温度计

温度计用来测量变压器的温度,监视变压器运行是否正常。通常测量的是油箱里上层油温,容量较大的变压器还测量绕组温度。

9) 调压装置

调压装置(也称分接开关)是为了保证变压器二次侧电压而设置的。当电源电压变动时,利用调压装置调节变压器的二次电压。调压装置分为有载调压和无载调压两种,有载调压可以在变压器带负载的状态下进行电压调节,而无载调压装置的调压必须在不带负载时才能进行操作。

2.2.3 变压器的主要技术参数

1）额定电压 U_N

额定电压包括变压器一次侧和二次侧的额定电压 U_{N1} 和 U_{N2}。变压器的二次侧额定电压 U_{N2} 是指变压器空载状态下当一次线圈接通额定电压 U_{N1} 时,获得的二次侧线圈端电压。

2）额定电流 I_N

额定电流指线圈额定电流。

3）额定容量 S_N

额定容量是指变压器在额定电压和额定电流的条件下,连续运行时输送的容量。单相变压器的额定容量为 $S_N = U_N I_N$,三相变压器的额定容量为 $S_N = \sqrt{3} U_N I_N$。这里的 U_N 和 I_N 为相应变压器的额定线电压和额定线电流。

4）变比 K

变比是指变压器一次绕组额定电压和二次绕组额定电压之比,也是变压器一次绕组和二次绕组线圈匝数之比。

5）负载损耗 ΔP_k

负载损耗是指变压器二次绕组短路,一次绕组流过额定电流时,变压器所吸收的有功功率。

6）空载损耗 ΔP_0

空载损耗是指变压器二次绕组开路时,额定频率的额定电压施加在一次绕组上,变压器所吸收的有功功率。

7）短路阻抗 $U_k(\%)$

短路阻抗是指变压器的负荷阻抗为零时变压器输入端的等效阻抗。其值通常用短路试验来确定,所以也称为短路电压或阻抗电压。将变压器二次绕组短路,在一次绕组从零开始缓慢施加交流电压,当二次绕组电流达到额定电流时施加在一次绕组的电压称为阻抗电压。短路阻抗通常用阻抗电压与额定电压比值的百分数表示。

8）空载电流 $I_0(\%)$

空载电流是指变压器在额定电压下空载运行时,流过一次绕组的电流的方均根值。通常用占该绕组额定电流的百分数来表示。

9）连接组别

连接组别是指三相变压器一次绕组与二次绕组连接的方式,如星形(Y)连接、三角形(△)连接。

2.2.4 油浸式电力变压器的运行和巡视检查

1）一般运行条件

(1) 无载调压变压器在额定 ±5% 范围内改换分接头位置运行时,其额定容量不变。有载调压变压器各分接头位置的容量应按制造厂的规定运行。

(2) 为防止变压器绕组过热,油浸式变压器最高顶层油温一般不应超过表 2-3 所示的规定。为防止变压器油质加速劣化,自然循环冷却变压器顶层油温一般不宜经常超过 85℃。

油浸式变压器顶层油温一般限值（单位：℃）　　表2-3

冷却方式	冷却介质最高温度	最高顶层油温
自然循环自冷、风冷	40	95
强迫油循环风冷	40	85
强迫油循环水冷	30	70

(3) 两台变压器并列运行的条件：

① 绕组接线组别相同；

② 一、二次侧电压分别对应相等；

③ 阻抗电压值相等。

对于一、二次侧电压比（其允许差不应超过±5%）和阻抗电压值（其允许相差不应超过10%）稍有差别的变压器，在任何一台都满足"不同负载状态运行规定"不会过负荷的情况下，可以并列运行。容量比超过3∶1的变压器，一般不予并列运行。

经改进结构或改变冷却方式的变压器，必要时应通过温升试验确定其负载能力。

(4) 变压器的负载能力不是以铭牌额定值为限值，而是以热老化的观点作为指导原则。具体情况可参考《油浸式电力变压器负载导则》（GB/T 1094.7—2008）。

2) 冷却器的运行方式

(1) 油浸风冷变压器在风扇停止工作时允许的负载和运行时间，应遵守制造厂规定，其中油浸风冷变压器，当上层油温不超过65℃时，允许不开风扇带额定负载运行。

(2) 强迫循环变压器运行时，必须投入冷却器，并根据负载的情况确定冷却器投入的台数，在空载和轻载时不应投入过多冷却器。

(3) 强迫油循环冷却器，必须有两路电源，且可自动切换。为提高风冷自动装置的运行可靠性，要求对风冷电源及冷却器的自动切换功能定期进行检验。

(4) 强迫油循环风冷式变压器运行中，当冷却系统（指油泵、风扇、电源等）发生故障时，冷却器全部停止工作，允许在额定负荷下运行20min。20min后顶层油温尚未达到75℃，则允许继续运行到顶层油温上升75℃。但切除全部冷却装置后，变压的最长运行时间在任何情况下均不得超过1h。

3) 温升监视

(1) 油温监视。

变压器在运行中产生的铜损和铁损都转成热量，使变压器的铁芯、线圈发热，油温升高。这些热量通过变压器的冷却媒介（空气或油），由散热装置散发到变压器外面的空气中。在一定负荷时，当变压器内部单位时间内所产生的热量等于散发出去的热量时，达到热平衡稳定状态，变压器的温度就不再升高。变压器设计时，各部分的允许温度主要是根据变压器的容量和选用的绝缘材料，在一定温度限度内的使用寿命来确定的。变压器运行时的绕组和铁芯所产生的热量在向外传导过程中，各部分的温度差别很大。绕组的温度最高，其次是铁芯的温度，再次是绝缘油的温度，油的上部温度高于下部温度。变压器运行时允许温度是按上层油温来检查的。

例如采用A级绝缘材料的变压器，绝缘材料极限工作温度为105℃。当变压器环境空气温度为40℃时,一般绕组的平均温度比油温高10℃,此时变压器的上层油温为95℃,这就是变压油温的极限最高温度,而在正常情况下,为保护变压器油不过度氧化,上层油温应不超过85℃。

对于风冷却的变压器,正常运行中是否开风扇,可参照表2-4进行。

变压器的负荷、上层油温与是否应起动风扇的规定　　　　　　　　　　　　　表2-4

序号	变压器上层油温	变压器额定容量的负荷百分比	是否开风扇	备注
1	55℃以下	100%	不开	冬季应考虑温度在55℃以下
2	55~85℃	70%及以下	不开	
3	55~85℃	70%~100%	开	

注:此表在周围空气温度为40℃及以下时适用。

如出现表2-4中的第三种情况而不能开启风扇时,应视为变压器过负荷,须向调度报告,并加强上层油温监视,必要时应转移或控制负荷。

根据变压器设计和运行经验,变压器线圈若连续维持在95℃时,可以保证变压器具有经济上的合理寿命大约为20年,影响这个寿命的主要原因就是温度。根据世界各国对变压器的运用情况和多次试验,变压器的线圈温度每超过允许温度6℃,则变压器的寿命将会减少一半。变压器的油温超过85℃时,油的氧化速度加快,试验表明,油温在85℃基础上温度每增加10℃,氧化速度变快一倍。油的氧化过程,实质上就是油的老化过程,油老化后将要变质,其绝缘性能和冷却效果都要降低,因此,要严格控制油温。

(2)温升监视。

监视变压器油温的同时,还要监视其温升。温升用变压器温度与周围空气的差值表示。由于变压器的绕组和铁芯生产的热量要靠周围的介质(油或空气)进行传导而散发,它们的传导都有个速度和时间问题,而且变压器内部传导的能力与周围空气变化并不是正比的关系。当变压外壳温度很低时,变压器外壳的散热能力大大增加,而变压器内部的散热能力却提高很少。

变压运行时绕组的温度是通过上层油温间接测量的。如果上层油温和温升两项参数中任何一项超过了允许值,都说明变压器绕组的温度已经超过限度,这样不仅对绕组的绝缘强度和寿命产生很大影响,而且使绕组的电阻增加,其损耗也逐级增大。因此,我国对变压器的使用条件规定,最高气温为40℃,最高日平均温度为30℃,最高年平均温度为20℃,最低气温为-30℃,海拔高度不超过1000m,并且规定了变压器的允许温升,即:

$$允许温升 = 允许温度 - 40℃(周围空气最高温度) \tag{2-2}$$

变压器额定负荷时的温升具体规定,见表2-5。

变压器允许温升　　　　　　　　　　　　　　　　表2-5

变压器的部位	温升限值(℃)	测量方法
线圈A级绝缘油浸自冷或循环(非导向)	65	电阻法
上层油	55	温度计法

因此,在监视变压器上层油温的同时还要监视其温升,只有上层油的油温和温升均不超

过允许值时,才能保证变压器的安全运行。此外,负荷相同时,变压器的温升大致相同,值班员应注意积累各种环境温度下正常运行的油温和温升资料,以便判断变压器是否正常运行。

4) 油质监视

油浸式变压器的箱体内是用变压器油作为绝缘和散热介质。变压器油是从石油中制取的,是易流动的液体,它能够充满变压器内各部件之间的任何空隙,将空气排除,避免了部件因与空气接触受潮而引起的绝缘降低。另外,由于变压器油的绝缘强度比空气大,从而增加了变压器内线圈与铁芯之间、绕组与绕组之间、线圈与油箱之间绝缘强度。

变压器油在箱体内还可以使变压器的绕组和铁芯得到冷却,因为变压器运行中,靠近绕组与铁芯的油受热后,温度升高,体积膨胀,密度减小而上升,经冷却装置冷却后,再进入变压器油箱的底部,从而形成油的循环。这样,在油的循环过程中,将热量通过冷却装置散发到变压器以外,从而使绕组和铁芯得到冷却。另外,变压油能对变压器内的绝缘材料、金属构件起浸渍和封闭作用,能保持原有物理和化学性能以及防腐作用,再则变压器油也对电弧有熄灭作用。

综上所述,变压器油对变压器经济、安全运行起着重要作用,但变压器油在运行中由于外界原因往往使变压器油变质(劣化),降低或失去它应有的安全作用。使变压器油劣化的主要原因有受潮、氧化和杂质等几个方面。

变压器在运行中由于负荷和环境温度的变化,引起变压器油的膨胀和收缩,变压器的油枕上层的空气和外界空气通过呼吸器相互流通,从而造成有湿度的空气与变压器油接触,使油受潮,造成油内含有水分,这不仅降低了油的绝缘强度,增加了介质损失值,而且油内的水分还能加速氧化变压器内的铜铁物体,使油中产生大量的沉淀物。从一般情况而言,受潮的油比干燥的油劣化速度要快 2~3 倍。因此,运行人员在监视变压运行时要特别注意呼吸器的玻璃空气干燥器中硅胶是否失效(宝石蓝色变为粉红色),对失效的干燥剂应及时更换,以防止变压器油受潮。

除空气中的潮气对油有很大影响外,空气中的氧气危害也很大。油被空气氧化后,生成各种酸性氧化物,该物质造成油的劣化,降低油的绝缘强度。

油的劣化速度主要决定于温度。试验证明,油氧化的起始温度是 60~70℃,在此温度下,油几乎很少发生变质;当温度达到 120℃ 时氧化强烈;当温度达到 160℃ 时,氧化最强烈。

因此,如何使变压器油经济、合理地运行,延长它的使用寿命,主要取决于变压器散热、防潮及防氧化 3 个因素,因此,对运行中的变压器油和备用变压器油,要按规定进行监视,并采取一定的保护措施,定期对变压器油进行取样试验(全部试验项目,简化试验项目)。这项工作的程序是由运行检修人员负责抽样,化验人员进行试验。按规程规定对电压等级为 35kV 以上变压器每年至少取样做一次简化试验;对电压在 35kV 以下变压器每两年至少取样做一次简化试验;对大修的变压器每次大修后,均应做一次简化试验;对简化试验中的电气绝缘强度试验,则在每两次简化试验之间,至少应再做一次试验。除上述规定外,当变压器出现短路故障或加油后,亦需取样对变压器油进行化验分析。

5) 运行中的一般巡视检查项目

(1) 外部目测检查。

① 引线、桩头。检查变压器套管桩头、引线或接合处应无松动、松股和断股现象,铜铝过

渡线卡应无过热而产生变色现象。

②套管。

a. 外表应清洁、无明显污垢、无破损现象。

b. 凸缘应无生锈、裂纹、无电场不均匀而发出的放电声。

③油位、油色检查。

a. 注油套管内的油位应保持正常。

b. 变压器本体油位及有载调压开关油位应在标准油位线范围内，本体油枕油位、有载调压开关油枕油位要求在其结构、高度同样情况下，油位高度也应相同。

c. 气候突然变化气温相差比较大时，应加强注意油位检查，尤其是套管油位。

d. 不带密封隔膜的变压器，油标中的油和其本体的油是连通的，所以在油色检查时可观察油标中油色的变化。一般正常油色为透明微黄色，若油色变成红棕色，甚至发黑，则应怀疑油质已经劣化，应对油进行简化分析。

④渗漏油检查。通常，渗漏油的部位主要有以下几个部位，在巡视检查中应特别注意，并要加以判断是确实渗漏还是检修遗漏的油迹。

a. 套管升高座、电流互感器小绝缘子引出的桩头处及所有套管引线处桩头、凸缘处。

b. 瓦斯继电器及连接管道处。

c. 潜油泵接线盒、观察窗、连接凸缘、连接螺栓坚固件、胶垫处。

d. 冷却器散热器。

e. 全部连接通路蝶阀。

f. 净油器、冷却器的油通路连接处。

g. 全部放气塞处。

h. 全部密封部位胶垫处。

⑤防爆装置检查。

a. 检查压力释放阀，应密封良好，有信号装置的导线完好无损。

b. 安全气道（防爆管）装置玻璃应完好无破裂，有观察窗的无积水现象，防爆管菱形网完整。

⑥温度检查。

a. 检查测温装置所指示的数值在规定允许的范围之内。

b. 检查周围环境温度，油温与表计、热电偶测温装置等应一致。

⑦呼吸器的检查。

a. 呼吸器油封应通畅，呼吸应正常。

b. 呼吸器硅胶变色不应超过 2/3，如超过则应安排更换。

⑧瓦斯继电器检查。从观察窗检查内腔机构正常，器身及接线端子盒应严密无进水。

⑨冷却器检查。

a. 油流继电器动作指示正常，玻璃腔内应密封，内无积水现象。

b. 风扇无反转、卡住，电动机应无停转现象，电源线瓷接头包扎好并应叉开，无浸水、脏污、碰线等现象，潜油泵运行无异状。

c. 整个冷却器无异常振动、应平稳运行。

d.冷却器分控制箱及电缆进线应密封无受潮及杂物。

　　⑩接地线检查。外壳接地线应无锈蚀现象,如有则应清除之,排油道畅通。

　　(2)耳听法检查。

　　变压器正常运行中应发出连续均匀的"嗡嗡"声,以及附属设备发出的均匀振动声属于正常响声,一般均不大于85dB。若听到有不同于正常声音的异常响声,如:

　　①不连续较大的"嗡嗡"声。

　　②油箱内油的特殊翻滚声或"啪啪"放电声。

　　③瓷件表面电晕或电场不均的外部放电声。

　　④转动电动机轴承磨损或轴承钢球碎裂等尖锐声响。

　　⑤其他坚固件零部件的松动而发出的共鸣声。

　　应首先判别异声的部位,辨清是变压器外部引起的还是内部产生的,可以用听音金属棒仔细分辨。

　　(3)嗅觉法检查。

　　人类嗅觉所能辨别的气味因人而异,千差万别,但因电气设备的绝缘材料过热产生的气味大多数正常人都能嗅到并辨别。当变压器故障及各部件(如高压导电部位连接部分、低压电源接线端子、套管、冷却器系统等)由于松动或氧化引起接触不良时,人们会嗅到设备过热或绝缘材料被烧焦产生的气味,运行人员应进行深入检查,检查是否有冒烟的地方、有无变色的部位、是否有放电的声音等,直到查找出原因为止。嗅气味是对电气设备某些异常和缺陷的比较灵敏的一种检查方法。

　　(4)感觉触试法检查。

　　用手摸方法来比较设备外壳的温度在相似情况下是否温度相差过大;振动是否过于剧烈,然后再与仪表对照分析。有时发热部位因发热严重,热量辐射使周围的空气温度升高,人靠近热源脸部就会有热的感觉,此时需要仔细查找发热部位。此法只限于安全部位的发热检查。

　　6)运行中的变压器有载分接头开关的巡视检查

　　(1)操作计数器应正常,与动作记录一致。

　　(2)电压表指示应在变压器规定的调压范围内。

　　(3)调压挡位指示灯与机械指示器的挡位应正确一致。

　　(4)操作箱应密封无受潮进水现象。

　　如何对油浸式变压器进行巡视检查,检查项目有哪些?

2.3　高压开关设备

　　高压开关设备的作用是:正常工作情况下可靠地接通或断开电路,在改变运行方式时进行切换操作,当系统中发生故障时迅速切除故障部分,以保证非故障部分的正常运行;在设备检修时隔离带电部分,以保证工作人员的安全。

开关电器的种类很多,按安装地点分为屋内式和屋外式两类;按功能分,常见的类型有断路器、隔离开关、熔断器、负荷开关等。下面就对这几类主要的高压开关设备进行详细介绍。

2.3.1 高压断路器

1)高压断路器的功能

高压断路器(文字符号为 QF)是变电所高压电气设备中最重要的设备,是一次电力系统中控制和保护电路的关键设备。它主要有两个作用:一是控制作用,即根据需要将部分电气设备或线路投入或退出运行;二是保护作用,即在电气设备或电力线路发生故障时,继电保护装置发出跳闸信号,起动断路器跳闸,将故障部分设备或线路从电网中迅速切除,确保电网中无故障部分的正常运行。

2)高压断路器的结构

高压断路器的基本结构如图 2-3 所示。其中,开断元件是核心,开关设备的控制、保护及安全隔离等方面的任务都由它来完成。其他组成部分都是配合开断元件为完成上述任务而设置的。

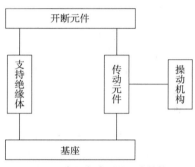

3)高压断路器的分类和型号

高压断路器有很多种类型。按其采用的灭弧介质分,有油断路器、SF_6 断路器、真空断路器等类型;按其安装地点分,有屋内式和屋外式两种。

图 2-3 高压断路器的基本结构

其中,油断路器的结构简单、价格便宜,但油在灭弧过程中容易碳化,所以检修周期短,维护工作量大,再加上油对环境的污染大又容易引发火灾,故断路器的发展趋势为无油化,特别是在城市轨道交通中,油断路器已经被淘汰,被 SF_6 断路器和真空断路器取代。

高压断路器的型号规格如图 2-4 所示。

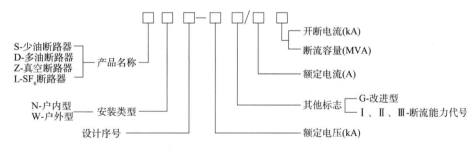

图 2-4 高压断路器的型号规格示意图

4)真空断路器

真空断路器利用真空度约为 10^{-4} Pa(运行中不低于 10^{-2} Pa)的高真空作为内绝缘和灭弧介质。当灭弧室内被抽成高真空时,其绝缘强度要比绝缘油、一个大气压力下的 SF_6 和空气的绝缘强度高很多。但真空断路器并不是不产生电弧,真空击穿产生电弧,是由触头蒸发出来的金属蒸气帮助形成的。

随着冶金等技术的不断进步,真空断路器的制造水平不断提高,真空断路器以其体积小、性能好、无污染、寿命长等诸多优点,广泛应用于 10~35kV 电压等级的电网中,是城市轨道交通系统中压网络中最为常见的断路器。

真空断路器是由真空灭弧室、绝缘支撑、传动机构、操动机构、机座(框架)等组成,如图 2-5 所示。导电回路由导电夹、软连接、出线板通过灭弧室两端组成。真空断路器的固定方式不受安装角度限制,既可以水平安装,又可以垂直安装,还可以任意角度安装。

按真空灭弧室的布置方式,可分为落地式和悬挂式两种基本形式,以及这两种方式相结合的综合式和接地箱式。图 2-5 所示为落地式真空断路器,它将真空灭弧室安装在上方,用绝缘子支持,操动机构设置在底座的下方,上下两部分由传动机构通过绝缘杆连接起来。

(1)真空灭弧室。

真空灭弧室是真空断路器中最重要的部件。真空灭弧室的结构如图 2-6 所示,外壳是由绝缘筒、两端的金属盖板和波纹管所组成的密封容器。灭弧室内有一对触头,静触头焊接在静导电杆上,动触头焊接在动导电杆上,动导电杆在中部与波纹管的一个断口焊在一起。波纹管的另一端口与动端盖的中孔焊接,动导电杆从中孔穿出外壳。由于波纹管可以在轴向上自由伸缩,故这种结构既能实现在灭弧室外带动动触头做分合运动,又能保证真空外壳的密封性。

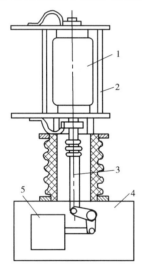

图 2-5 真空断路器基本结构示意图
1-真空灭弧室;2-绝缘支撑;3-传动机构;4-基座;
5-操动机构

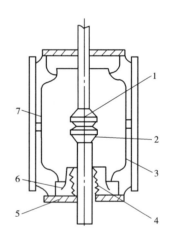

图 2-6 真空灭弧室结构
1-静触头;2-动触头;3-屏蔽罩;4-波纹管;5-与外壳封接的金属凸缘盘;6-波纹管屏蔽罩;7-绝缘外壳

①外壳。整个外壳通常由绝缘材料和金属组成。对外壳的要求首先是气密封要好,其次是要有一定的机械强度,再者是有良好的绝缘性能。

②波纹管。波纹管既要保证灭弧室完全密封,又要在灭弧室外部操动时使触头做分合运动,允许伸缩量决定了灭弧室所能获得的触头最大开距。

③屏蔽罩。触头周围的屏蔽罩主要是用来吸附燃弧时触头上蒸发的金属蒸气,防止绝缘外壳因金属蒸气的污染而引起绝缘强度降低和绝缘破坏,同时,也有利于熄弧后弧隙介质强度的迅速恢复。在波纹管外面用屏蔽罩,可使波纹管免遭金属蒸气的烧损。屏蔽罩的导热性能越好,其表面冷却电弧的能力也就越好。因此,制造屏蔽罩常用材料为无氧铜、不锈钢和玻璃,铜是最常用的。

④触头。触头是真空灭弧室内最为重要的元件,灭弧室的开断能力和电气寿命主要由触头状况来决定。根据触头开断时灭弧基本原理的不同,可分为非磁吹触头和磁吹触头两大类。

非磁吹型圆柱状触头最简单,机械强度好,易加工,但开断电流较小,一般只适用于真空接触器和真空负荷开关中。

磁吹触头又分为横向磁吹触头和纵向磁吹触头两类,而横向磁吹触头包括螺旋槽触头和杯状触头两种,如图2-7所示。

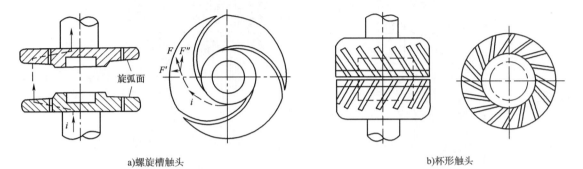

a) 螺旋槽触头　　　　　　　　　　　b) 杯形触头

图2-7　横向磁吹触头

(2) 操动机构。

操动机构是指带动高压断路器传动机构进行合闸和分闸的机构。依断路器合闸时所用能量形式的不同,操动机构可分为以下几种:

①手动机构(CS型),指用人力进行合闸的操动机构。

②电磁机构(SD型),指用电磁铁合闸的操动机构。

③弹簧机构(CT型),指事先用人力或电动机使弹簧储能实现合闸的弹簧合闸操动机构。

④电动机机构(CJ型),用电动机合闸与分闸的操动机构。

⑤液压机构(CY型),指用高压油推动活塞实现合闸与分闸的操动机构。

⑥气动机构(CQ型),指用压缩空气推动活塞实现合闸与分闸的操动机构。

弹簧操动机构由储能机构、电磁系统、机械系统等主要部件组成,有CT6、CT8、CT8G、CT9、CT10等多种形式。

下面以CT10型操动机构为例,介绍弹簧操动机构。

如图2-8所示,该机构采用夹板式结构。机构的储能驱动部分和合闸驱动的凸轮连杆部分、合闸电磁铁等布置在左、右侧板之间,使各转轴受力合理,稳动性好。两根合闸弹簧分别布置在左、右侧板外边。合闸电磁铁、储能电动机和辅助开关置于机构下部。

CT10型操动机构有电动机储能和人力储能两种储能方式,合闸操作有合闸电磁铁操作和手动按钮操作,分闸操作也有分闸电磁铁操作和手动按钮操作。

(1) 储能。图2-9为储能部分动作示意图。其中,图2-9a)所示为合闸弹簧处于未储能位置,图2-9b)所示为合闸弹簧处于已储能位置。由电动机带动偏心轮转动,通过紧靠在偏心轮表面的滚轮2推动操作块做上下摆动,带动驱动棘爪做上下运动,推动棘轮转动。在转动过程中,当固定在棘轮上的销与固定在储能轴上的驱动板顶住以后,棘轮就通过驱动板带动储能轴转动,从而将合闸弹簧拉长。当储能轴转到将挂簧拐臂达到最高位置时,只要再向前转一点，固定在与储能轴连为一体的凸轮上的滚轮就近靠在定位件上，将合闸弹簧维持在储能状态，完成了储能动作。

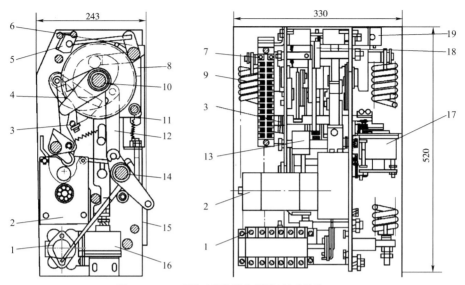

图 2-8 CT10 型操动机构结构简图(尺寸单位：cm)

1-辅助开关；2-储能电动机；3-半轴；4-驱动棘爪；5-按钮；6-定位件；7-接线端子；8-保持棘爪；9-合闸弹簧；10-储能轴；11-合闸连锁板；12-合闸四连杆；13-分合指示牌；14-输出轴；15-角钢；16-合闸电磁铁；17-过电流脱扣电磁铁及分闸电磁铁；18-储能指示；19-行程开关

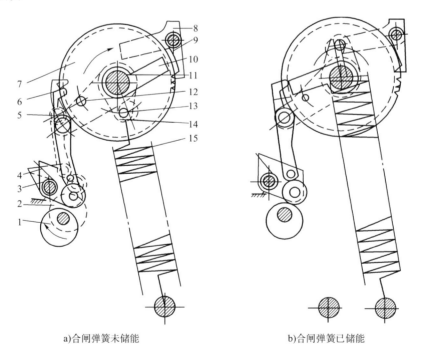

a)合闸弹簧未储能　　　　　　　　b)合闸弹簧已储能

图 2-9 储能部分动作示意图

1-偏心轮；2、13-滚轮；3-操动块；4-操动块复位弹簧；5-驱动棘爪；6-靠板；7-棘轮；8-定位件；9-保持棘爪；10-驱动板；11-储能轴；12-销；14-挂簧拐臂；15-合闸弹簧

(2)合闸操作。合闸电磁铁操作,是指接到合闸命令后,合闸电磁铁的动铁芯被吸向下运动,拉动导板也向下运动,使杠杆向反时针方向转动,并带动固定在定位件上的滚轮运动,推动定位件做顺时针转动将储能维持解除,完成合闸操作。

手动按钮操作,是指按动安装在面板上的合闸按钮,使其推动脱扣板,通过调节螺杆推动定位件做顺时针转动,完成合闸操作。

(3)分闸操作。分闸操作包括自动分闸操作和手分按钮分闸操作。

自动分闸操作,是指当机构处于合闸状态时,一旦脱扣器接到分闸信号,过流脱扣电磁铁或分闸电磁铁向上吸动,将带动顶杆推动脱扣板做顺时针移动,从而带动锁扣做逆时针转动,使锁扣与锁扣之间的搭接解除。解除后的锁扣在储能弹簧的带动下做逆时针转动,通过杠杆推动半轴做顺时针转动,从而完成分闸操作。

手分按钮分闸操作,是指当用手分按钮推动分闸连杆时,带动了固定在半轴上的脱扣板向上运动,从而带动半轴转动,解除扇形板与半轴的扣接,使扇形板转动,完成分闸动作。

> **想一想**
>
> 真空断路器的主要结构有哪些,分别起什么作用?

2.3.2 高压隔离开关

1)作用

高压隔离开关(文字符号为 QS)又称隔离刀闸,是一种结构比较简单的高压开关电器,在合闸状态下能可靠地通过额定电流和短路电流,但因为它没有专门的灭弧装置,因此,不能用来切断负荷电流和短路电流。使用时应与断路器配合,只有在断路器断开时才能进行操作。隔离开关在分闸时,动静触头间形成明显可见的断口,绝缘可靠。高压隔离开关具有以下作用:

(1)隔离高压电源,以保证其他设备的检修安全。

(2)倒闸操作。当合闸时,先合隔离开关,后合断路器;分闸时,先分断路器,后分隔离开关。这种操作通常称为倒闸操作。为了保证安全,一般要装有和断路器之间的连锁装置,以防止误操作。

(3)接通和断开小电流电路。

2)分类和型号

按照不同的分类方式,隔离开关有多种类型:

(1)按装设地点的不同,可分为户内式和户外式两种。

(2)按绝缘支柱数目,分为单柱式、双柱式和三柱式三种。

(3)按动触头运动方式,可分为水平旋转式、垂直旋转式、摆动式和插入式等。

(4)按有无接地闸刀,可分为无接地闸刀、一侧有接地闸刀、两侧有接地闸刀三种。

(5)按操动机构的不同,可分为手动式、电动式、气动式和液压式等。

(6)按极数,可分为单极、双极、三极三种,以及按安装方式分为平装式和套管式等。

隔离开关的型号规格如图 2-10 所示。直流接触网采用的隔离开关一般采用 GZ 型,如 GZ-1.5/3000。

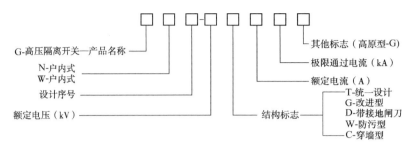

图 2-10 隔离开关型号规格示意图

3) 结构

城市轨道交通系统中,隔离开关的应用主要有以下几类:接触网隔离开关,包括上网隔离开关和纵向隔离开关;变压器中性点接地刀闸;负极柜中的负极刀闸;成套配电装置中的交流三相隔离开关,如三工位隔离开关。前三种隔离开关都是单极的。图 2-11 为 GZ-1.5/3000 型接触网隔离开关的外形图。

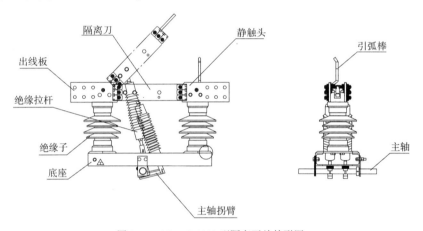

图 2-11 GZ-1.5/3000 型隔离开关外形图

隔离开关主要由底座、手柄底座、支柱绝缘子和导电回路组成,其中导电回路主要包括闸刀(动触头)、静触头和接线端等。导电回路固定在支柱绝缘子的上端,两根支柱绝缘子固定在底座上,另有一根绝缘拉杆将闸刀和主轴拐臂相连。通过传动机构带动主轴运动,使之相对于底座做垂直面上的转动,带动导电回路的触头做分、合闸运动。在应用中,一般将静触头作为进线端,动触头作为出线端。

隔离开关为什么要和断路器配合使用?

2.4 成套设备

成套设备是制造厂成套供应的设备。成套设备是按电气主接线的要求,把开关设备、保护测量电器、母线和必要的辅助设备组合在一起,装配在一个或两个全封闭或半封闭的金属柜中,用来接受、分配和控制电能的总体装置。制造厂可生产各种不同一次线路方案的开关柜供用户选用。

2.4.1 成套设备的分类

按电气设备安装的地点,可分为屋内成套设备和屋外成套设备。为了节约用地,城市轨道交通应用的110kV及以下成套设备均采用屋内式。

按电压等级分成高压成套设备和低压成套设备,也可按结构形式分为固定式和移开式(移开式又分手车式和抽屉式)或按开关柜隔离构成形式分为铠装式、间隔式、箱形、环网柜等。根据一次线路安装的主要元器件和用途,成套设备又可分为很多种柜体,如断路器柜、负荷开关柜、电压互感器柜、隔离开关柜、进线柜、馈线柜、母联柜、无功补偿柜等。

2.4.2 高压成套配电装置(高压开关柜)

高压成套配电装置就是按不同用途的接线方案,将所需的高压设备和相关一、二次设备按一定的线路方案组装而成的一种高压配电装置,也称为高压开关柜。

高压开关柜有固定式和移开式(手车式)两大类型。固定式高压开关柜,柜内所有电器部件都固定在不能移动的框架上,构造简单,在我国城市轨道交通中有大量的应用,主要是110kV交流开关柜和35kV或10kV交流开关柜,为了区别,一般把35kV或10kV的开关柜称为中压开关柜。移开式(手车式)高压开关柜是一部分电器部件固定在可移动的手车上,另一部分电器部件装置在固定的台架上,当出现故障需要检修时,可随时将其手车拉出,然后推入同类备用小车即可恢复供电。城市轨道交通中直流开关柜的断路器柜,均采用此种类型。

2.4.3 110kV成套装置

城市轨道交通中的110kV成套装置多是户内安装的GIS设备。

GIS的中文全称是SF_6气体绝缘金属全封闭组合电器,把断路器、隔离开关、接地开关、互感器、避雷器、母线、连接件等单元,全部封装在接地的金属壳体内,壳内充以压力为$0.2\sim0.5\ MPa$的SF_6气体,作为相间和对地的绝缘。GIS既封闭又组合,占地面积小,占用空间少,基本不受外界环境影响,不产生噪声和无线电干扰,运行安全可靠,且维护工作量少。

在城市轨道交通变电所中,由于空间相对较小,对设备之间的安全距离、设备检修等方面有较高的要求,十分适合采用全封闭组合电器。

GIS具有很大的优越性,但前提条件是封装的电气设备要具有很高的可靠性。由于SF_6气体具有很高的绝缘强度,采用全封闭组合电器可缩小各元件之间的绝缘距离,从而使整套配电装置的占地面积和空间体积缩小,且现场的施工工作量大大减少。电气设备进行封装以后,避免了各种恶劣环境的影响,减小了设备故障的可能性,延长了人身安全和设备检修周期。

1)SF_6的特性

SF_6是一种无毒、不燃的气体,具有优异的绝缘性能和灭弧性能,将其应用于断路器、变压器和电缆等电气设备,显示出矿物油无可比拟的优越性。

(1)SF_6气体热容量大。SF_6气体的分子在分解时吸收的能量多,对弧柱的冷却作用强。

(2)SF_6气体环境下的电弧能量小。SF_6气体在高温时分解出的硫、氟原子和正负离子,与其他灭弧介质相比,在同样的弧温时有较大的游离度。在维持相同游离度时,弧柱温度较低。因此,SF_6气体中电弧电压较低,燃弧时的电弧能量小,对灭弧有利。

(3)SF_6气体分子的负电性强。所谓负电性,是指SF_6气体分子极易捕获、吸附自由电子形成低活动性负离子的特性。SF_6气体负电性强,加强了去游离,降低了电导率。在电弧电流过零后,弧柱温度将急剧下降,分解物急速复合。因此,SF_6气体弧隙的介电性能恢复速度很高,能耐受很高恢复电压,电弧在电流过零后难重燃。

但SF_6气体也有一些明显的缺点,主要体现在三个方面:其一是高温电弧分解产物和其本身(或分解产物)与接触介质发生化学反应,生成物对生物的毒性作用;其二是SF_6作为一种温室气体对环境的危害;其三是SF_6分子质量较大,泄漏后会沉降在下方排挤空气,若大量泄漏会造成室内环境缺氧。

2)GIS的结构

110kV GIS结构示意图如图2-12所示。

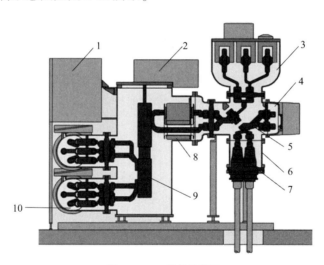

图2-12 GIS结构示意图

1-就地控制柜;2-断路器操作机构;3-电压互感器;4-快速接地开关;5-隔离/接地开关;6-电缆终端筒;7-电缆终端头;8-电流互感器;9-断路器;10-母线隔离/接地组合开关

(1)断路器。

断路器是全封闭组合电器的主要元件,需要配用开断性能好、电气寿命长、运行安全、维护方便的无油断路器,主要为SF_6断路器和真空断路器。

SF_6断路器可以是单压式或双压式SF_6断路器,目前使用最多的是单压式SF_6断路器。这种断路器有水平断口和垂直断口两种类型。选用不同断口的断路器,也就决定了组合电器内其他元件的布置方式、组合电器的高度和宽度,及其断口检查的难易程度。常配用的操作机构有电动储能弹簧机构、液压机构和气动机构三种。

真空断路器具有体积小、寿命长、不需净化灭弧介质、开断性能稳定等优点。目前,由于单个灭弧室的最高工作电压所限,仅在 C-GIS 中应用。

(2) 隔离开关。

GIS 中使用的隔离开关由本体和操动机构两部分组成。本体结构有直线形、"T"形和角形三种。通常,每相只有一个断口。动触头既可以做直线运动,也可以做旋转运动。无论采用何种类型,都希望它能开断小电容电流和环流。

隔离开关一般为三相联动,配用动力型简易操作机构,如电动机构、气动机构、弹簧机构等,并要求可以就地手动操作。为监视断口工作状态,常在操纵机构输出轴或操作杆上装有分、合闸位置指示器。根据功能,隔离开关可分为无分合能力的和有分合能力的两类。前者只能起隔离作用,后者具有灭弧能力。

(3) 接地开关。

GIS 用的接地开关,其结构形式一般为三相联动。动触头的运动方式有直动和转动两种。可以单独布置,也可以与隔离开关、负荷开关、套管和电缆连接装置等组装在一起。接地开关是主回路接地元件,按其功能可分为如下 5 种:

① 工作接地开关。其作用是释放主回路上的残余电荷,并应能耐受短时电流,确保设备检修时的人身安全。一般配用人力操动机构,安装在断路器两侧和母线上。

② 有关合短路能力的接地开关。标准规定,应能关合两次额定动稳定电流。如不能预先确定回路不带电,则应采用这种接地开关。一般装在 GIS 进(出)线单元的线路侧。

③ 能开合感应电流的接地开关。当 GIS 的进(出)线为长距离平行共塔线路时,安装在线路入口处的接地开关除应能释放线路残留电荷和承受短时电流外,还应具有分合电磁感应电流和静电感应电流的能力。

④ 保护用接地开关。为了实现对 GIS 内部电弧故障的保护作用,操作机构需带有脱扣装置,并与保护装置相配合。当内部故障发生时,能及时发出合闸命令,起动脱扣装置,快速关合,造成人为的接地通路,使故障电弧电流转移。电弧熄灭后,最终由下级保护切除故障。

⑤ 能释放电力电缆残留电荷的接地开关。由于电力电缆对地电容大,残留电荷量多,安装在电缆进线入口处的接地开关接地时,会产生很高的瞬时振荡过电压,常需装设合闸电阻。

上述后四种接地开关都必须备有简易熄(耐)弧装置,配用动力型操动机构,能快速合闸或(和)分闸操作,一般平均速度大于 1m/s 的,称为快速接地开关。

接地开关还常常被用来作为 GIS 主回路参数和特性的测试接地端子,为此,要求接地开关的接地端子能与地电位(即 GIS 外壳)绝缘,且应具有一定的通流能力和绝缘能力。

在中压 GIS 中,为简化设备、节省投资、减少设备尺寸,常采用三位置隔离开关(常称为"三工位开关"),其具有连接、断开、接地三个功能,即作为隔离开关和接地刀闸使用。该三工位开关安装在母线和断路器之间,可使用手动操作或电动操作。断路器与接地刀闸之间具有联锁,即断路器在运行位置,接地刀闸不能合闸,只有断路器和隔离开关在分闸位置,接地刀闸才能进行合闸、分闸;在线路检修时利用三工位开关的接地作为检修电缆时的安全防护措施,断路器在合闸位置,设挂锁防止远方及当地误分闸。

> **想一想**
>
> 主变电所中110kV GIS组合电器由哪些部件组成?

2.5 电气主接线

变电所的电气主接线是指由变压器、断路器、开关设备、母线等及其连接导线所组成的接受和分配电能的电路。电气主接线反映了变电所的基本结构和功能,在运行中,它能标明电能输送和分配的关系以及变电所一次设备的运行方式,成为实际运行操作的依据。在设计中,主接线的确定对变电所的设备选择、配电装置布置、继电保护配置和计算、自动装置和控制方式选择等都有重大影响。此外,电气主接线对供电系统运行的可靠性、电能质量、运行灵活性和经济性起着决定性作用。因此,电气主接线是变电所的主体部分。

2.5.1 电气主接线概述

1) 对电气主接线的基本要求

电气主接线的选择正确与否对电力系统的安全、经济运行,对电力系统的稳定和调度的灵活性,以及对电气设备的选择、配电装置的布置、继电保护及控制方式的拟定等都有重大的影响。在选择电气主接线时,应注意变电所在电力系统中的地位、进出线回路数、电压等级、设备特点及负荷性质等条件,并应满足下列基本要求。

(1) 保证必要的供电可靠性和电能的质量。

保证在各种运行方式下牵引负荷以及其他动力的供电连续性。牵引负荷是一级负荷,中断供电将造成重大经济损失与社会影响,甚至造成人员伤亡。所以,高质量、连续地供电是对电气主接线的首要要求。因此,应明确下列几点:

①断路器检修时是否影响供电。

②设备或线路故障或检修时,停电线路数量的多少和停电时间的长短,以及能否保证对重要用户的供电。

③有没有使变电所全部停止工作的可能性等。

(2) 具有一定的运行灵活性。

电气主接线不仅在正常运行情况下能根据调度的要求灵活地改变运行方式,实现安全、可靠、经济地供电,而且在系统故障或电气设备检修及故障时,能尽快地退出设备、切除故障,使停电时间最短、影响范围最小,并且在检修设备时能保证检修人员的安全。

(3) 操作应尽可能简单、方便。

这就要求主接线力求简洁、明了,没有多余的电气设备,投入或切除某些设备和线路的操作方便,避免误操作。

(4) 应具有扩建的可能性。

随着经济的高速发展,城市轨道交通的运量相应迅速增长,城市轨道交通变电所增容,加之馈线和其他设备的改建、扩建经常存在,因此,电气主接线的设计应当长远规划,精心设计,给将来的扩建留有余地。特别是在城市轨道交通变电所设计中,还应注意场地条件安排与城市规划发展相结合。

(5)技术上先进,经济上合理。

应使主接线投资与运行费用达到经济、合理。经济性主要取决于母线的结构类型与组数、主变压器容量、结构形式和数量、高压断路器数量、配电装置结构类型和占地面积等因素,经济性与可靠性之间往往存在着矛盾,要增强主接线的可靠性与灵活性,就需增加设备和投资。因此,在确定主接线的形式时,要进行经济技术比较,在安全可靠、运行灵活的前提下,尽量使投资和运行费用最省。

变电所的变压器与馈线之间采用什么方式连接,以保证工作可靠、灵敏是十分重要的问题,解决的措施是采用母线制。应用不同的母线连接方式,可使在变压器数量少的情况下也能向多个用户供电,或者保证用户的馈线能从不同的变压器获得电能。母线又称汇流排,在原理上它是电路中的一个电气节点,起着汇集变压器的电能和给各用户的馈电线分配电能的作用,所以,若母线发生故障,将使用户供电全部中断。故在主接线的设计中,选择什么样的母线制就显得特别重要。

2)电气主接线的基本类型

母线是接受和分配电能的装置,是电气主接线和配电装置的重要环节。电气主接线一般按有无母线分类,即分为有母线和无母线两大类。

有母线的主接线形式包括单母线和双母线。单母线又分为单母线无分段、单母线有分段、单母线分段带旁路母线等形式,双母线又分为普通双母线、双母线分段、3/2断路器(又叫一台半断路器)、双母线及带旁路母线的双母线等多种形式。

无母线的主接线形式主要有单元接线、桥形接线和角形接线等。

3)电气主接线图

用规定的设备文字和图形符号将各电气设备按连接顺序排列,详细表示电气设备的组成和连接关系的接线图,称为电气主接线图。电气主接线图一般画成单线图(即用单相接线表示三相系统)。

主接线图常用的图形符号见表2-6。

常用的电气设备文字符号和图形符号 表2-6

电气设备名称	文字符号	图形符号	电气设备名称	文字符号	图形符号
刀开关	QK		负荷开关	QL	
断路器（自动开关）	QF		熔断器	FU	
隔离开关	QS		熔断器式开关	S	

续上表

电气设备名称	文字符号	图形符号	电气设备名称	文字符号	图形符号
阀式避雷器	F		电缆及其终端头		
三相变压器	T		交流发电机	G	
三相变压器	T		交流电动机	M	
电流互感器 (具有一个二次绕组)	TA		单相变压器	T	
电流互感器 (具有两个铁芯 和两个二次绕组)	TA		电压互感器	TV	
			三绕组变压器	T	
母线	W		三绕组电压互感器	TV	
导线、线路	W				
三相导线			电抗器	L	
端子	X		电容器	C	

2.5.2 常见电气主接线

1) 单母线不分段接线

图 2-13 所示为单母线不分段接线,简称单母线接线,各电源和出线都接在同一条公共母线上,其供电电源在发电厂是发电机或变压器,在变电所是变压器或高压进线回路。母线既可以保证电源并列工作,又能使任一条出线都可以从任一电源获得电能。每条回路中都装有断路器和隔离开关,紧靠母线侧的隔离开关(如 QSB)称为母线隔离开关,靠近线路侧的隔离开关(如 QSL)称为线路隔离开关。图中 QSS 是接地隔离开关,其作用同接地线。

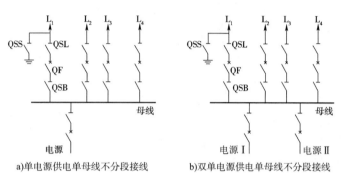

a) 单电源供电单母线不分段接线   b) 双电源供电单母线不分段接线

图 2-13 单母线不分段接线

(1) 单母线接线的优点。

单母线接线的优点是结构简单、清晰、设备少、投资小、运行操作方便且有利于扩建。隔离开关仅在检修电气设备时作隔离电源用,不作为倒闸操作电器,从而避免因用隔离开关进行大量倒闸操作而引起的误操作事故。

(2) 单母线接线的主要缺点。

① 母线或母线隔离开关检修时,连接在母线上的所有回路都将停止工作。

② 当母线或母线隔离开关上发生短路故障或断路器靠母线侧绝缘套管损坏时,所有断路器都将自动断开,造成全部停电。

③ 检修任一电源或出线断路器时,该回路必须停电。

因此,这种接线只适用于小容量和用户对供电可靠性要求不高的发电厂或变电所中。为了克服以上缺点,可采用将母线分段和加旁路母线的措施。

2) 单母线分段接线

出线回路数增多时,可用断路器将母线分段,成为单母线分段接线,如图 2-14a) 所示。根据电源的数目和功率不同,母线可分为 2~3 段,段数分得越多,故障时停电范围越小,但使用的断路器数量越多,其配电装置和运行也就越复杂,所需费用就越高。

(1) 单母线分段接线的优点。

母线分段后,可提高供电的可靠性和灵活性。在正常运行时,可以接通也可以断开运行。当分段断路器 QFd 接通运行时,任一段母线发生短路故障时,在继电保护作用下,分段断路器 QFd 和接在故障段上的电源回路断路器便自动断开,这时非故障段母线可以继续运行,缩小了母线故障的停电范围;当分段断路器断开运行时,分段断路器除装有继电保护装置外,还应装有备用电源自动投入装置,分段断路器断开运行,有利于限制短路电流。

也可用隔离开关将母线分段,如图2-14b)所示。用隔离开关分段的接线可靠性稍差一些,母线故障时将短时全部停电,打开分段隔离开关后,非故障段母线即可恢复供电。对重要用户,可以采用双回路供电,即从不同段上分别引出馈电线路,由两个电源供电,以保证供电可靠性。

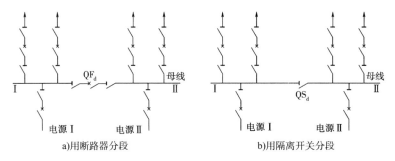

图2-14 单母线分段接线

（2）单母线分段接线的缺点。

①当一段母线或母线隔离开关发生故障或检修时,必须断开接在该分段上的全部电源和出线,使该段单回路供电的用户停电。

②任一出线断路器检修时,该回路必须停止工作。

单母线分段接线,虽然较单母线接线提高了供电可靠性和灵活性,但当电源容量较大和出线数目较多,尤其是单回路供电的用户较多时,其缺点更加突出。因此,一般认为单母线分段接线应用在6~10kV之间、出线在6回及以上时,每段所接容量不宜超过25MW;用于35~66kV时,出线回路不宜超过8回;用于110~220kV时,出线回路不宜超过4回。在可靠性要求不高时,或者在工程分期实施时,为了降低设备费用,也可使用一组或两组隔离开关进行分段,任一段母线发生故障时,将造成两段母线同时停电,在判别故障后,拉开分段隔离开关,完好段即可恢复供电。

3）线路-变压器组接线

如图2-15所示,当只有两条电源回路和两台变压器时,可采用两路电源各带一台变压器,相互之间没有横向连接,形成线路-变压器组单元接线,或称线路-变压器组接线。

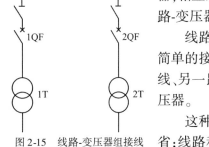

图2-15 线路-变压器组接线

线路-变压器组接线的电源线路和变压器直接相连,是一种最简单的接线方式。两路高压电源线路可以是专线,也可以是一路专线、另一路"T"接。正常运行方式下,每条电源线路各带一台变压器。

这种接线方式优点是接线方式简洁,高压设备少,占地小,投资省;线路和变压器投入和切除操作方便,继电保护简单。

但电源线路之间没有连接关系,为了保证供电的可靠性,在变压器负荷侧必须要能够相互联系。当一台变压器或电源线路故障退出运行时,在变压器负荷侧做转移负载操作,由另一路电源的变压器承担本变电所范围内的全部或部分用电负荷。

线路-变压器组接线在城市轨道交通的主变电所中得到广泛应用。

4) 桥形接线

当只有两台主变压器和两条线路时,也可以采用图 2-16 所示的接线方式。这种接线称为桥形接线,可看作是单母线分段接线的变形,即去掉线路侧断路器或主变压器侧断路器后的接线,也可看作是线路-变压器组接线的变形,即在两组线路-变压器单元的电源侧增加一横向连接桥臂后的接线。

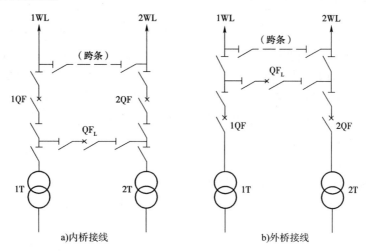

图 2-16 桥形接线

桥形接线的桥臂由断路器及其两侧隔离开关组成,正常运行时桥断路器可处于接通也可处于断开状态(由系统运行方式决定),断开时类似于线路-变压器组接线。

桥形接线根据桥臂的位置不同,可分为内桥接线和外桥接线两种形式。

(1) 内桥接线。

内桥接线如图 2-16a) 所示,桥臂置于电源线路断路器的内侧。其特点如下:

① 电源线路发生故障时,仅故障线路的断路器跳闸,不影响另一回路正常运行。需要时也可以合上桥断路器,由另一路电源带两台变压器运行。

② 变压器故障时,桥断路器及与故障变压器同侧的电源线路断路器均要断开,使变压器的供电受到影响,需经倒闸操作后,方可恢复供电。

③ 正常运行时变压器操作不方便。如需切除变压器 1T,应首先断开断路器 1QF 和联络断路器 QF_L,再拉开变压器侧的隔离开关,使变压器退出,然后重新合上断路器 1QF 和联络断路器 QF_L,恢复电源线路 1WL 的供电。

内桥接线适用于电源线路较长、线路故障率较高、穿越功率小和变压器不需要经常改变运行方式的场合。城市轨道交通主变电所如果采用桥形接线,多为内桥形接线。

(2) 外桥接线。

外桥接线如图 2-16b) 所示,桥臂置于线路断路器的外侧。其特点如下:

① 变压器发生故障时,仅跳故障变压器侧的断路器,另一回路不受影响。

② 线路发生故障时,桥断路器及与故障线路同侧的变压器断路器均跳闸,需经倒闸操作后,方可恢复被切除变压器的工作。

③线路投入与切除时,操作复杂,并影响变压器的运行。

这种接线适用于线路较短、故障率较低、主变压器需按经济运行要求经常投切以及电力系统有较大的穿越功率通过桥臂回路的场合。

城市轨道交通的主变电所属于电力系统的终端变电所,没有穿越功率,因为基本不采用外桥形接线。

2.5.3 主变电所电气主接线

《地铁设计规范》(GB 50157—2013)指出,"变电所应分为主变电所、电源开闭所、牵引变电所、降压变电所。牵引变电所与降压变电所可合建成牵引降压混合变电所。"这些变电所是如何连接在一起构建供电网络的、它们的供电对象对电源有什么样的要求,决定了变电所电气主接线的结构和运行方式;同时,为节约占地面积,节省昂贵的土建造价和满足防火、防灾需要,主接线变配电设备的选择也有其特殊性,应使用干式、高效率的成套设备,这对主接线和配电装置的结构有直接影响。

1) 高压侧电气主接线

主变电所高压侧电气主接线最为常见的是线路-变压器组接线,也有部分采用内桥形接线。图2-17为某主变电所的电气主接线图,其高压侧采用线路-变压器组形式。

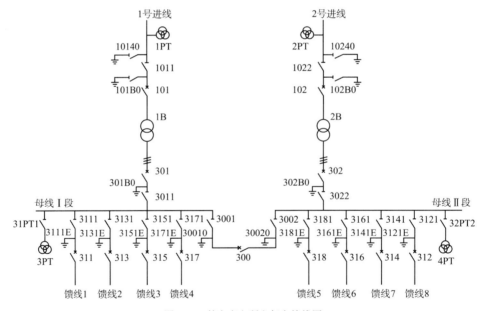

图2-17 某主变电所电气主接线图

变电所有两路电源进线,分别为1号进线和2号进线,正常时各带一台主变压器,两路电源同时供电,两台主变压器1B和2B同时工作,互为备用。进线侧设进线隔离开关1011(1022)和进线断路器101(102)以及接地开关,一般为GIS组合电器。然后通过电缆连接到变压器,经变压器电压变换(如110kV/35kV)后送往中压母线。

典型的断路器-隔离开关组合是断路器两侧各有一把隔离开关,实际应用时可视需要进行变化,少设一些隔离开关以减小投资,常见的是设备侧可以不设隔离开关,但母线侧的隔离开关不能少。

2）中压侧电气主接线

主变电所中压侧均采用单母线分段接线，利用分段断路器300（现场有时也称为母联断路器）分成母线Ⅰ段和母线Ⅱ段，如图2-17所示。

主变压器1B通过断路器301和隔离开关3011将中压电能输送至母线Ⅰ段，并通过馈线断路器311、313、315、317分别将中压电能输送给城市轨道交通沿线的降压变电所和牵引降压混合变电所。同样地，主变压器2B通过断路器302和隔离开关3022将中压电能输送至母线Ⅱ段，并通过馈线断路器312、314、316、318分别将中压电能输送给城市轨道交通系统沿线的降压变电所和牵引降压混合变电所。这些馈线两两组合（如311和312、313和314、315和316、317和318）作为降压变电所和牵引降压混合变电所的两路电源。

正常时，分段断路器断开，两段母线分列运行。当一台主变压器或一条电源线路故障退出运行时，只需在变电所中压侧做转移负荷操作，合上分段断路器300，由正常运行的一路电源和变压器承担本所范围内的全部一、二级用电负荷。

想一想

观察图2-18所示的主变电所主接线图，回答以下问题：

(1) 110kV侧的主接线采用的是哪种方式？
(2) 35kV侧的主接线采用的是哪种方式？
(3) 图中哪个是分段开关，请指出其编号？
(4) 主变电所两台主变压器通常采用何种运行方式？
(5) 假设110kV仙灵线需停电检修，该如何操作？（请写出主要的倒闸操作顺序）

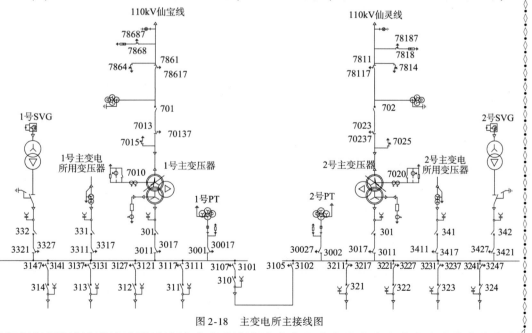

图2-18 主变电所主接线图

复习思考题

1. 城市轨道交通变电所的类型有哪些?
2. 城市轨道交通主变电所的位置应该如何选择?
3. 城市轨道交通主变电所中有哪些主要电气设备?
4. 简述主变压器的结构组成及各部分作用。
5. 高压断路器的作用是什么?
6. 简述高压断路器的结构及各部分功能。
7. 高压隔离开关在线路中的主要作用是什么?
8. 什么是GIS组合电器?它在应用中有哪些优点?
9. 城市轨道交通主变电所常采用什么类型的电气主接线?
10. 绘制主变电所的电气主接线图,分析其结构、运行方式。

单元 3　中压网络

问题导入

不论外部电源采用何种供电方式,在城市轨道交通内部都需要形成中压网络为牵引变电所及降压变电所供电。中压网络并不是供电系统中独立的子系统,但它是外部电源、牵引变电所、降压变电所相互连接的纽带,其功能类似于电力系统中的输配电线路。那么中压网络采用何种电压等级,是怎样构成的,如何运行?本单元将回答这些问题。

学习要点

1. 城市轨道交通中压网络的电压等级;
2. 城市轨道交通中压网络的构成形式;
3. 城市轨道交通中压网络的运行方式;
4. 中压电缆的结构。

技能目标

1. 能分析不同电压等级中压网络的优劣;
2. 能选择合适的中压网络形式;
3. 能根据要求调整中压网络运行方式;
4. 能对中压电缆进线试验。

素质目标

1. 具有良好的团队协作、人际交往和协商沟通的能力;
2. 具有良好的心理素质以及克服困难的能力;
3. 具有良好的职业道德和规范、安全与质量控制等职业素养;
4. 具有良好的工程伦理和环保意识。

建议学时

6 学时

3.1 中压网络的电压等级

城市轨道交通中,通过中压电缆,纵向把上级主变电所和下级牵引变电所、降压变电所连接起来,横向把全线的各个牵引变电所、降压变电所连接起来的供电网络,称为中压网络。

城市轨道交通的外部电源,受地方供电系统控制,对于城市轨道交通而言是不可控因素。当外部电源发生故障时,中压网络的可靠性就成了城市轨道交通供电系统的关键因素。

中压网络有两大属性:一是电压等级,二是构成形式。

城市轨道交通中压网络采用什么样的电压等级,要结合外部电源、线路走向、运能、站点设置、设备供应情况等诸多因素进行技术经济比较,选择适合工程实际的电压等级。

我国现行中压配电标准电压等级有:35kV、25kV、20kV、10kV、6kV、3kV。目前,国内城市轨道交通中最常用的中压网络电压等级是35kV(若采用国外设备则为33kV)和10kV。

根据最基本的功率计算知识,系统的供电能力与电压等级密切相关,在其他条件不变的情况下,供电线路的功率输送能力与电压成正比,电压损失与电压的平方成反比。也就是说,对于城市轨道交通供电系统,在考虑可实施性的前提下电压越高,系统的功率传输能力越强、供电距离越远、功率损耗和电压损失越小。当然,供电能力只是电压等级选择所要考虑的一个方面,还要考虑工程造价、长期运营的经济性等方面。

那么不同电压等级中压网络各有什么样的特点呢?

1)35kV中压网络

35kV是国家标准电压等级。电压相对较高,输电容量大,输电距离较长,国产设备成熟。设备的体积较大,占用变电所面积较大,不利于减小车站体量。设备价格适中,但国内没有35kV环网开关,不能使用相对断路器柜价格较便宜的环网柜。国内大部分地铁线路采用的是这个电压等级。

2)33kV中压网络

33kV是国际标准电压级,不是国家标准电压等级。输电容量较大,距离较长,基本与35kV一致。设备来源于国外,不利于国产化。国外开关设备体积较小,价格较高,广州、上海地铁部分先期建设线路有所采用,如广州地铁1号线、2号线、3号线、4号线,上海地铁1号线、2号线。

3)20kV中压网络

20kV既是国家标准电压等级又是国际标准电压级。输电容量及距离适中,比10kV系统大,引进国外技术的开关设备已实现国产化,体积较小,占用变电所面积远小于国产35kV设备,有利于减少车站体量,节省土建投资,价格适中。有环网单元,能构成接线与保护简单、操作灵活的环网系统。国内城市轨道交通目前尚没有采用,国外城市轨道交通普遍采用。

4)10kV中压网络

10kV是国家标准电压级。输电容量较小、距离较短,设备来源国内,设备体积适中,设备价格较低,环网开关技术成熟、运营经验丰富,可用其构成保护简单、操作灵活的环网系统。国内有北京、长春、大连等多个城市的轨道交通采用这个电压等级。

不同电压等级中压网络的综合比较见表3-1。

不同电压等级中压网络的综合比较　　　　表3-1

序号	项目	电压等级			
		35kV	33kV	20kV	10kV
1	适用标准	国家标准	国际标准	国家、国际标准	国家、国际标准
2	对外部电压等级要求	城网可以没有35kV	城网可以没有33kV	城网可以没有20kV	一般城网均已有10kV
3	设备国产化	国内	国外	国内	国内
4	环网柜情况	无环网柜	有环网柜	有环网柜	有环网柜
5	设备尺寸及占用变电所面积	较大,不利于减小车站体量	较小(C-GIS),利于减小车站体量	较小,利于减小车站体量,节省土建投资	较小,利于减小车站体量
6	设备价格	适中	最高	适中,比35kV低	最低
7	输电容量	较大	较大	适中,比10kV大	较小
8	输电距离	较长	较长	适中,比10kV长	较短
9	城市轨道交通应用	国内有采用	国内外有采用	国外有采用	国内外有采用

什么是城市轨道交通的中压网络?

3.2　中压网络的构成形式

中压网络的重要指标是供电可靠性。供电可靠性是指供电系统设备对用户连续供电的能力,具体要求如下:

(1)中压网络负荷转移能力必须满足"N-1准则"(又称单一故障安全准则,即供电系统的 N 个元件中的任一独立元件发生故障而被切除后,其他元件不过负荷,电压和频率均在允许范围内,供电系统仍能保持稳定运行和正常供电)。

(2)主变电所(电源开闭所)失去任何一回进线或一台主变压器而降低供电能力时,中压网络应具有转移一、二级负荷的能力。

(3)主变电所(电源开闭所)的中压一段母线因故退出时,中压网络应具有转移其一、二级负荷的能力。

城市电网中,中压网络常用的典型接线有单电源辐射网、"手拉手"环网、"网格式"环网、电缆单环网、电缆双环网等。在城市轨道交通供电系统中,单电源辐射网、"手拉手"环网、"网格式"环网没有应用,电缆单环网也只有上海地铁1号线等个别线路采用,最为常见的中压网络接线形式是电缆双环网。

3.2.1 中压网络的构成原则

中压网络的构成形式涉及很多方面,在电压等级确定的前提下,应遵循以下原则:
(1)安全可靠,经济合理,满足供用电的要求。
(2)接线简单,负荷平衡,保护完善。
(3)环网供电,调度方便,误操作机会为零。
(4)各种变电所皆为双电源,主接线尽可能一致。

3.2.2 中压网络的构成形式

中压网络的构成形式与城市轨道交通供电系统的外部电源供电方式有关。就集中供电而言,中压网络的构成形式为树形(二叉树)结构,如图3-1所示;而对于分散供电来讲,中压网络的构成形式一般采用点对点的结构,如图3-2所示。

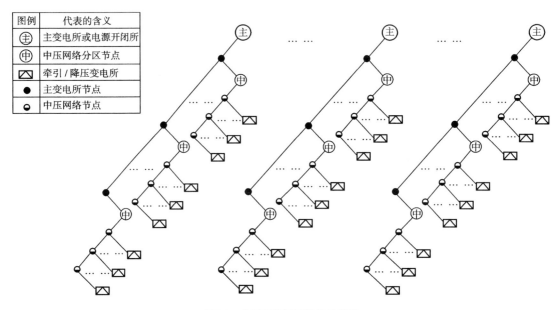

图3-1 中压网络树形结构示意图

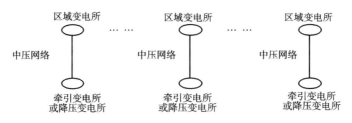

图3-2 中压网络点对点形结构示意图

目前,在各个城市的轨道交通建设中,供电系统多采用集中供电方式,所以其中压网络的构成形式主要以树形结构为主,点对点的结构本书中不再详述。

树形结构的构成形式相对比较灵活,形式也多种多样。根据用电负荷的性质,树形结构大致可分为两种:混合网络构架和独立网络构架。

独立网络构架是指由主所或电源开闭所提供的中压电能通过两个相互独立的中压网络路径分别分配给牵引供电系统和动力照明供电系统这两个子系统,即两级网络构架是由牵引整流和动力照明两个子网络组成,如图3-3所示。这种构成形式的优点是中压网络供电质量高,网络接线结构清晰,子系统间电气部分相互独立、干扰小,事故影响范围小;其缺点是网络结构复杂,设备投资相对较高。采用这种方式的有香港地铁和伊朗地铁等,国内应用得较少。

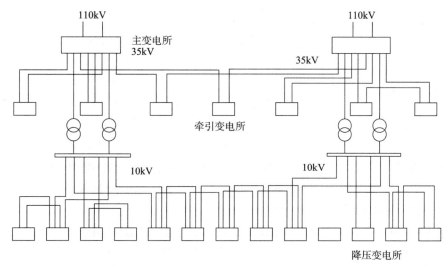

图 3-3　牵引动力照明独立网络示意图

混合网络构架是指由主所变电所提供的中压电源通过同一中压网络路径直接分配给牵引供电系统和动力照明供电系统这两个子系统,如图3-4所示。这种构成形式的优点是网络结构简单,设备的利用率较高,投资相对节省;其缺点是事故影响范围较大,排除故障相对复杂。国内绝大多数轨道交通采用的都是这种中压网络构架。

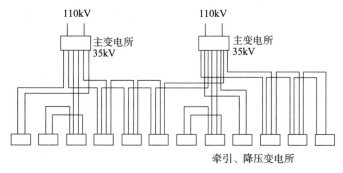

图 3-4　牵引动力照明混合网络示意图

混合网络中的牵引网络和动力照明网络采用同一电压等级,国内多为35kV等级。这种网络构架将全线分成若干供电分区,每个供电分区内有若干牵引变电所及降压变电所。每一个供电分区均从变电所的不同母线就近引入两路中压电源,中压网络采用双线双环网接线方式。其基本接线方式如图3-5所示。

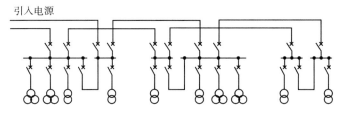

图3-5 混合型中压网络基本接线示意图

中压网络构成及其运行方式依托于主变电所之间的电源关系,即供电系统的正常运行方式和故障运行方式。两个主变电所之间的电源关系有如下两种方式:

(1)两个主变电所之间相邻的供电分区通过环网电缆进线联络,建立彼此的电源关系。该方式区间电缆较少,属于常见的一种方式。

(2)两个主变电所中压母线之间设置联络电源,两个主变电所之间的供电分区间不必再设联络电缆。该方式需要单独设置联络电源电缆,造价高,一般不采用。

对于一个供电分区内的变电所数量,首先要根据负荷用电量、线路长度、中压电缆电压损失允许值来确定中压电缆的规格和实际长度,然后根据线路能耗、电缆及开关设备造价、节能等进行综合比较,最终确定供电分区内变电所合理数量。也就是说,供电分区内变电所的数量主要取决于线路的负荷力矩和经济指标。

变电所进线和联络馈线开关可以采用断路器,也可以用隔离开关和负荷开关。采用隔离开关时,因隔离开关不能带负荷操作,对于电力管理和调度来讲,只能实现遥信、遥测功能,不能遥控;采用负荷开关时,简单实用,能实现遥信、遥测、遥控;采用断路器时,具备继电保护功能,可靠性高,经济性欠佳,可实现遥信、遥测、遥控功能,是目前应用较多的方式。

图3-6所示为某城市轨道交通主变电所和中压环网系统中的一部分。图中主变电所313馈线断路器和323馈线断路器通过中压电缆为同一个车站变电所供电,作为这个变电所的两路电源,该变电所的进线开关101和102采用断路器,分别接至两段中压母线上。母线上的联络馈线断路器103和104又通过中压电缆把电源送往下一个车站变电所,作为这个变电所的进线电源。从图中可以看出,左侧四个车站变电所构成一个供电分区,它们的电源都源自主变电所313和323。

混合型中压网络有什么特点?

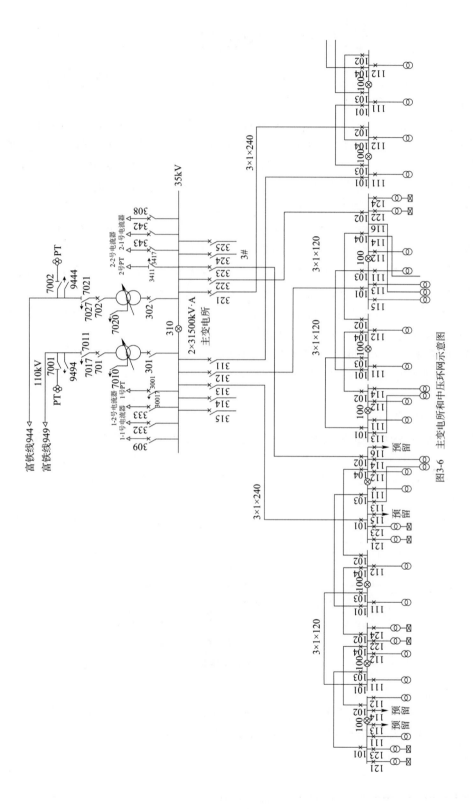

图3-6 主变电所和中压环网示意图

3.3 中压网络的运行

通常,城市轨道交通各变电所的两个进线电源必须分列运行,只有在得到当地电力部门运行情况下才可以短时间内合环运行。

城市轨道交通供电系统要满足列车与动力照明用电设备对电源的不同要求。牵引用电负荷为一级负荷,动力照明用电负荷分为一级负荷、二级负荷和三级负荷。一级负荷应由双电源双回线路供电,当一个电源发生故障时,另一个电源不应同时受到损坏。对互为备用线路,一路退出运行,另一路应承担其一、二级负荷的供电,且技术指标不降低,如电源电缆的电压损失、谐波含量等控制在允许的范围内。

一个运行可靠、调度灵活的中压环网供电系统,一般要满足以下技术条件:

(1)供电系统应满足经济、可靠、接线简单、运行灵活的要求。

(2)供电系统容量按远期高峰小时负荷设计,根据路网规划的设计可预留一定裕度。

(3)由两路互为备用的独立电源供电,以实现不间断供电。

(4)当一个主变电所发生故障时(不含中压母线故障),另一个主变电所能承担全线牵引负荷及全线或部分动力照明一、二级负荷的供电。

(5)电缆载流量应满足最大高峰小时负荷的要求,同时当主变电所正常运行,环网中一条电缆故障时,应能保证城市轨道交通的正常运行。

3.3.1 主变电所的运行方式

前一节提到,中压网络的运行方式依托于主变电所之间的电源关系,下面首先来了解一下主变电所的运行方式。

主变电所有三种主要的运行方式:正常运行方式、单故障运行方式、主变电所退出运行方式。

典型的供电系统如图3-7所示,两个主变电所之间通过中压环网联络开关进行联系。

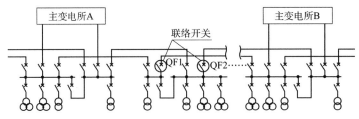

图3-7 供电分区联络电源示意图

1)正常运行方式

正常情况下,每座主变电所各自承担所辖范围内所有变电所的负荷,除中压母线分段开关、应急联络开关为分断状态外,其余进、出线开关均在闭合状态。

2)单故障运行方式

(1)主变电所一个进线电源失电。

如主变电所采用桥形接线,桥断路器合闸,由另一个进线电源向分挂在两段母线上的两台主变压器供电,承担本主变电所范围内的全部一、二级负荷。

如主变电所采用线路-变压器组接线形式,则由另一个进线电源的主变压器承担本主变电所范围内的全部一、二级负荷。

(2)单台主变压器退出。

单台主变压器退出后,中压母线分段开关合闸,由另一台主变压器承担本主变电所范围内的全部一、二级负荷。

(3)主变电所一段中压母线故障。

当一段中压母线故障时,该段母线上的进线开关跳闸,同时该段母线上馈线所接的第一级变电所进线开关也应失压跳闸,主变电所的另一段中压母线继续供电。

3)主变电所退出运行方式

当一座主变电所退出后,首先应将该主变电所的所有馈线开关分闸,将该主变电所与中压网络电气隔离。解除应急联络开关 QF1、QF2 的闭锁关系并合闸,通过两个供电分区之间的联络电缆,由相邻主变电所向线供电,保证一定的运输能力和必要的动力照明。当然也可以在建设时采用更大容量的主变压器,当一座主变电所退出运行时,由其他相邻主变电所承担全线一、二级负荷的供电,保证列车正常运行。

3.3.2 双环网中压网络运行方式

双环网中压网络如图 3-8 所示,两个主变电所供电分区之间设置联络开关和中压联络电缆。这种网络结构在大、中运量城市轨道交通中被广泛应用。

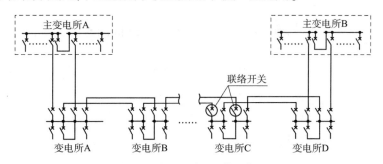

图 3-8 双环网中压网络示意图

1)正常供电方式

主变电所为车站变电所(因牵引变电所和降压变电所大多数都建在站内,为表述方便,在这里将图中变电所 A、B、C、D 都称为车站变电所)提供两个独立电源,两个电源分列运行,主变电所中压母线分段开关、变电所 C 的联络开关、各车站变电所中压母线分段开关处于断开状态,其余各开关均处于闭合状态。

2)一个进线电源退出运行方式

每个车站变电所均有两段中压母线,分别是Ⅰ段母线和Ⅱ段母线。以变电所 A 的Ⅰ段母线进线电源退出为例。

Ⅰ段母线进线电源退出运行时,分断该中压电缆两端的两个开关,变电所 A 母线分段开关合闸,由Ⅱ段母线电源承担本变电所范围内的全部一、二级负荷。

受影响的下级环接各变电所有以下两种常见运行方式:
(1)下级各变电所保持不变,其Ⅰ、Ⅱ段母线仍保持分列运行方式。
(2)下级各变电所Ⅰ段母线进线开关均断开,母线分段开关合闸。

3)变电所一段中压母线退出运行方式

变电所 A 一段中压母线退出时,母线分段开关被闭锁不合闸,由另一个进线电源承担本变电所范围内的全部一、二级负荷。

受影响的下级环接变电所 B 可以采用电调远方手动操作合上母线分段开关(如果启用了分段备自投,可由备自投延时启动自动完成),变电所 B 之后的下级各变电所两段母线均保持分列运行。

4)变电所两段中压母线退出运行方式

变电所两段中压母线都退出时,该变电所退出运行。

当该变电所不属于供电分区末端变电所,且本供电分区无联络电源时,将导致其下级环接各变电所退出运行,对线路运营造成严重影响。当该变电所介于两个供电分区之间时,可通过调整两个供电分区的分界点,重新划分用电负荷,恢复受影响的各变电所正常运行方式。

双环网中压网络如何运行?

3.4 中压电力电缆

交流中压环网采用电缆线路,为保证供电可靠性,在条件允许情况下,双电源电缆分别沿上下行敷设;地下车站电缆一般敷设在站台板下外沿或者站台板下通道内;地面和高架车站电缆一般敷设在线路外侧,采取过轨方案与车站变电所连接;双线隧道,电缆敷设在两侧隧道上部;单线隧道,电缆敷设在隧道壁或中墙上;地面路基段时,电缆敷设在电缆沟或电缆槽内。

电力电缆用于电能的传输与分配网络,它必须满足输电、配电网络对电力电缆的如下各项要求:必须能承受电网电压;必须满足传输功率要求;必须满足正常和故障下的电流通过要求。电缆在满足电力网络的前提下,还必须满足安装、敷设、使用所需的力学强度和弯曲度要求,并耐用可靠。

3.4.1 电缆的结构

电缆最基本的结构有导体、绝缘层及保护层,根据防护要求再增加一些其他结构,如屏蔽层、内护层或铠装层等,为了电缆有圆整性再辅助一些填充材料。电缆结构如图3-9所示。

1)导体(或称线芯)

导体的作用是传导电流,结构上有实心和绞合之分,材料有铜、铝、银、铜包钢、铝包钢等,主要用的是铜。

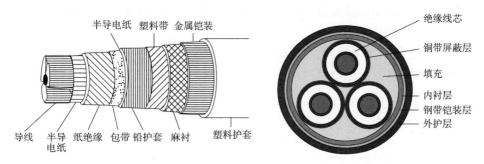

图 3-9 电缆结构示意图

2）耐火层

只有耐火型电缆有此结构。其作用是在火灾中电缆能经受一定时间,给人们逃生时多一些用电的时间。现在使用的材料主要是云母带。

3）绝缘层

绝缘层包覆在导体外,其作用是隔绝导体,承受相应的电压,防止电流泄漏。

绝缘材料有多种多样,如聚氯乙烯（PVC）、聚乙烯（PE）、交联聚乙烯（XLPE）、橡皮、氟塑料、尼龙、绝缘纸等。这些材料最主要的性能就是绝缘性能要好,其他的性能要求根据电缆使用要求各有不同,有的要求介电系数要小以减少损耗,有的要求有阻燃性能或能耐高温,有的要求电缆在燃烧时不会或少产生浓烟或有害气体,有的要求能耐油、耐腐蚀,有的则要求柔软等。

4）屏蔽层

在绝缘层外、外护层内,作用是限制电场和电磁干扰。

对于不同类型的电缆,屏蔽材料也不一样,主要有铜丝编织、铜丝缠绕、铝丝（铝合金丝）编织、铜带、铝箔、铝（钢）塑带、钢带等绕包或纵包等。

5）填充层

填充的作用主要是让电缆圆整、结构稳定,有些电缆的填充物还起到阻水、耐火等作用。主要的材料有聚丙烯绳、玻璃纤维绳、石棉绳、橡皮等,种类很多,但有一个主要的性能要求是非吸湿性材料,当然还不能导电。

6）内护层

内护层作用是保护绝缘线芯不被铠装层或屏蔽层损伤。

内护层有挤包、绕包和纵包等几种形式。对要求高的采用挤包形式,它是以热塑性或热固性材料挤包形成绝缘；要求低的采用绕包或纵包形式,绕包用的材料也多种多样,如钢带铠装的内护层,有采用 PVC 带绕包的,也有采用聚丙烯带绕包的。

7）铠装层

铠装层作用是保护电缆不被外力损伤。最常见的是钢带铠装与钢丝铠装,还有铝带铠装、不锈钢带铠装等。钢带铠装主要作用是抗压用,钢丝铠装主要是抗拉用。根据电缆的大小,铠装用的钢带厚度是不一样的。

8）外护层

外护层是在电缆最外层起保护作用的部件,主要有三种:塑料类、橡皮类及金属类。其中塑料类最为常见,常用的是聚氯乙烯塑料、聚乙烯塑料,还有根据电缆特性有阻燃型、低烟低卤型、低烟无卤型等。

以上是一般电缆的基本结构,实际应用中有些电缆只有导体和绝缘层,有些电缆没有铠装层或屏蔽层,不同型号的电缆其结构是不尽相同的。

3.4.2 电缆的型号规格

1)电缆的型号

电缆的型号如图3-10所示。

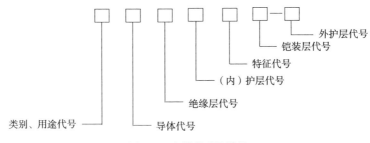

图3-10 电缆的型号说明

(1)类别、用途代号:A-安装线,B-绝缘线,C-船用电缆,K-控制电缆,N-农用电缆,R-软线,U-矿用电缆,Y-移动电缆,JK-绝缘架空电缆,M-煤矿用,ZR-阻燃型,NH-耐火型,ZA-A级阻燃,ZB-B级阻燃,ZC-C级阻燃,WD-低烟无卤型。

(2)导体代号:T-铜导线(省略),L-铝导线。

(3)绝缘层代号:Y-聚乙烯,V-聚氯乙烯,YJ-交联聚乙烯,X-橡皮,F-聚四氟乙烯。

(4)护层代号:V-聚氯乙烯,Y-聚乙烯,N-尼龙护套,P-铜丝编织屏蔽,P2-铜带屏蔽,L-棉纱编织涂蜡克,Q-铅包。

(5)特征代号:B-扁平型,R-柔软,C-重型,Q-轻型,G-高压,H-电焊机用,S-双绞型。

(6)铠装层代号:2-双钢带,3-细圆钢丝,4-粗圆钢丝。

(7)外护层代号:1-纤维层,2-聚氯乙烯护套,3-聚乙烯护套。

2)电缆的规格

电缆规格由额定电压、芯数及标称截面组成。

电线及控制电缆等一般的额定电压为300/300V、300/500V、450/750V;中低压电力电缆的额定电压一般有0.6/1kV、1.8/3 kV、3.6/6 kV、6/6(10) kV、8.7/10(15) kV、12/20 kV、18/20(30) kV、21/35 kV、26/35 kV等。其中,斜杆前面的是对地电压,斜杆后面的是相间电压。

电缆的芯数根据实际需要来定,一般电力电缆主要有1、2、3、4、5芯。城市轨道交通的直流馈线电缆都是单芯的,交流中压网络的电力电缆也以单芯电缆较为常见。

标称截面是指导体横截面的近似值,是为了达到规定的直流电阻、方便记忆并且统一而规定的一个导体横截面附近的一个整数值。我国统一规定的导体横截面有0.5、0.75、1、1.5、2.5、4、6、10、16、25、35、50、70、95、120、150、185、240、300、400、500、630、800、1000、1200等,单位是平方毫米(mm^2)。这里要强调的是,导体的标称截面不是导体的实际横截面,导体实际的横截面许多比标称截面小,有几个比标称截面大。实际生产过程中,只要导体的直流电阻能达到规定的要求,就可以说这根电缆的截面是达标的。

电缆绝缘电阻测量实训

一、实训目的

掌握兆欧表的使用和电缆绝缘电阻测量的方法。

二、实训组织及要求

(1)指导教师人数:1人。

(2)学员分组:2人一组。

(3)纪律要求:

①要在规定的时间内完成;

②按规定带齐安全用品,遵守安全规程;

③设备维护符合技术要求;

④设备不得有损伤、人员不得有碰伤;

⑤采用正确的操作方法,无违章现象。

三、实训场地

电气试验实训室或变配电设备实训室。

四、实训设备及工具

(1)各规格绝缘电阻表、电力电缆、工器具套装。

(2)白布、安全防护用品、记录纸。

五、实训内容及操作

1.兆欧表的选择与检查

(1)选用兆欧表量程与电压的选择应符合规程要求。

(2)使用前应进行开路试验和短路试验。

2.试品准备

(1)试验前应将被试品与电源、非被试品断开。

(2)正确地运行验电、放电、挂地线,并清洁被试品。

3.接线

(1)正确试验接线,E 端接线、G 端接线正确,接触良好。

(2)非测试部分接线接地良好、正确。

(3)L 端接线正确,接触良好。

4.测量

(1)测量时,应匀速转动兆欧表,达到额定转速及时正确地接通被试品。

(2)准确读数。

(3)及时正确地断开兆欧表与被试品的连接。

(4)记录全面、正确。

六、考核办法

(1)以小组为单位,指导教师按评分表评分。

(2)评分法:按单项记分、扣分。

(3)每组操作时间5min。在规定的时间内完成,不加分、也不扣分;每超时1min,从总分中扣5分,超时3min停止作业。

七、分析与体会

(1)兆欧表的工作原理是什么?

(2)为什么电缆在测试之前要放电?

(3)测量绝缘电阻是否一定要按照上面的操作顺序进行?

复习思考题

1. 什么是中压网络?
2. 中压网络有哪些电压等级?
3. 中压网络有哪些构成形式?
4. 请结合某一具体线路的中压网络分析其运行情况。
5. 电力电缆由哪些部分组成?
6. 如何解读电力电缆的型号规格?

单元 4　降压变电所

问题导入

　　城市轨道交通供电系统中,电能由主变电所引入后经城市轨道交通系统中压网络分配至各负荷中心。城市轨道交通系统的各负荷中心位置设置降压变电所,将中压降低为低压供城市轨道交通车站、区间及附属设施使用。降压变电所作为所在区域的供电中心,承担着城市轨道交通车站站区、车辆检修、动力照明及多种辅助设施的供电,没有可靠安全的供电,就无法维持城市轨道交通系统正常运营与环境控制。城市轨道交通降压变电所如何设置?有哪些设备?采用什么接线形式?本单元将回答这些问题。

学习要点

1. 城市轨道交通降压变电所的设置与结构;
2. 城市轨道交通降压变电所中的配电变压器;
3. 降压变电所交流开关柜作用、结构与电气性能;
4. 降压变电所电气主接线。

技能目标

1. 能分析城市轨道交通降压变电所的平面布置图;
2. 能对降压变电所的配电变压器进行巡视检查;
3. 能维护降压变电所的开关柜;
4. 能根据要求调整降压变电所运行方式。

素质目标

1. 具有良好的团队协作、人际交往和协商沟通的能力;
2. 具有良好的心理素质以及克服困难的能力;
3. 具有良好的职业道德和规范、安全与质量控制等职业素养;
4. 具有良好的城市轨道交通工程伦理和环保意识。

建议学时

　　6 学时

4.1 降压变电所的设置

降压变电所是城市轨道交通运营安全、行车安全、防灾安全以及应急处理等动力照明供电的保障。降压变电所将中压电能转换为低压电能,向车站、区间、车辆段(停车场)、控制中心所有低压用电负荷提供电源。

根据设备布置方式,降压变电所有独立式、跟随式、混合式三种类型。根据构筑物形式不同,又可分为与车站合建式、单建式、箱式三种类型。

4.1.1 降压变电所的位置

1)影响降压所位置选择的因素

降压变电所的位置应综合考虑以下因素:

(1)接近负荷中心。

(2)进出线方便。

(3)设备吊装、运输方便。

(4)不应设在有剧烈振动的场所。

(5)不宜设在多尘、水雾或有腐蚀性气体的场所,如无法远离时,不应设在污染源的下风侧。

(6)不应设在厕所、浴室或其他经常积水场所的正下方或贴邻。

(7)不应设在爆炸危险场所内,不宜设在有火灾危险场所的正上方或正下方。

(8)降压变电所为独立建筑物时,不宜设在地势低洼和可能积水的场所。

(9)车站存在牵引变电所时,降压变电所应与牵引变电所合建。

2)降压变电所的设置方式

为减少供电距离,降低线路损耗及电缆投资,降压变电所应设置于车站负荷中心。当车站用电负荷范围较大,车站降压变电所无法满足供电要求时,可在其他地点再设置一个独立的降压变电所,它的中压电源来自车站降压变电所,所以,也称为跟随式变电所。

每座城市轨道交通车站降压变电所的设置方式一般有以下三种:其一,设置一座降压变电所,位置选在车站低压负荷的重负荷端,如图 4-1 所示;其二,当车站规模较大时,可以在车站 A 端设置一座降压变电所,车站 B 端设置一个低压配电室,低压配电室的电源引自降压变电所,如图 4-2 所示;其三,车站 A 端设置一座降压变电所,车站 B 端设置一座跟随式变电所,跟随所的进线电源采用交流 35kV(或 10kV),电源引自 A 端降压变电所,如图 4-3 所示。

3)降压所设置的地点和数量

需要设置降压变电所的场所有车站、区间、车辆段(停车场)、控制中心大楼等。

(1)车站。

地下车站由于土建成本较高,设置降压变电所时应注意节约空间。当地下车站长度不超过 200m 时,可设置一座降压变电所,采用上述方案一或方案二的形式,其中最为常见的是方案二,车站的动力负荷 70% 是环控设备,把电供至环控电控室是合理的选择;当地下车站规模较大,且低压用电负荷分布比较均匀时,可考虑按照方案三的形式,设置一座降压变电所和一座跟随式变电所。

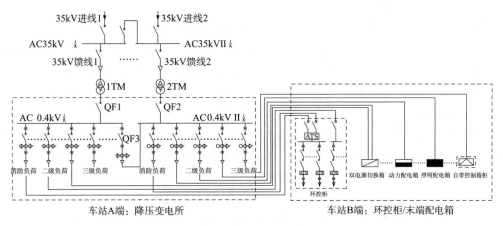

图 4-1　降压变电所方案一

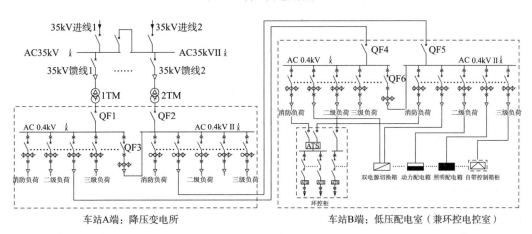

图 4-2　降压变电所方案二

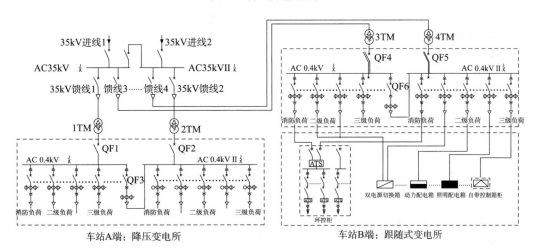

图 4-3　降压变电所方案三

地面或高架车站，一般规模较小，而且通风空调系统用电量大幅减少，用电负荷比地下车站小许多，设置一座降压变电所即可满足低压用电负荷的需要。

(2)车辆段(停车场)。

车辆段(停车场)占地规模大,而且设置了综合维修基地以及各类办公楼等,总的低压用电量比车站大,用电负荷分散,一般设置两座降压变电所。其中,一座与车辆基地的牵引变电所合建,主要为办公区、信号楼等提供低压电源;另一座为跟随式降压变电所,为维修车间、停车库及邻近场所提供低压电源。当然,如果需要,也可以设置更多降压变电所。

(3)控制中心大楼。

控制中心大厅及其设备区对电源安全性和可靠性要求很高,但其用电量并不大。但是控制中心大楼除具备调度指挥功能外,一般具有办公功能,而且办公建筑面积还会占大部分,所以,必须考虑办公等其他功能的用电需求。

控制中心大楼设置一座降压变电所。为保障控制中心供电的独立性、安全性和可靠性,控制中心降压变电所不宜与正线降压变电所合建;为满足办公等功能的用电需求,控制中心降压变电所的配电变压器容量要适当增容。

(4)区间。

一般情况下,区间不设置降压变电所。区间的低压负荷可以由邻近车站降压变电所直接供电。

如果有长大区间低压用电负荷比较多,比如安装了排水泵、大容量风机等,可考虑设置区间跟随式降压变电所。

4.1.2 降压变电所设备布置

1)降压变电所的主要设备

降压变电所的主要设备有交流中压开关柜、配电变压器、0.4kV低压开关柜、交直流电源屏、微型计算机综合控制屏、轨电位限制装置等。

跟随式降压变电所的主要设备有交流中压隔离开关柜、配电变压器、0.4kV低压开关柜等。也有一些跟随式变电所由于距离车站另一端的降压变电所或牵引降压混合变电所比较远,也设置有交直流电源屏和微机综合控制屏。

2)降压变电所的总体布置

(1)岛式车站。

降压变电所在地下岛式车站布置时,优先考虑将变电所设备布置在站台层,这样便于设备通过轨道车运输。如果是地面岛式车站,降压变电所设置在车站的一端。

降压变电所一般设有中压开关柜室、低压开关柜室、控制室、工具材料室。控制室靠近车站中心侧布置,设置两个门,一个门通向车站,另一个门通向低压开关柜室或中压开关柜室。降压变电所的一侧墙壁直接贴邻轨道,另一侧需要设置人员巡视和疏散通道。

(2)侧式车站。

侧式车站的降压变电所设置在一侧站台的某一端,靠近轨道侧,需要设置人员巡视与疏散的通道。

(3)高架车站。

根据高架车站的不同结构形式,降压变电所可以布置在高架车站的地面站厅层、站旁地面层、架空站厅层。

(4) 车辆段(停车场)。

车辆段(停车场)一般需要设置 2~3 座降压变电所,其中一座与牵引所合建为牵引降压混合变电所,其他的可以设计成跟随式降压变电所,并与其他建筑物合建,布置在一层。

(5) 区间。

对于长、大地下区间,隧道通风用电量较大时,根据需要可以设置降压变电所。区间降压变电所一般设置在隧道内或山体隧道口。隧道内,区间降压变电所一般采用建筑物式,需要对隧道局部开挖;在隧道口,可以采用箱式降压变电所。

3) 降压变电所的设备布置

城市轨道交通的降压变电所,其主要设备与工业民用建筑降压变电所是一样的,所不同的是设有钢轨电位限制装置。降压变电所典型的平面布置如图 4-4 所示。

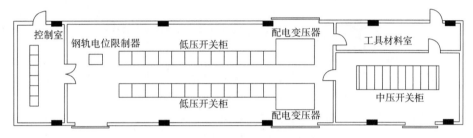

图 4-4 降压变电所典型平面布置图

中压开关柜室内布置有中压开关柜,排成一列。柜后维护通道最小宽度 800mm;柜前操作通道,固定式开关柜时最小宽度 1500mm,手车式开关柜时最小宽度为单车长度 +1200mm。

低压开关柜室内布置有配电变压器、低压开关柜等。同一段母线的配电变压器和低压柜可并排布置,两台配电变压器最常见的是面对面布置。对于 35kV 配电变压器,容量在 1000~1600kV·A 之间时,两台配电变压器面对面布置所需要的最小宽度是 7600mm(变压器距门 1200mm + 变压器深度 2000mm + 变压器间距 1200mm + 变压器深度 2000mm + 变压器距门 1200mm)。低压开关柜操作通道及维护通道的最小宽度见表 4-1。

低压开关柜操作及维护通道最小宽度(单位:mm)　　　　表 4-1

形式	布置方式	屏前通道	屏后通道
固定式	单排布置	1500	1000
	双排面对面布置	2000	1000
	双排背对背布置	1500	1500
抽屉式	单排布置	1800	1000
	双排面对面布置	2300	1000
	双排背对背布置	1800	1000

控制室内布置有交直流电源屏、控制信号屏等。由于设备较少,控制室设备采用一字形单排布置,特别困难的情况下才采用双排或 L 形布置。控制室各屏间及通道距离见表 4-2。

控制室各屏间及通道距离(单位:mm) 表4-2

名称	推荐值	最小值
单排布置屏正面距墙(无人值班)	2000	1500
单排布置屏正面距墙(有人值班)	3000	3000

轨电位限制装置可以布置在中压开关柜室内,也可以布置在低压开关柜室或控制室内。

降压变电所的设备布置有什么要求?

4.2 降压变电所主接线

地铁、轻轨交通降压变电所是为车站与线路区间的动力、照明负荷和通信信号电源供电而设置的,所以每个车站都需要降压变电所,其主接线特点和对其基本要求如下:

(1)降压变电所对供电电源的要求,应按一级负荷考虑,由环行电网或二路电源供电,进线电压侧采用单母线分段系统,如图4-5所示。一般设有两台配电变压器,每台变压器应满足一、二级负荷所需的容量。正常情况下,由两台变压器分别供电。

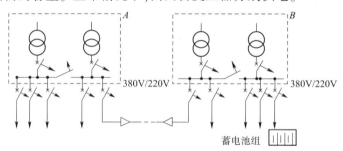

图4-5 降压变电所低压配电系统示意图

动力、照明的一级负荷,包括排烟事故风机、消防泵、事故照明、通信信号、防灾报警系统、售检票系统、防淹门等。这类负荷如中断供电,将导致地下车站及其通信、信号设备无法工作,引起列车运行秩序混乱,并在发生事故时不能报警和消防。二级负荷包括车站、线路区间和作业场所的工作照明,地下车站风机、排水、排污泵、自动扶梯、人防工程等,这类负荷一旦断电,将对正常运营造成困难。除上述一、二级负荷以外,还有维修、清扫机械、空调等动力和广告照明等为三级负荷。

(2)动力、照明负荷配电系统采用380V/220V电压、中性点直接接地的三相四线制,配电母线为单母线自动开关分段,配电变压器低压侧通过自动开关与每段母线连接,动力与照明的一、二级负荷应有两路低压电源供电,且前者应为专用电缆。此外,设有联络电缆与相邻变电所的低压电源连接,作为事故备用电源,也可采用设备用发电机组、蓄电池组电源作为事故备用电源,如图4-5所示。其中,事故电源母线的设计,应保证在本降压变电所全部停电时,由相邻变电所的电源或自备发电机等自动投入,为车站和区间的事故照明供电。

4.2.1 中压主接线

降压变电所中压主接线一般采用单母线分段,根据系统运行需要,可设或不设母线分段开关。跟随式降压变电所一般采用线路-变压器组接线。

1)单母线分段接线(设母线分段开关)

中压电源侧为单母线分段,一般为两段,设母线分段开关,分段开关可手动和自动操作。降压变电所在两段母线上各设一台配电变压器,其接线组别通常采用 D,Yn11,如图 4-6 所示。

正常运行时,两路进线电源同时供电,两台变压器分列运行,负载率应尽量接近。

(1)一路进线电源失电。

假设一路进线电源失电,QF1 跳开,此时有两种运行方式。

方式一:根据低压负荷情况,自动或手动切除三级负荷,配电变压器 TM2 承担本降压变电所的全部一、二级负荷。

方式二:分段开关 QF5 投入运行,由另一路进线电源(QF2)向本降压变电所的两段母线供电。

(2)两路进线电源失电。

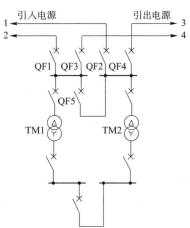

图 4-6 单母线分段接线(设母线分段开关)示意图

当 QF1、QF2 都退出时,可以通过调度命令进行倒闸操作,由相邻变电所通过 QF3、QF4 反向提供中压电源。倒闸期间,本降压变电所暂时退出。

(3)一段母线退出。

此时,闭锁分段开关 QF5 自投功能,分段开关不投入运行,另一段母线继续运行。根据低压负荷情况,自动或手动切除三级负荷,另一段母线上的配电变压器承担本降压变电所的全部一、二级负荷。

(4)一台配电变压器退出。

根据低压负荷情况,自动或手动切除三级负荷,另一台配电变压器承担本降压变电所的全部一、二级负荷。

(5)两段母线或两台配电变压器退出。

当两段母线或两台配电变压器退出后,本降压变电所退出运行。

2)单母线分段接线(不设母线分段开关)

单母线分段接线(不设母线分段开关)如图 4-7 所示。

这种接线没有中压母线分段开关,当一路进线电源失电退出后,无法由另一路进线电源进线支援。可采取的运行方式也有两种:①切除三级负荷,由另一台配电变压器供电;②通过倒闸操作由相邻变电所反向提供中压电源。

其他情况的运行方式与设置母线分段开关的单母线分段接线相同。

3)线路-变压器组接线

线路-变压器组接线是由带熔断器的负荷开关(或者是断路器)和配电变压器组成,如

图 4-8 所示，一般用在跟随式降压变电所。

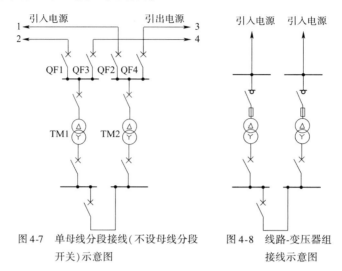

图 4-7　单母线分段接线(不设母线分段开关)示意图　　图 4-8　线路-变压器组接线示意图

当一路进线电源失电或一台配电变压器退出后，根据低压负荷使用情况，自动或手动切除三级负荷，另一台配电变压器承担本降压变电所的全部一、二级负荷。

当两路电源或两台配电变压器同时退出时，本降压变电所退出运行。

4.2.2　低压主接线

在城市轨道交通的低压用电设备中，一、二级负荷占绝大多数，对低压电源的可靠性要求高。主变电所、中压网络等输变电环节已经采取了一系列措施来提高供电系统的可靠性，在 0.4kV 配电系统这一环节采用单母线分段接线，设单母线分段开关，如图 4-9 所示。

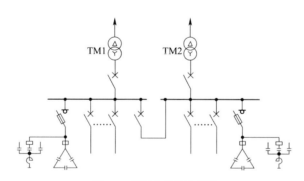

图 4-9　低压主接线示意图

正常运行时，两路进线电源同时供电，两段母线分列运行。

当一路进线电源失压时，进线开关与母线分段开关可以采用"自投自复""自投手复""手投手复"等投入方式。

1) 自投自复

当一路低压进线电源失压时，进线开关延时跳闸，之后母线分段开关自动投入，由另一路低压进线电源向两段母线供电。当失压的进线电源恢复来电时，母线分段开关自动分闸,该低压进线开关自动合闸,恢复到正常运行方式。该方式属于常用的一种运行方式。

2) 自投手复

当一路低压进线电源失压延时跳闸后,母线分段开关自动投入,由另一路低压进线电源向两段母线供电。该低压进线电源来电时,分段开关的分闸和进线开关的合闸需要手动操作才能恢复正常运行方式。

3) 手投手复

一路电源失电时,母线分段开关的投入需要手动操作,来电时想要恢复正常运行方式也要手动断开分段开关、手动合上进线开关。

想一想

当降压变电所中压侧和低压侧均采用设分段开关的单母线分段接线时,如何运行?

4.3 配电变压器

城市轨道交通中为低压负荷供电的配电变压器均采用干式变压器。

4.3.1 干式变压器的分类

国内干式变压器的种类按型号可分为 SC 和 SG,即包封线圈和非包封线圈两大类。包封线圈分为纯树脂浇注式、带填料树脂浇注式和缠绕式;非包封线圈的分为普通浸渍式和包封浸渍式。

按绝缘介质和制造工艺分类,目前我国生产的干式变压器主要有四类,包括浸渍式、Nomex 纸型、环氧树脂型(分为浇注型和绕包型两类)和 SF_6 气体绝缘型。

4.3.2 环氧树脂浇注型干式电力变压器的性能特点

环氧树脂是一种难燃、阻燃的材料,且具有优越的电气性能。由于环氧树脂比起空气和变压器油具有较高的绝缘强度,加之浇注成型后又具有机械强度高以及优越的防潮、防尘性能,所以特别适用于制造干式变压器。

环氧树脂浇注型干式电力变压器的特点是:①整体机械强度好,耐受短路能力强;②耐受冲击过电压的性能好,绝缘强度高;③防潮耐腐性能好,适合恶劣环境下工作;④防火性能突出;⑤维护工作量小;⑥运行损耗低,运行效率高;⑦噪声低;⑧体积小、质量轻,安装调试方便。

基于以上特点,干式变压器适用于城市及大型工矿区要求防火防爆的场所,如高层建筑、地下建筑、机场、交通枢纽、通信与信息中心、重要市政设施、城市人口密集区、商业中心等处。我国城市轨道交通系统中,无论是配电变压器还是牵引变压器,应用的都是环氧树脂浇注型的干式变压器。

4.3.3 干式变电压器的结构

干式变压器也是由铁芯、绕组和其他配套附件组成的,具体结构如图 4-10 所示。

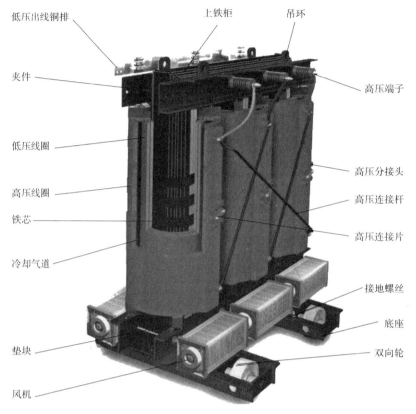

图 4-10 干式变压器结构

1) 铁芯

目前我国干式变压器的铁芯都是采用冷轧硅钢片制成。变压器按铁芯结构形式分为心式结构和壳式结构。心式铁芯是垂直放置的,铁芯的截面多为分级圆柱形,绕组包围芯柱,称为心式结构。心式铁芯的叠片规格较多,绑扎和夹紧要求较高,但是圆形绕组制造方便,短路时稳定性好,且硅钢片的用量也较少,因此,我国变压器(油式变压器和干式变压器)的铁芯基本都是采用心式铁芯结构。

2) 绕组

浇注干式变压器的绕组主要由导线(一般为铜线)和绝缘结构(主要为树脂体系)构成。浸透在绕组绝缘中的树脂是干式变压器绕组的基本绝缘结构,除了起绝缘作用之外,还能保证绕组经受电磁力的稳态作用和冲击下不受损坏。

干式变压器的主绝缘结构为树脂-空气的复合绝缘,由于绝缘匹配的问题,干式变压器的容量受绝缘成本和散热条件的限制。

干式变压器绕组结构形式有层式绕组和箔式绕组。层式绕组为导体叠层绕制而成,根据设计需要又分为单层圆筒式、双层圆筒式、多层圆筒式及分段圆筒式等;箔式绕组由薄而宽的导体叠层绕制而成,多用于浇注式干式变压器的低压绕组。

3) 干式变压器附件

干式变压器的冷却方式有自然风冷式和强迫风冷式两种,分别以 AN、AF 表示(A-空气;N-自然循环;F-强迫循环)。当变压器的铭牌上标有 AN/AF 时,表示其带风冷系统。

干式变压器温度控制系统。目前常用单片机或 PLC(Programmable Logic Controller,可编程逻辑控制器)作为主控制器,通过铂电阻 Pt100 作为温度传感器,采集变压器绕组和铁芯的温度。根据这两路温度信号,一方面通过面板显示其通道号及温度值;另一方面通过逻辑算法,当该温度超过设定值时发出相应的输出控制信号,指令风机启停、报警或跳闸等。

4.3.4 变压器的型号

变压器的型号通常由表示相数、冷却方式、调压方式、绕组等材料的符号,以及变压器容量、额定电压组成。图 4-11 为电力变压器产品型号字母排列顺序及含义。

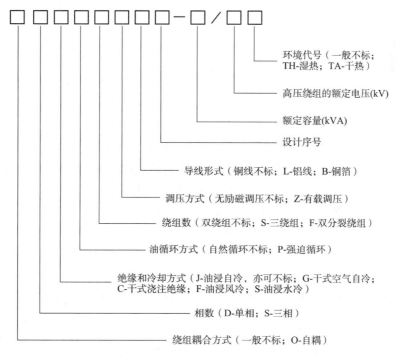

图 4-11 电力变压器型号含义

例如,型号为 SCZ(B)10 对应为:三相树脂绝缘、有载调压、低压为箔式线圈、设计序号为 10 的干式变压器;SFSZ7-40000/110 的含义为:三相、风冷、三绕组、有载调压、设计序号为 7 型的油浸式变压器,额定容量 40000kV·A、高压侧额定电压 110kV。

 想一想

观察图 4-12 所示的变压器铭牌,试着利用上面学习到的知识解读铭牌上的参数。

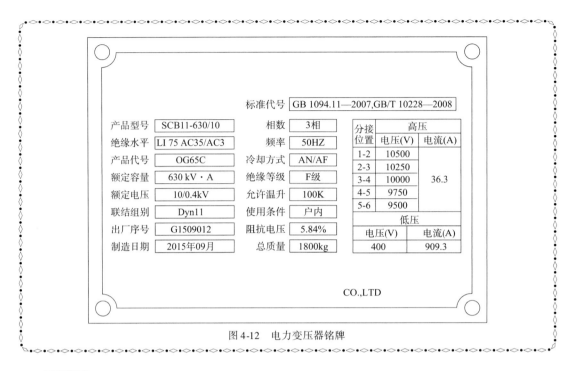

图 4-12 电力变压器铭牌

4.3.5 配电变压器容量选择

动力变压器容量的确定,主要是根据各车站低压配电专业提供的负荷资料进行合理计算,使变压器容量既满足低压负荷的要求,又能应对负荷的变化和扩展,同时还要考虑投资的经济性。为达到动力变压器最佳负荷率的要求,工程中的常规方法是对变压器正常与故障状态下的负荷率进行规定:如正常运行状态下,双台变压器负荷率尽量不超过70%;故障运行状态下,单台变压器负荷率不高于100%。

随着供电设备技术的飞速发展,动力变压器的制作水平也不断提高,干式变压器负载损耗和空载损耗逐步降低,如1250kV·A干式变压器,空载损耗为2.16kW,负载损耗为10.01kW。由于变压器最佳负荷率区域的扩大,在容量选择过程中应综合考虑变压器的利用率和最佳负荷率。

4.3.6 干式电力变压器的运行和巡视检查

由于干式变压器具有无油化的特点,对于一定电压等级和一定容量的变压器,特别是地下变电所等安全防火等级要求较高的场合,干式变压器得到了越来越广泛的应用。

干式变压器一般有浸渍式、气体绝缘式和包封绕组式。由于包封绕组干式变压器其线圈不易受潮,维护方便,体积较小,目前使用于城市轨道交通变电所的干式变压器主要为包封绕组式。

1)干式变压器的运行

(1)使用条件。

①环境温度不高于40℃,海拔不超过1000m,若环境温度高于40℃或海拔超过1000m

时,应按《电力变压器 第11部分:干式变压器》(GB/T 1094.11—2022)的有关规定作适当的调整。

②对于防护等级为IP00的无外壳的变压器,应在变压器的周围安装隔离栅栏,以防止误碰变压器。在城市轨道交通变电所中使用的保护等级一般为IP20,即外壳可防止大于12mm的固体异物进入。

③冷却方式有空气自冷(AN)和强迫风冷(AF)两种。对空气自冷(AN)和强迫风冷(AF)的变压器,均需保证变压器有良好的通风能力,当变压器安装在地下室或其他通风能力较差的环境时,需增设散热通风装置,通风量按每1kW损耗(P_0+P_K)需2~4m^3/min风量选取。

(2) 温控、温显系统。

温控系统示意图如图4-13所示。温控系统由温度控制和预埋在低压线圈上端部的PT测温元件构成,可对变压器线圈的热点温度进行测量与控制。由于过载运行或故障引起的变压器线圈温度过高,温度控制器即发出报警信号。当温度进一步升高至严重程度时,温度控制器即发出跳闸信号,强行断开变压器受电侧电源。当采用强迫风冷(AF)系统时,则由温度控制器控制冷却风机的投入和切除。

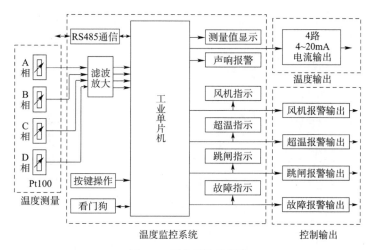

图4-13 温控系统示意图

(3) 温升及过载能力。

对于干式变压器的寿命,《电力变压器 第12部分:干式电力变压器负载导则》(GB/T 1094.12—2013)指出,干式变压器的寿命与其绝缘因热老化引起的损坏有关,冷却不充分、谐波、过励磁以及其他非正常条件都会影响变压器的寿命。干式变压器的正常预期寿命是以设计的环境温度和额定运行条件下的连续工况为基础的,是绕组绝缘额定热点温度的函数;但对大多数运行中的变压器来说,很难准确地知道绕组内部的热点温度,一般通过计算进行估计;传递给绝缘系统的热量越多,老化率越大,这个过程是积累的且不可逆的;当负载超过铭牌额定值或环境温度高于规定环境温度时,变压器将加速老化。

对于不同绝缘耐热等级干式变压器在额定使用条件下的绕组热点温度限值见表4-3。变压器负载导致的温度如果超过表4-3中的限值,会使变压器处在不可预测的短时间内出现故障的风险中。

绕组最高热点温度　　　　　　　　　　　　　　　表 4-3

绝缘等级	绝缘系统的温度等级(℃)	绕组最高热点温度(℃)
A	105	130
E	120	145
B	130	155
F	155	180
H	180	205

干式变压器事故过负荷的允许数值和时间应遵循制造厂的规定,若无制造厂的规定资料时,可参考表 4-4。SC 系列环氧树脂浇注绝缘干式电力变压器的过负荷能力曲线如图 4-14 所示。

非气体绝缘的干式变压器在事故情况下允许的最大短时过载时间　　　表 4-4

过载(%)	20	30	40	50	60
允许时间(min)	60	45	32	18	5

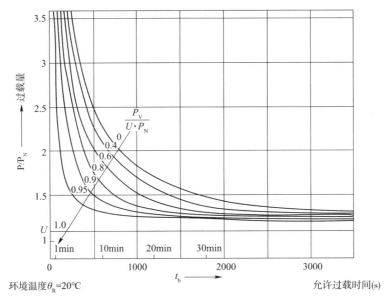

图 4-14　SC 系列环氧树脂浇注绝缘干式电力变压器的过负荷能力曲线

2）巡视检查

(1) 设备安装牢固,无倾斜、外壳无严重锈蚀、接地良好,基础、支架应无严重破损剥落;

(2) 变压器本体清洁、是否放电,是否有凝露水珠;

(3) 电气连接部分应连接牢固,接触良好;

(4) 设备的音响正常,无异味;

(5) 变压器室通风良好;

(6) 通过温控箱检查变压器运行温度。

干式变压器的日常维护实训

一、实训目的

掌握整流变压器和动力变压器日常维护方法。

二、实训组织及要求

(1)指导教师人数:1人。

(2)学员分组:2人一组。

(3)纪律要求:

①要在规定的时间内完成;

②按规定带齐安全用品,遵守安全规程;

③设备维护符合技术要求;

④设备不得有损伤、人员不得有碰伤;

⑤采用正确的操作方法,无违章现象。

三、实训场地

城市轨道交通变电所实训室。

四、实训设备及工具

(1)整流变压器或动力变压器、温控器。

(2)绝缘电阻表、万用表、白布、紧固工具套装。

五、实训内容及操作

1. 前期工作

(1)穿戴安全防护用品。

(2)停运前设备状态检查。

(3)按规定办理工作票,做好"停电、验电、挂接地封线、警示牌等"技术措施。

2. 检查工作

(1)检查清扫外壳、绕组通风道绝缘子及柜内各部。

(2)检查基础、支架、接地线及中性点装置。

(3)检查进、出线电缆与变压器导线连接部分。

(4)检查紧固变压器各绝缘支撑件。

(5)检查感温装置、温控器。

(6)检查本柜与后台监控情况。

3. 测试工作

(1)测试绕阻绝缘电阻。

(2)测试铁芯绝缘及接地情况。

4. 工作结束与送电

(1)拆除安全措施。

(2)送电恢复(模拟)。

六、考核办法
(1)以小组为单位,指导教师按评分表评分。
(2)评分法:按单项记分、扣分。
(3)每组操作时间 10min。在规定的时间内完成,不加分、也不扣分;每超时 1min,从总分中扣 5 分,超时 5min 停止作业。
七、分析与体会
(1)干式变压器的日常维护过程中有哪些注意事项?
(2)如果是整流变压器停电维护,倒闸过程是怎么样的?

4.4 交流开关柜

目前常用的交流开关柜均为成套开关柜,成套柜是经过定型的模数化设备,具有模数标准、结构紧凑、零件通用、布置灵活、可靠性及安全性高的特点。开关柜设置防止电气误操作的和保障人身安全的"五防"闭锁装置。所谓"五防"是:

(1)防止误操作断路器。
(2)防止带负荷拉合隔离开关(防止带负荷推拉小车)。
(3)防止带电接地线(防止带电关合接地开关)。
(4)防止带接地线送电(接地开关处于接地位置时)。
(5)防止误入带电间隔。

"五防"采用断路器、隔离开关、接地开关与柜门之间的强制性机械闭锁方式或电磁闭锁方式实现。电气柜采用"五防"闭锁后可以有效防止误分误合、带负荷分合、带电接地、带地送电、误入带电间隔等电气误操作造成人身与设备损伤。

4.4.1 中压交流开关柜

城市轨道交通的中压开关柜多数采用 GIS,一般为柜式或箱式,为了和 110kV GIS 相区别,也称为 C-GIS。

1)中压开关柜的类型和结构

图 4-15 所示为 HMGS-G20 型 GIS 柜整体结构。中压断路器一般采用真空断路器,配用的操作机构为弹簧储能式或弹簧液压式;隔离开关一般采用三工位隔离开关,具有分闸、合闸、接地三个工作位置,也有少数采用隔离开关与接地开关的组合。图 4-16 所示为 HMGS-G20 型 GIS 的内部结构。

为了更好地理解各类型中压开关柜在变电所中的作用,我们可以赋予其一些名称。降压变电所的中压交流开关柜通常有:

(1)进线柜:负责与主变电所、供电分区内上一个降压变电所或牵引降压混合变电所联系的开关柜。

(2)出线柜:负责与供电分区内下一个降压变电所或牵引降压混合变电所联系的开关柜。

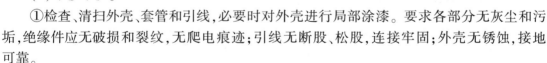

图 4-15　HMGS-G20 型 GIS 整体结构

（3）馈线柜：降压变电所中压母线连至动力变压器的开关柜。

（4）母联柜：连接变电所两段母线的开关柜。这里的母联并不是双母线接线形式中的母线联络断路器，而是指单母线分段接线形式中的分段断路器。

2）中压 GIS 柜的检查维护

（1）定期维护。

①检查、清扫外壳、套管和引线，必要时对外壳进行局部涂漆。

②检查底架固定螺栓紧固良好。

③检查调整操作机构。各摩擦及活动部分应注润滑油，保证动作灵活。

④检查 SF_6 气体压力。利用带有接头的压力表，检查 SF_6 气体压力，气体压力应符合出厂规定。

⑤检查密度继电器的动作压力值。压力降低，其报警及闭锁值应符合要求。

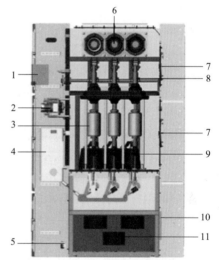

图 4-16　C-GIS 内部结构

1-综合保护装置；2-隔离开关操作机构；3-真空断路器；4-断路器操作机构；5-接地母线；6-母线；7-压力释放盘；8-三工位隔离开关；9-电缆插座；10-泄压装置；11-电流互感器

（2）小修维护。

①检查、清扫外壳、套管和引线，必要时对外壳进行局部涂漆。要求各部分无灰尘和污垢，绝缘件应无破损和裂纹，无爬电痕迹；引线无断股、松股，连接牢固；外壳无锈蚀，接地可靠。

②检查底架固定螺栓应紧固良好。

③检查调整操作机构。各摩擦及活动部分应注润滑油，保证动作灵活。各辅助接点及转换开关动作应可靠准确。电动机及二次回路绝缘应良好，接线正确，端子紧固，接触良好。加热器工作正常。操作机构箱无锈蚀现象，必要时局部涂漆。

④检查 SF_6 气体压力。利用带有接头的压力表，检查 SF_6 气体压力，气体压力应符合出

厂规定。

⑤检查密度继电器的动作压力值。压力降低，其报警及闭锁值应符合要求。

4.4.2 低压开关柜

低压开关柜也是按一定的接线方案要求将有关的设备组装而成的成套装置。一般作为动力和照明等用电设备之配电线路的配电设备。

1）低压开关柜的类型和功能

低压开关柜又称低压配电柜，按结构分有固定式和抽屉式两大类型。

（1）固定式。

固定式低压开关柜是最简单的配电装置。其正面板上部为测量仪表，中部为操作手柄（面板后有刀开关），下部为向外双开启的门，内有互感器、继电器等。母线应布置在屏的最上部，依次为刀开关、熔断器、低压断路器。互感器和电度表等都装于屏后，这样便于屏前后双面维护，检修方便，价格便宜，多为变电所和配电所用作低压配电装置。

（2）抽屉式。

抽屉式低压配电屏将主要设备均装在抽屉内，其封闭性好，可靠性高。故障或检修时将抽屉抽出，随即换上同类型抽屉，以便迅速供电，既提高了供电可靠性又便于设备检修。但是，它与固定式相比，设备费用高，结构复杂，钢材用量多。

一般城市轨道交通变电所内低压开关柜柜型分为两类，回路电流不大于250A为抽屉式，回路电流不小于400A为固定安装的抽出式开关，含框架断路器、塑壳断路器、ATS双电源进线开关、有源滤波、PLC等设备。

变电所0.4kV开关柜主要类型有进线柜、母联柜、馈线柜、过渡柜、转接柜等。进线开关、母联开关、三级负荷总开关均设电动操作机构，可实现就地/远动的合分闸操作。

母联柜设置独立的PLC，实现进线开关、母联开关和三级负荷总开关的自动投入和来电自复功能。

其运行方式及自投功能要求如下：

①正常运行时，两个进线开关合闸，分别向两段0.4kV母线供电，母联开关分位。

②自动投入功能：当0.4kV一段进线侧失压，经延时自动跳开进线开关和两段0.4kV母线。

③三级负荷总开关同时判断另一段0.4kV进线侧是否有压且该段进线开关处于合位，如是则启动自动装置，合上母联开关。

④来电自复功能：当0.4kV进线侧来电，自动装置应能自动分开母联开关，恢复两路进线供电方式，并投入三级负荷总开关；三级负荷总开关的来电自复功能应单独设置投入/撤除转换开关。

⑤当两路0.4kV进线侧全失压时，进线开关、母联开关将保留原位置不动，待来电后进入自投或自复。

⑥自动投入功能、来电自复功能应具有当地/远方的投入和撤出功能。

⑦对于由于母线或馈出线故障引起的中断供电，应闭锁自动装置。

⑧对于手动操作动力变高低压两侧开关分闸，不应启动自动装置。

⑨自动投入功能、来电自复功能均由母联柜内自动装置 PLC 来实现,其自投、自复及各开关跳闸的延时均通过编程在 PLC 内整定,整定范围不小于 0～8s。

2) 低压开关柜作业内容和方法

(1) 开关柜柜体检查清扫。

①柜面、柜顶、柜门及二次接线室、电缆室清扫,各部位应清洁无灰尘。

②柜体安装牢固无锈蚀、接地良好,并结合预防性试验测量柜体接地电阻应符合要求,柜内封堵良好,对封堵不好的部位重新封堵。

(2) 一次设备检查维护。

①低压母线的检查维护:绝缘支撑件检查应无裂纹、母线无明显温度及变色现象、母线受力均匀、母线室内无杂物,进线电流互感器外观正常、接线无松动、接地良好。

②框架断路器检查维护:从柜体中抽出框架断路器,检查隔离触头光滑、接触良好,触点应无烧损痕迹,无明显发热变色现象;断路器短路跳闸后需检查灭弧罩及触头有无烧损;检查电子脱扣器显示正常,定值正确,电池电量充足,结合预防性试验对定值进行校验。

③塑壳断路器检查维护:从柜体抽屉内取下各抽屉式塑壳断路器,检查隔离触头接触紧密无发热变色现象;检查抽屉内母排与塑壳断路器连接牢固无发热迹象,对松动部分紧固情况进行检查。

④检查抽屉内互感器、电流表状态正常;检查操作手柄传动正常,机械转动部分酌情加注润滑脂。

⑤电容补偿装置检查维护:检查功率因数自动补偿装置工作应正常,进线刀熔开关、各接触器、熔断器检查正常。

⑥低压馈出电缆检查维护:各馈出回路电缆连接螺栓连接紧固、无发热变色现象,各回路标识牌清晰,对标牌模糊及丢失的重新标记。

(3) 二次设备检查维护。

①信号指示情况:检查柜内各指示灯指示正常,更换损坏及亮度不清晰的指示灯。

②PLC 运行情况检查:PLC 各接线紧固,输入输出指示正确、通信正常。

③端子排检查与紧固:对柜内各电源端子、模拟量端子及控制回路端子进行紧固,各端子号及导线线号标识清晰,对标识不清楚的重新加以标注。

④柜内二次元器件检查与维护:检查柜内空开、电压继电器、中间继电器等工作正常、无过度发热现象、空开分合正常;柜内加热器、凝露控制器工作应正常。

3) 常用低压断路器

低压断路器(low voltage circuit-breaker)又叫低压自动空气开关,是低压系统中既能分合负荷电流又能分断短路电流的开关电器。低压断路器的类型很多,常用的有框架式低压断路器、塑料外壳式低压断路器等。下面以施耐德框架断路器为例作具体介绍。

施耐德框架断路器 Masterpact MT(N)系列(图 4-17),有抽屉式和固定式两种类型。所有 Masterpact MT 断路器都带有 Micrologic 控制单元,可在现场更换。控制单元用于电源回路和负荷的保护,且带有 Modbus 通信选件。通过 Modbus 通信选件,监控系统可以实现对 MT 断路器的遥信、遥测、遥控和遥调。

图 4-17 框架断路器

（1）抽屉式断路器结构。

抽屉式断路器的基本结构如图 4-18 所示。

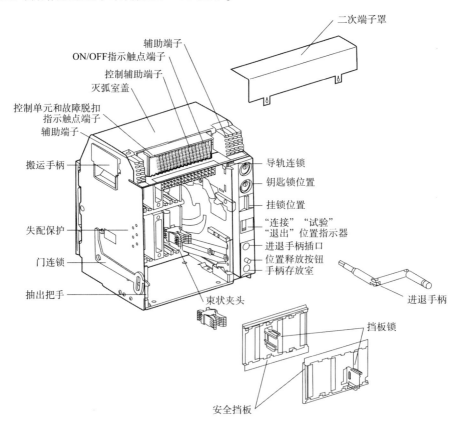

图 4-18 抽屉式断路器基本结构

(2)抽屉式断路器的操作。

抽屉式断路器有三种位置状态:"连接"位置、"试验"位置、"退出"位置。对其操作可参照以下示意图进行。

①根据图4-19所示操作,从"连接"位置到"试验"位置,然后至"退出"位置。

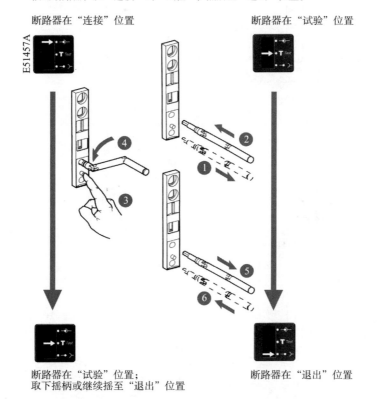

图4-19 断路器从连接位到试验位

②根据图4-20所示操作,从"退出"位置推到"试验"位置,然后至"连接"位置。

(3)施耐德框架断路器维护操作。

在进行维修工作前,设备需断电且要根据安全标准用锁锁上,以作警示。

①取灭弧栅,如图4-21所示,取下固定螺钉。

②检查灭弧栅、小室有无损坏,隔离片有无腐蚀。如果需要,更换灭弧栅,如图4-22所示。

③检查触头。

④重新装上灭弧栅并用螺钉紧固,紧固力矩为1.5N·m。

⑤按下列步骤检查束状夹头:断开断路器→母排断电→退出断路器→取出断路器→检查接点齿(应显示无铜痕迹)。

将断路器从"退出"推至"试验"位置,然后至"连接"位置。

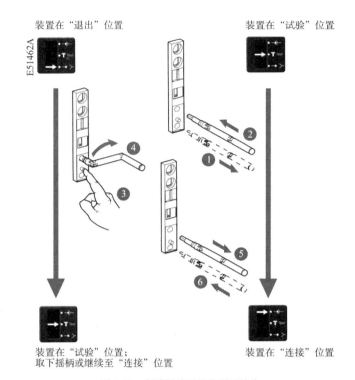

图 4-20　断路器从退出位到试验位

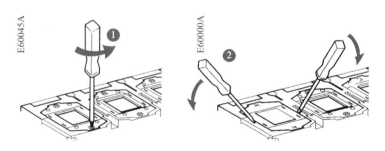

图 4-21　取灭弧栅螺钉示意图

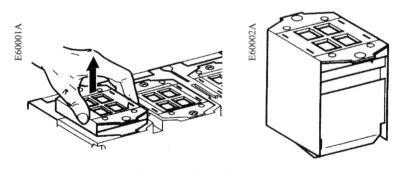

图 4-22　更换灭弧栅示意图

从图4-23所示的降压变电所主接线图中,你能看出它采用了什么主接线形式,有哪些开关柜吗?

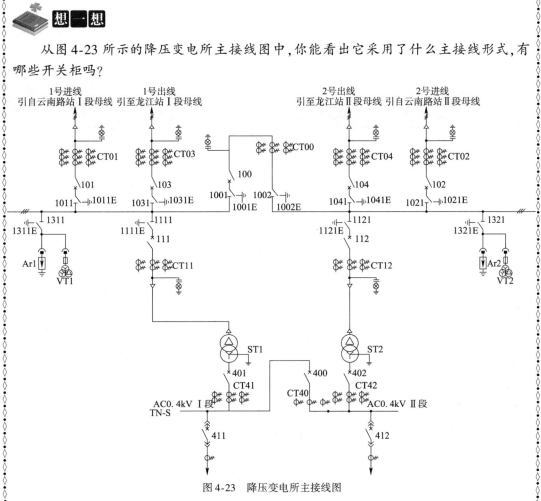

图4-23 降压变电所主接线图

1. 简述降压变电所的功能及其主要电气设备。
2. 城市轨道交通降压变电所有哪些设置方式?
3. 试画出城市轨道交通降压变电所的主接线示意图。
4. 试结合中压网络和降压变电所的主接线图,说明其工作原理。
5. 降压变电所中配电变压器的巡视检查主要有哪些内容?
6. 中压交流开关柜有哪些类型,其主要结构是什么样的?
7. 抽屉式低压断路器如何进行投入退出操作?

单元 5　牵引降压混合变电所

问题导入

　　城市轨道交通供电系统中,每隔一段距离需要设置专门的牵引变电所为电客车运行供应电能,一般牵引变电所与降压变电所合建称其为牵引降压混合变电所。牵引降压混合变电所除了承担普通降压变电所的功能外,还需完成从城市轨道交通中压网络取电,经过降压—整流—馈电,将电能输送至城市轨道交通列车接触网或接触轨供城市轨道交通列车牵引使用,再从钢轨、回流线流回牵引变电所。那么,城市轨道交通牵引变电所如何设置,需要哪些设备?如何将中压网络的交流电整流为牵引的直流电?直流开关柜和交流开关柜有什么区别?本单元将回答这些问题。

学习要点

1. 城市轨道交通牵引变电所的设置与结构;
2. 城市轨道交通牵引变电所中的整流机组;
3. 牵引变电所直流开关柜的作用、结构与电气性能;
4. 牵引降压混合变电所电气主接线。

技能目标

1. 能分析城市轨道交通牵引变电所的平面布置图;
2. 能对牵引变电所的整流机组进行巡视检查;
3. 能维护牵引变电所的直流开关柜;
4. 能根据要求调整牵引降压混合变电所运行方式。

素质目标

1. 具有良好的团队协作、人际交往和协商沟通的能力;
2. 具有良好的心理素质以及克服困难的能力;
3. 具有良好的职业道德和规范、安全与质量控制等职业素养;
4. 具有良好的城市轨道交通工程伦理和环保意识。

建议学时

　　8 学时

5.1 牵引所的设置

城市轨道交通牵引供电系统中,电能由牵引变电所经馈电线路、接触网(第三轨)输送给电客车,再从电客车经钢轨(轨道回路)、回流线流回牵引变电所。

牵引变电所是牵引供电系统的核心,它引入两个独立的中压交流电源,并将交流电能转换为直流电能,承担着向电动列车提供直流牵引电能的功能。

5.1.1 牵引所设置

牵引变电所的设置主要取决于牵引网电压等级和牵引网电压损失,同时应对杂散电流腐蚀防护、线路能耗、电缆敷设、土建造价及运营管理等加以统筹考虑。

牵引变电所一般设置在城市轨道交通沿线及车辆基地附近。每个牵引变电所按其所需容量设置两组牵引整流机组并列运行,沿线任意一牵引变电所故障解列,由两侧相邻的牵引变电所越区供电共同承担该区段全部牵引负荷。

牵引变电所的容量和设置距离一般需考虑下列设计原则和技术条件:

(1)正线任一牵引变电所故障时,其相邻牵引变电所应采用越区供电方式,负担起该区段的全部牵引负荷,此负荷应满足远期高峰小时负荷。

(2)牵引变电所的数量及其在线路上的位置,应满足在事故情况下越区或单边供电时,接触网的电压水平满足电客车牵引需要。

(3)任何运行方式下,接触网电压不得高于最高值,高峰小时负荷时,全线任一点的电压不得低于最低值,具体数值见表5-1。

直流牵引供电系统电压及波动范围(单位:V)　　表5-1

标称电压	最高电压	最低电压
DC 750	900	500
DC 1500	1800	1000

牵引网电压损失包括牵引网平均电压损失和最大电压损失。其中,牵引网最大电压损失是影响牵引变电所数量的关键因素,平均电压损失对牵引网能耗影响较大。依据牵引网最大电压损失不能超过允许值,可以确定出牵引变电所供电分区的长度。

设置牵引变电所时,首先考虑与车站相结合,与降压变电所合建成牵引降压混合变电所。

5.1.2 牵引降压混合变电所的布置

1)牵引降压混合变电所的总体布置

(1)地下岛式车站。

当牵引降压混合变电所布置在地下岛式车站时,为了设备运输方便,牵引降压混合变电所应优先布置在车站的站台层,并位于车站的一端。

当车站长度受到限制时,牵引降压混合变电所可以分成两部分布置,一部分布置在站台层,主要是牵引变压器、配电变压器、中压开关柜、直流开关柜、整流器、控制室设备等;另一部分布置在站厅层,主要是低压开关柜。

(2)地下侧式车站。

当牵引降压混合变电所布置在地下侧式车站时,可布置在车站某一侧站台的端部。地下侧式车站站台宽度一般比较窄,牵引降压混合变电所的设备通常只能单排布置。

(3)地面岛式车站。

地面岛式车站牵引降压混合变电所总体布置与地下岛式车站基本相同。由于地面车站的长度控制不像地下车站那么严格,地面岛式车站牵引降压混合变电所的设备一般全部布置在站台层。

(4)地面侧式车站。

地面侧式车站牵引降压混合变电所总体布置与地下侧式车站基本相同,不同之处是设备可以双排布置。

(5)高架车站。

对于地面站厅层与高架站台层上下叠拼布置的两层高架车站,牵引降压混合变电所可以布置在地面站厅层。

当高架车站站台层下方地面作为汽车等道路时,牵引降压混合变电所可以设置在高架车站的旁边地面上。

当高架车站站台层下方地面作为汽车道路,路边又无法布置牵引降压混合变电所时,只能设置在高架车站的架空站厅层。这种方式需要设置电缆夹层,而为了保证地面汽车道有足够高度,电缆夹层高度受限、空间紧张,低压开关柜等可以采用上进出线方式。

(6)区间。

区间如果需要设置牵引降压混合变电所,对于地面线路,可布置在线路旁,对于高架线路,可以布置在高架桥下方,地下线路一般不设置区间牵引变电所。

区间牵引降压混合变电所可以设置在房屋建筑内,也可以设置成箱式变电所。箱式变电所的优点是节省占地面积。

(7)车辆基地。

牵引降压混合变电所一般设在车辆基地的咽喉区,可以单独建设,一般为一层建筑,也可以与其他建筑物合建。

2)牵引降压混合变电所的设备布置

牵引降压混合变电所一般设有牵引变压器室、中压及直流开关柜室、低压室、控制室、工具材料室。图5-1为地下岛式车站牵引降压混合变电所典型平面布置图。

(1)牵引变压器室。

对于35kV牵引降压混合变电所,需要设置两个牵引变压器室,每个牵引变压器室各布置一台牵引变压器。为了对牵引变压器进行巡视,从开关柜室通往牵引变压器室设有巡视门。为了防止人进入牵引变压器室接触带电体,在巡视通道和牵引变压器之间设有防护围栏。

为了控制牵引变压器的体积,便于运输,35kV牵引变压器是不带外壳的,2000~3300kV·A容量的牵引变压器距墙壁、围栏等的要求见表5-2。

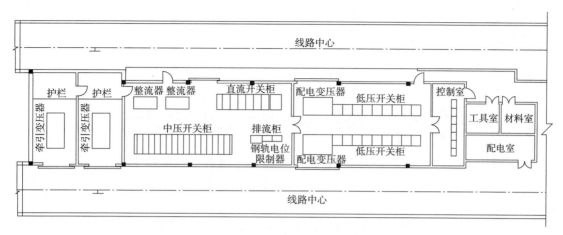

图 5-1 地下岛式车站牵引降压混合变电所典型平面布置图

35kV 牵引变压器相关净距(单位:mm)　　　　　　　　　　表 5-2

设备类型	名称	推荐尺寸	最小尺寸
35kV 牵引变压器 (不带外壳)	遮栏与巡视门(或墙)的净距	1000	1000
	距栅状遮栏净距	1050	1050
	距网状遮栏净距	1000	400
	高压侧距墙壁及物体净距	1400	1000
	低压侧距墙壁及物体净距	1100	1000
	距运输门净距	1200	1200
	距屋顶及变压器上方物体净距	1000	800

(2)中压、直流开关柜室。

中压、直流开关柜室布置的主要设备有中压开关柜、直流开关柜、排流柜、钢轨电位限制装置、整流器、负极柜。当低压开关柜不布置在岛式车站的站台层时,配电变压器也可布置在此室内。

中压开关柜单独排成一列,直流开关柜排成一列,负极柜可以和整流器并排布置。开关设备维修通道和操作通道的要求见表 5-3。

交流 35kV 及直流 1500V 开关柜操作及维修通道最小宽度(单位:mm)　表 5-3

开关柜布置方式	柜后维护通道	柜前操作通道	
		固定式	手车式
单排布置	800	1500	单车长度+1200
双排面对面布置	1000	2000	双车长度+900
双排背对背布置	1000	1500	单车长度+1200

(3)低压开关柜室。

牵引降压变电所低压室的布置与降压变电所低压室布置类似。

想一想

城市轨道交通牵引降压混合变电所在不同类型的车站布置有哪些异同？

5.2 牵引降压混合变电所主接线

牵引降压混合变电所主接线可以分成两大块：牵引主接线和降压主接线，其中降压主接线与降压变电所相同，不再重复叙述，本节的重点是牵引主接线，其又可分为中压主接线和直流主接线两部分。

牵引所主接线和降压变电所一样应满足可靠性、灵活性和经济性的基本要求。主接线的可靠性由设备的可靠性和设备故障后的补救措施共同决定，因此，采用高可靠性设备可以简化主接线，以节省投资、简化管理的复杂度。具体要求为：开关故障或检修时，不影响或减少对牵引负荷的供电；母线故障或检修时，短时间恢复送电，将对列车运行影响降至最低。

主接线还应满足调度、检修的灵活性要求。故障运行方式、检修运行方式及特殊运行方式下，调度时可以灵活地投入和退出开关或整流机组，检修时可以方便地停运开关及其继电保护设备而不影响系统运行。

5.2.1 中压主接线

牵引降压混合变电所中压母线一般有两种形式：单母线分段和单母线。采用牵引动力照明独立网络的，其牵引网络为单母线接线形式，如上海明珠线；采用牵引动力照明混合网络的，一般采用单母线分段接线，国内大部分城市轨道交通均采用这种形式。

牵引所里两套整流机组的设置有两种形式，一种是分别接至两段母线，另一种是接挂在同一段母线。接于两段母线的接法因为在运行中母线电压不同会影响两台整流机组并联运行，目前已经不再采用。对于整个供电网络，考虑牵引负荷的均衡，相邻牵引变电所的整流机组应交叉接挂在不同母线上。当供电分区某一回路失电时，所有变电所同段母线短时退出时，仍能保证部分牵引所继续运行，由双边供电过渡为单边供电，保证列车牵引供电。当然，供电调度应及时调整中压网络运行方式，及时恢复牵引整流机组供电。

1) 单母线接线

牵引降压混合变电所中压侧单母线不分段，母线引入两个电源；正常运行时一个电源供电，并向相邻变电所供电，如图5-2所示。单母线不分段接线简单、造价低，但是可靠性低，达不到城市轨道交通牵引供电一级负荷的供电要求，实际中基本没有应用。

2) 单母线分段接线

牵引降压混合变电所中压侧采用单母线分段接线方式，带分段开关；每段母线引入一路电源，并分别向相邻变电所供电。单母线分段接线主接线如图5-3所示。正常运行时，两个电源独立给各自母线供电，分段开关分断，两段母线分列运行。分段单母线较为复杂，造价较高，可靠性大幅提高，能满足城市轨道交通牵引供电可靠性要求，大部分牵引降压混合变电所采用此类方案。

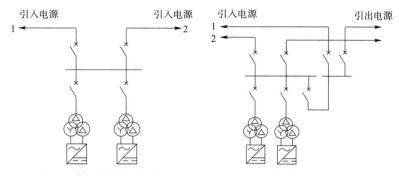

图 5-2　单母线接线示意图　　　图 5-3　单母线分段接线主接线

3）单母线三分段接线

牵引降压混合变电所母线分为三段,中间设置两台分段开关;两路进线电源分别接入Ⅰ、Ⅲ段母线,并分别向相邻变电所供电;整流变压器接入Ⅱ段母线,其主接线如图 5-4 所示。正常运行时,一台分段开关合闸,另外一台分段开关分闸,两路电源分列运行,Ⅱ段母线可以灵活切换供电电源。单母线三分段形式最为复杂,供电可靠性最高。

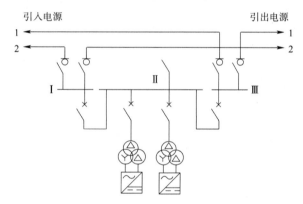

图 5-4　单母线三分段接线

5.2.2　直流主接线

直流主接线形式根据母线数量分为单母线系统、双母线系统两种主要形式;根据配置和运行方式差异,演变出以下四种形式。

1）A 型单母线系统

A 型单母线系统,两路进线采用直流断路器,设置四路直流馈出线。牵引整流机组负极采用电动隔离开关,为自动化、远程调度操作提供条件。同一馈电区分段处上下行之间设纵向电动隔离开关。A 型单母线系统如图 5-5 所示。

正常运行:24 脉波整流,双机组并列运行;直流进线开关、馈线开关、上网电动隔离开关均闭合,纵向电动隔离开关断开。该变电所与相邻变电所对同一供电分区实施正常双边供电。

单套整流机组退出运行:整流机组 U1 故障,进线开关 QF1 跳闸,QF3 联动跳闸。馈线开关 QF5、QF6、QF7、QF8 及上网电动隔离开关均闭合,纵向电动隔离开关 QS1、QS2 断开。12 脉波正常双边供电。

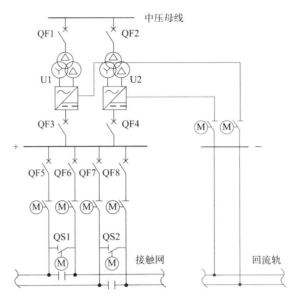

图 5-5　A 型单母线系统示意图

两套整流机组退出运行:两套整流机组 U1、U2 均故障退出,进线开关 QF1、QF2 跳闸,QF3、QF4 联动跳闸。控制中心对上传的保护信息进行判别,若非直流母线短路或框架保护动作,则 QF5、QF6、QF7、QF8 处于合闸状态,纵向隔离开关 QS1、QS2 处于分闸状态。

直流母线退出运行:为切除开关柜直流母线碰壳故障,设置框架泄漏电流保护。当开关柜直流母线发生故障时,框架保护联跳全部馈线开关、两套整流机组进线开关、上下行相邻牵引所相应馈出开关(相邻所开关可人工合闸)。控制中心遥分上网隔离开关,遥合纵向电动隔离开关 QS1、QS2,通过纵向隔离开关实施大双边供电。

单台馈线开关退出运行:单台馈线开关 QF5 退出时,QF5 及其对应上网电动隔离开关断开,相关的纵向电动隔离开关 QS1 合闸。

电分段两侧上(下)行两台馈线开关退出运行:上行 QF5、QF6 退出,相应的上网隔离开关分闸,遥合 QS1(满足合闸条件),构成大双边供电。下行 QF7、QF8 及相应的上网隔离开关处于合闸状态,QS2 处于分闸状态;保持正常双边供电。

A 型单母线系统简单实用,可靠性高,目前国内除北京地铁外,其他城市地铁多采用 A 单母线型主接线系统。但是由于隔离开关的电气特性,纵向电动隔离开关操作限制条件较多,操作判断时间较长,正常双边供电转为大双边供电的时间也较长。

2) B 型单母线系统

在 A 型单母线系统基础上,将进线直流断路器改为电动隔离开关,如图 5-6 所示。设备造价降低,但联锁关系变复杂。另外母线发生故障时,中压开关跳闸时间较长,一般为 65ms,不利于母线故障迅速切除。

3) C 型双母线系统

C 型双母线系统,设有工作母线、备用母线和旁路开关。两路进线采用直流断路器,设置四路直流馈线,工作母线和备用母线之间设有备用直流开关。负极采用电动隔离开关,如图 5-7 所示。

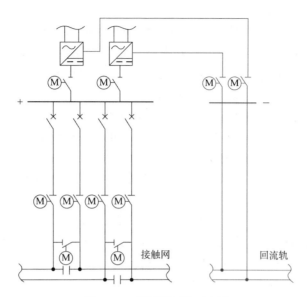

图 5-6　B 型单母线系统示意图

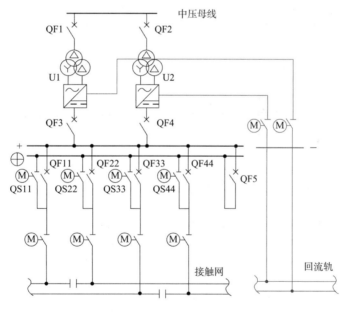

图 5-7　C 型双母线系统示意图

正常运行:24 脉波整流,双机组并列运行;直流进线开关、馈线开关、上网电动隔离开关均闭合;馈线开关柜旁路电动隔离开关及备用开关处于断开。

单套牵引整流机组退出运行:运行方式与 A 型单母线系统相同。退出的牵引机组对应的直流进线开关断开,馈线开关及上网开关均闭合。旁路开关及备用开关处于断开状态。系 12 脉波双边供电。

两套牵引整流机组退出运行:运行方式与 A 型单母线系统相同。直流进线开关 QF1、QF2、QF3、QF4,旁路开关 QS11、QS22、QS33、QS44,备用开关 QF5 均断开,馈线开关 QF11、

QF22、QF33、QF44 合闸。

直流母线退出运行:直流母线退出时的联跳、分闸方式和时序与 A 型单母线系统相同。在 QF11、QF22、QF33、QF44 分闸前提下,控制中心遥分上下行相邻牵引变电所同一馈电分区的馈线开关。然后,按顺序遥合本所旁路开关、上下行相邻牵引变电所同一馈电分区的馈线开关,通过旁路开关和备用母线构成大双边供电。

单台馈线开关退出运行:单台馈线开关 QF11 退出,由备用开关 QF5 通过与该馈线开关并联的旁路开关 QS11 代替馈线开关继续运行,实施正常双边供电。

电分段两侧上(下)行两台馈线开关退出运行:上行两台馈线开关 QF11、QF22 退出,可以通过相对应的旁路电动隔离开关和备用母线构成双边供电,与单台馈线开关 QF11 退出时运行方式相同。

馈线开关与备用开关同时退出运行:一台馈线开关 QF11 和备用开关 QF5 先后退出,对应的馈电分区可以通过旁路电动隔离开关和备用母线构成双边供电,也可以由相邻牵引变电所实施单边供电。其余馈线开关 QF22、QF33、QF44 保持正常双边供电。

4) D 型双母线系统

D 型双母线系统在 C 型基础上,同一馈电区电分段处上下行增加了纵向电动隔离开关,能以此构成大双边供电,如图 5-8 所示。D 型在牵引整流机组、直流进线、直流母线、直流馈线开关故障或检修退出时,均能实现不影响供电要求,系统运行可靠性高,但造价高,联锁复杂。

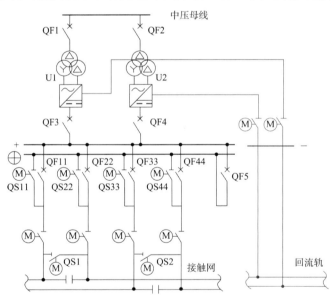

图 5-8 D 型双母线系统示意图

正常运行:与 C 型双母线系统相同,纵向电动隔离开关处于断开状态。

单台牵引整流机组退出运行:与 C 型双母线系统相同。

两台牵引整流机组退出运行:有两种方式,一种运行方式与 A 型单母线相同,对列车正常运行不构成影响;另一种方式可通过本牵引所纵向电动隔离开关 QS1、QS2 构成大双边供电,倒闸期间对列车有短时间影响。

直流母线退出运行:有两种方式,一种运行方式与 C 型双母线相同;另一种方式可通过本牵引所纵向电动隔离开关 QS1、QS2 构成大双边供电,倒闸期间对列车有短时间影响。

单台馈线开关退出运行:与 C 型双母线系统相同。

电分段两侧上(上)行两台馈线开关退出运行:与 C 型双母线系统相同。

馈线开关与备用开关退出运行:与 C 型双母线系统相同。

5.2.3 牵引降压混合变电所电气主接线示例

某城市轨道交通线路牵引降压混合变电所的主接线如图 5-9 所示,设置两套整流机组,两台 35/0.4kV 配电变压器。

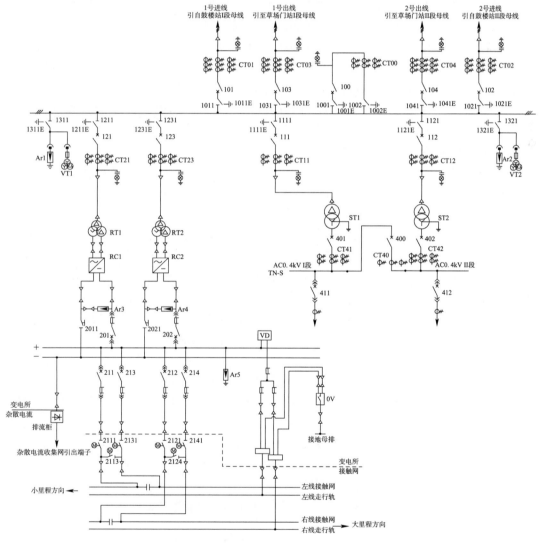

图 5-9 某牵引降压混合变电所电气主接线图

1) 中压主接线

此牵引降压混合变电所中压主接线为单母线分段式,两段母线间设置分段开关 100。

中压 I 段母线有一路电源进线、一路电源出线,并馈出三路电源。进线电源引自鼓楼车站变电所Ⅰ段中压母线,出线电源引至草场门车站变电所Ⅰ段中压母线,馈出的三条线路分别接入一台配电变压器(ST1)和两套整流机组(RT1 + RC1、RT2 + RC2)。

中压Ⅱ段母线有一路电源进线、一路电源出线,并馈出一路电源。进线电源引自鼓楼车站变电所Ⅱ段中压母线,出线电源引至草场门车站变电所Ⅱ段中压母线,馈出线路接入一台配电变压器(ST2)。

2) 直流主接线

图 5-9 所示牵引降压混合变电所直流系统接线采用 A 型单母线系统。一段直流母线有两路进线、四路馈线,同一馈电区分段处上下行之间设纵向电动隔离开关。

从整流机组的角度看,交流中压侧和直流侧均是单母线不分段的形式,两套整流机组并联运行,这样可以使两套整流机组负荷均衡,也有利于构成等效 24 脉波整流。

城市轨道交通牵引供电一般采用 24 相全脉波整流,多相整流可以获得较平滑的直流电,并可以减少对电网的谐波污染。整流器输出的直流电正极经断路器 201(202)接到正母线,负极经隔离开关 2011(2021)接到负母线。正极母线通过 211、212、213、214 馈线断路器及馈线隔离开关 2111、2121、2131、2141 将电能分别送至左右两边接触网(第三轨)供电臂。负极母线通过回流线与钢轨相连。电客车行驶的时候通过受电弓(集电靴)滑动取流,就可以获得直流 1500V 或 750V 的牵引供电。

运行中如果一套整流机组故障,在满足一定条件时可以由另一套整流机组独立运行维持牵引供电。一套整流机组独立运行的条件是:单套牵引整流机组过负荷能力满足牵引供电要求;谐波含量满足要求;不影响故障机组的检修。

为简化接线,牵引变电所的直流馈线侧一般不设置备用的馈线断路器,纵向电动隔离开关 2113、2124 作为牵引变电所 4 路馈线断路器 211、212、213、214 的备用开关,正常运行时均处于分闸位。当某一台馈线断路器,例如 211 断路器故障或检修时,可以通过闭合纵向电动隔离开关 2113 实现一台馈线断路器同时对车站两个方向的接触网供电。当两台馈线断路器,例如 211、213 同时故障或者检修时,闭合纵向电动隔离开关 2113 可以构成大双边供电。当整座牵引变电所故障解列退出运行时,也可以由纵向电动隔离开关构成大双边供电,使区间接触网保持正常供电,维持行车。

当然需要操作纵向电动隔离开关时,需要满足一定的联锁条件,具体如下:

(1) 只有确认纵向电动隔离开关两侧牵引网没有电压时,才可以进行操作;

(2) 故障牵引变电所向上(下)行牵引网馈电的两路馈出开关与左右两侧相邻牵引变电所向同一馈电区供电的两路馈出开关皆处于分闸状态时,才可以进行操作;

(3) 故障牵引变电所向上(下)行馈电的两路馈出开关处于分闸状态,有调度确定该区间无车辆运行时才可以进行操作。

如果操作时不满足以上条件中的一条,强行操作电动隔离开关会造成隔离开关触头烧损,造成设备损坏。

A 型单母线系统由正常双边供电转换为大双边供电应如何进行操作?

5.3 整流机组

整流变压器将中压环网的 AC 35kV(或 33kV、10kV)降压为 AC 1180V,再通过整流器整流输出 DC 1500V,经上网电动隔离开关给接触网供电,实现直流牵引。整流变压器和整流器组成整流机组,是城市轨道交通牵引变电所的核心设备之一。

5.3.1 整流变压器

整流变压器为干式变压器,外观如图 5-10 所示。它的基本结构与普通干式配电变压器类似,主要的不同点在于采用四线圈结构,两两上下叠装。高压线圈两线圈(三角形连接)并联轴向双分裂,网侧移相,中部出线结构。低压线圈轴向双分裂,一组用于星形连接,另一组用于三角形连接,上下分别出线。

在考虑变压器的连接组别时,一个重要的因素就是考虑高次谐波的影响。国际上公认谐波"污染"是电网的公害,所以必须采取措施加以限制。国家标准《电能质量 公用电网谐波》(GB/T 14549—1993)对谐波作出了限制。整流机组作为大功率整流设备,属于非线性负荷,从

图 5-10 整流变压器

电网吸收非正弦电流,引起电网电压畸变,因此,整流机组属于重要的谐波源。为了抑制整流机组谐波对电网的影响,通常的措施是将变压器的一次或二次绕组接成三角形,使励磁电流的 3 次谐波或零序分量能够流通,使三倍次谐波或 3 的整流倍次谐波电流不注入电网。同时增加变压器二次侧的相数,波形会更平滑,可以有效地减少谐波。因此,在确定城市轨道交通整流机组的规格时,考虑采用带三角形连接的变压器,同时尽可能地增加整流的相数,以减少谐波"污染"。

基于以上考虑,可选择两台变压器,一台(T_1)连接组别为 Dy11d0,另一台(T_2)为 Dy1d2,其中 D 连接绕组为延边三角形,如图 5-11 所示。根据两台变压器的接线,可作出其相量图如图 5-12(T_1)和图 5-13(T_2)所示。

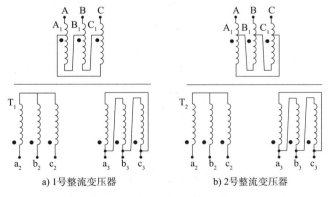

a) 1号整流变压器 b) 2号整流变压器

图 5-11 Dy11d0-Dy1d2 变压器连接图

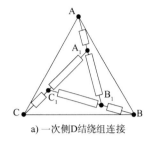
a) 一次侧D结绕组连接

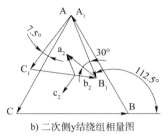
b) 二次侧y结绕组相量图

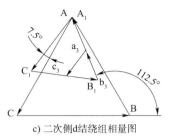
c) 二次侧d结绕组相量图

图 5-12　变压器 T_1 的结构及相量图

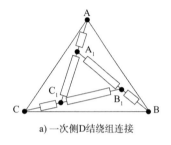
a) 一次侧D结绕组连接

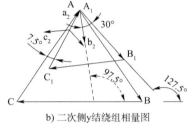
b) 二次侧y结绕组相量图

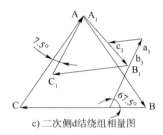
c) 二次侧d结绕组相量图

图 5-13　变压器 T_2 的结构及相量图

分析图 5-12 和图 5-13 的相量图可知，若以水平右方向为参考方向，则可得其他电压相量的相位角分别为：

（1）对于变压器 T_1：

一次侧电压相量 U_{A1B1} 的相位角为 112.5°；

二次侧电压相量 U_{a2b2} 的相位角为 142.5°（y 结），U_{a3b3} 的相位角为 112.5°（d 结）。

（2）对于变压器 T_2：

一次侧电压相量 U_{A1B1} 的相位角为 127.5°；

二次侧电压相量 U_{a2b2} 的相位角为 97.5°（y 结），U_{a3b3} 的相位角为 67.5°（d 结）。

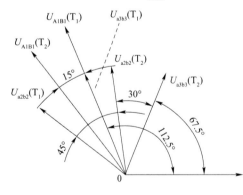

图 5-14　两台变压器的相量关系图

由图 5-12 和图 5-13 的相量图并利用上面分析结果可知，对于同一台变压器，其阀侧（二次侧）绕组同名端线电压的相位差为 30°（142.5°－112.5°＝97.5°－67.5°＝30°）；而两台变压器网侧（一次侧）并联接入电网时，相当于其一次侧电压各移相 7.5°（不同的旋转方向），使 T_1 变压器一次侧三角形绕组电压与 T_2 原边三角形绕组线电压有 15°的相位差（127.5°－112.5°＝15°），而两台变压器二次侧对应的线电压相角差为 45°（142.5°－97.5＝112.5°－67.5°＝45°），上述结果如图 5-14 所示。

5.3.2　整流器

整流器的作用是将交流电变成直流电供电动车辆的牵引电动机用。为了提高直流电的质量，降低直流电源的脉动量，通常采用多相整流的方法，它可以是六相、十二相整流，还可以增加到二十四相整流。

1）整流原理

最基本的整流工作原理如下。

（1）三相半波整流电路。

整流变压器的二次侧三相绕组接成星形连接，三相交流电压的波形如图 5-15 所示。在任何时刻，相电压最高的一相的整流管导通，此时整流电压即为该相的瞬时电压。

这种线路的特点为：

①变压器副边每相绕组只导通 1/3 周期，即相差 120°电角度，利用率较差。

②整流管承受的反向电压高。当一个整流管导通时，另外两个整流管必承受反向电压，其值为副边绕组线电压。

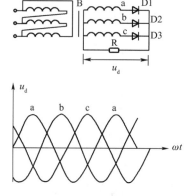

图 5-15　三相半波整流电路

③变压器绕组总是通过单方向电流，引起直流磁化，造成铁芯饱和，必要求加大铁芯尺寸，且漏抗增大，损耗增大。

以上电路属共阴极接线，即三相整流管的阴极连在一起。

要改善以上整流电路，首先可以设想有两组负荷相近的整流电路，但是一组为共阴极接线，另一组为共阳极接线，此时整流电路的工作情况就有所改善。

如图 5-16 所示，两组整流器共用一组三相副边绕组，对每相绕组，其通过的电流方向依次相反，各占 1/3 周期，这样就提高了各绕组的通电时间，提高利用率，而且先后的电流是相反的，又消除了直流磁化的问题。

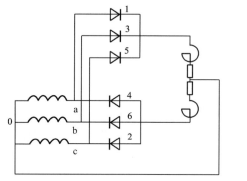 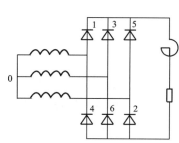

图 5-16　三相半波共阴极组与共阳极组串联电路

（2）三相桥式整流电路。

以上接线中，两组半波整流的负荷电流数值相等，如将两组负荷叠加为一个，则成为三相桥式整流电路。

桥式整流电路对同样变压器绕组来说，其整流电压升高一倍，反之，如整流电压保持一定，则变压器绕组电压可以降低，因而整流元件承受的反电压可以低些。三相桥式整流变压器无直流磁化问题。整流电压的波形为六相脉动波形，如图 5-17 所示。

2）等效 24 脉波整流

两台变压器分别接入整流器整流，构成两台整流机组，1 号整流机组由变压器 T1 和整流器组成，2号整流机组由变压器T2和整流器组成，各自接入的整流器如图5-18所示。如果只考虑1号整流机组整流后输出的直流电压波形，可得到其直流波形如图5-18所示，其输出直流波形在一个周期中脉动12次，每个波动的间隔为30°电角度。

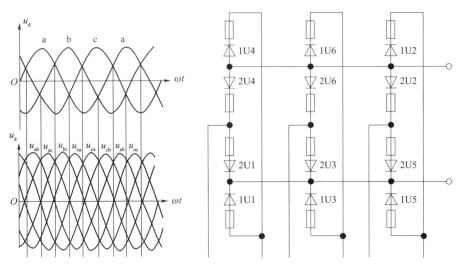

图5-17　三相桥式整流电路整流电压波形　　　图5-18　整流器接线图

2号整流机组的输出直流波形变化规律和T1相同，同样是12脉动的波形，如图5-19所示。但由于两台整流机组是同时运行的，而且其直流输出是并联接在直流母线上的，前面已经分析过，变压器T1和T2的一次绕组通过延边三角形的结法移相后，具有15°的相位差，因此，其整流后输出的波形也具有15°的相位差。

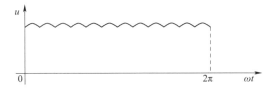

图5-19　单台变压器整流后输出的波形(一个周期)

两台整流机组并联运行后输出的直流波形如图5-20所示，即在一个周期内为24脉波。图5-20可由图5-19的波形叠加其本身平移15°后的波形处理后得到。

图5-20　两台变压器整流后输出的波形(一个周期)

由上述分析可知，城市轨道交通牵引变电所中获得的24脉波整流是由两台整流机组并联运行等效而成的。即单台整流器由2个三相6脉冲全波整流桥组成，其中一个整流桥接至变压器二次侧"Y"型绕组，另一个整流桥接至变压器二次侧"D"型绕组。两个整流桥并联连接构成12脉波整流。为了实现24脉波整流，在两台变压器的原边将绕组接成延边三角形,使其分别顺时针和逆时针移相7.5°。两台变压器的二次侧电压相位差为45°,而两台整流机组的直流输出波形实际上有15°的相位差,将其并联运行就等效成24脉波整流。

3)整流器的构造

整流器由大功率二极管及其散热器、保护器件、故障显示器件、通信接口等组成。整流器要求可靠性高、噪声、谐波污染要小,维修少。

由于城市轨道交通直流牵引供电系统的整流器直流电压不太高,而电流很大,为了避免整流支路的整流元件并联数目不致太多,而造成元件之间电流分布不均的问题,故采用两组整流器并联工作的方法,同时可以使两组整流器相互之间有相位移,以求得更多相整流,达到减少整流电压脉动的目的。

由于整流器的主要部件二极管是由不到1mm厚的硅单晶片制成的,其热容量很小,对电流、电压非常敏感,因而整流器的过电流、过电压保护十分重要。

整流器柜一般采用无焊接全螺栓结构,以便故障时拆卸更换。屏柜门板及外骨架采用喷塑防护,绝缘材料阻燃。为防止潮湿产生凝露,可设置防凝露控制器。

国内整流器设备的外形尺寸有差异,其中因素与散热器选型有关。采用陶瓷散热器时,整流器柜外形尺寸较大,如2500A规格的尺寸一般为2000mm×1250mm,若采用铝合金散热器,整流器外形尺寸较小,同等规格下为1200mm×1200mm。目前国内一般采用铝合金散热器或陶瓷散热器。

24脉波直流是如何得到的?

5.3.3 整流机组的运行和巡视检查

1)整流机组的运行

整流变压器一般采用干式变压器,作为变压器的特性与一般的干式电力变压器的使用条件、温控温显系统及检查内容均相同,但作为轨道交通用的整流变压器,与一般的干式电力变压器不同点在于:

(1)电流波形不是正弦波。由于整流器各臂在一个周期内轮流导通,流经整流臂的电流波形为断续的近似矩形波,所以,整流变压器各相绕组中的电流波形也不是正弦波,其谐波分量较丰富。

(2)负载变化幅度大,存在经常性的短期过载,所以,额定负载下的温升限值取得低。

(3)阀侧由于接架空接触网(接触轨),短路故障机会多,因此,要求抗短路能力强、阻抗大。

因此,基于以上的特点,整流变压器绝缘耐热等级的温升除遵循《电力变压器 第12部分:干式电力变压器负载导则》(GB/T 1094.12—2013)外,对于整流机组的负载要求较高。《半导体变流器 通用要求和电网换相变流器 第1~3部分:变压器和电抗器》(GB/T 3859.3—2013)规定:整流机组负载等级为Ⅵ级,即整流变压器和整流器均需满足:100%额定负荷——连续;150%额定负荷——2h;300%额定负荷——1min;并且整流机组应满足规定的负荷曲线如图 5-21 所示。

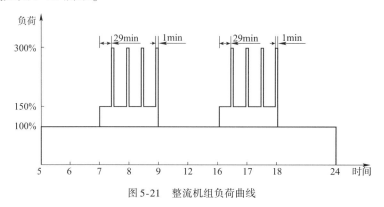

图 5-21 整流机组负荷曲线

2) 整流机组的巡视检查

对于整流变压器的巡视检查项目, 除注意监视负载情况外, 其他项目与一般的干式电力变压器相同。整流器组的巡视检查项目为:

(1) 检查散热器散热正常。

(2) RC 回路工作正常, 吸收装置的电阻、电容运行正常, 无过热、膨胀、放电痕迹。

(3) 故障显示模块指示正常, 熔断器指示有无熔断。

(4) 绝缘子无积尘, 无破损, 无裂纹。

(5) 外壳无严重锈蚀, 绝缘安装的绝缘垫无破损、表面无脏污。

(6) 电气连接紧固, 接触良好, 大电流母排无过热发黑现象。

 ## 5.4 直流开关柜

5.4.1 概述

城市轨道交通用直流开关柜是户内牵引供电系统中的核心设备, 安装在牵引变电所或者牵引降压混合变电所中, 完成牵引直流电能的分配与控制, 实现馈线、接触网或接触轨等设备的测控保护及将设备状态通过测控装置上传到监控设备。

城市轨道交通牵引直流开关柜分为 750V、1500V 两种电压等级, 外观如图 5-22 所示, 主要可以分为进线柜、馈线柜、负极柜、端子柜和排流柜。下面分别介绍几种直流开关柜的位置和功能。

(1) 进线柜: 进线柜也称为正极柜, 安装于整流器与直流正极母线间, 实现整流机组向直流母线的馈电、控制和保护。

图 5-22 城市轨道交通牵引直流开关柜布置图

(2) 馈线柜: 安装于直流正极母线与接触网上网隔离开关之间, 内部布置正极母线、直流快速断路器及相关控制保护设备。

(3)负极柜:安装于负极母线与整流器之间,完成直流系统回路负极电流的收集,柜内装设负极母排、电动隔离开关及相关连锁保护装置。

(4)端子柜:作为直流开关柜与外部设备二次回路接口,柜内配有相关直流柜与外部二次回路标准连接端子排及实现连锁功能PLC、继电器及连锁保护设备,实现馈线开关与相关设备的连锁控制功能。端子柜与馈线柜临近安装。

(5)排流柜:将泄漏的杂散电流强制负极,防止杂散电化学腐蚀负极电流返回路径内的金属设备、隧道结构钢筋,是一种杂散电流防护设备。

5.4.2 直流开关柜结构

直流进线柜和馈线柜一般均配置直流断路器,而负极柜、端子柜、排流柜不配置断路器。下面以直流断路器柜为例介绍直流开关柜结构。

常见的直流断路器柜都采用抽出式的开关柜,由固定部分和抽出式手车部分组成,断路器安装在手车上。直流开关柜为空气绝缘、金属封闭式、户内成套开关设备,由一系列模块化、标准化单元组成,如低压室、断路器(手车)室、母线室、电缆室等。直流开关柜内部布置如图5-23所示。

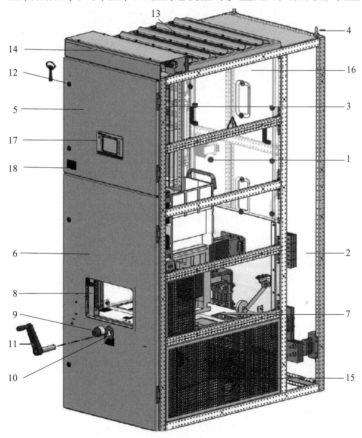

图5-23 直流开关柜柜体结构图

1-断路器室(HSCB);2-母线室;3-低压室;4-吊耳(4×);5-低压室门;6-HSCB室门;7-DC HSCB手车;8-HSCB状态观察窗;9-手动分闸按钮;10-手柄操作孔;11-操作手柄;12-锁,方钥匙;13-顶部;14-低压电缆通道;15-网板;16-绝缘板;17-显示单元;18-标识牌

1) 断路器室

断路器室包含断路器手车、机械闭锁机构、手车导轨、手车接地触点；而直流断路器、分流器、线路测试装置（馈线柜）、断路器控制装置等安装在可抽出式断路器手车上。可抽出式手车可通过一个机械机构很容易地在工作位置和试验位置变换，通过断路器室门上的观察窗可清楚地看到断路器手车的位置，安装在断路器手车上的脉冲计数器装置（不可复位）能记录断路器的合闸次数（此项功能的记录数据可显示在显示单元模块上）；当手车位于试验位置时，断路器主触头是安全地将主母线和馈线电缆隔开的。直流断路器示意图如图5-24所示。

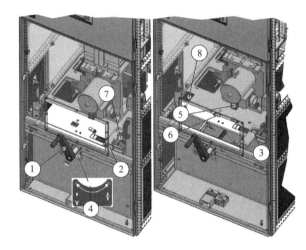

图5-24　直流断路器室示意图

1-手柄；2-试验位置指示；3-工作位置指示；4-标识；5-HSCB 状态（分/合）；6-HSCB-操作计数器；7-Harting 航空插头；8-铭牌

断路器室内自启动的活门作为断路器室和电缆室之间的保护，可以防止断路器动触头与固定触头在手车处于试验位置时相互接触。

当手车处于试验位置时，活门关闭并闭锁，以防止活门误操作而从柜前碰到断开的电缆室固定触头；如果活门被闭锁，则 HSCB 手车触头不能插入。

当拔掉航空插头后，手车离开试验位置，手车无须专用工具即可从柜体抽出并移开，此时断路器室是可进入的，母线室被完全隔离确保人员安全接触；手车完全抽出后，活门关闭并闭锁。

断路器室门是手车进入断路器室的入口，且与手车位置联锁；当手车在工作位置或手车只要在工作位置和试验位置之间的中间位置时，门将被闭锁在合位；当断路器处于试验位置时，柜门可打开并可抽出手车；但要将手车移动至工作位置时，须关闭柜门才能旋转手车操作手柄移动手车。

当断路器处于分位状态时，才可将手车拉出至柜体外部，否则，断路器是不可以操作的。

测量线路馈线电压的电压变送器装置安装在柜体的固定部分，便于手车抽出时能继续保持测量。

2) 母线室

母线室位于柜体后部，包含与手车上部动触头相接触的静触头和母排，如图5-25所示。

母线室与断路器室之间用绝缘隔板隔开,为了方便维护人员进入母线室维护,绝缘隔板都配有手柄。

测量线路馈线电压的电压变送器装置安装在柜体的固定部分,便于在手车抽出时能继续保持测量。

3) 低压室

低压室的控制设备通过一个单独的隔离门安装在柜体上部的低压室内;测量电路后面的绝缘板保护操作人员避免接触到线路电压;主回路电压是通过电压变换器与二次回路隔离;低压室通过钢板与断路器室隔开;就地控制装置安装在低压室门板上。直流柜低压室示意图如图 5-26 所示。

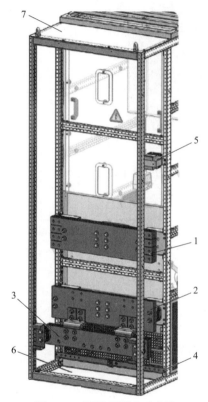

图 5-25　直流柜母线室示意图

1-主母排;2-进出母排;3-电缆连接排;4-接地排;5-电压变送器;6-电缆下进口;7-电缆上进口

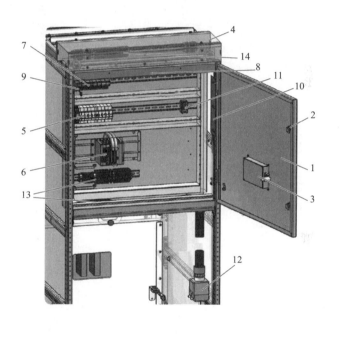

图 5-26　直流柜低压室示意图

1-低压室门;2-门锁;3-显示单元;4-低压二次电缆通道;5-微断开关;6-保护(和/或控制)继电器(即 SEPCOS-NG);7-辅助继电器;8-照明灯;9-照明控制微动开关;10-加热器;11-加热控制器;12-HSCB 低压电缆;13-端子(内部接线);14-端子(外部接线)

5.4.3　直流断路器

直流断路器结构如图 5-27 所示。

1) 直流断路器的特点

城市轨道交通用直流断路器主要有 UR 和 HPB 系列,设计简洁、紧凑,反应速度快,灭弧时间短,有很强的抗冲击和抗震能力,绝缘裕度大,具有高可靠性和较长使用寿命。直流断路器除了上述特点外,由于灭弧困难,一般还内置有线路故障探测功能,在合闸前可以通过测试回路绝缘电阻,如果回路绝缘良好则进行合闸;否则,中止合闸。测试一般是通过合闸前在线路上预加一定的电压测量绝缘电阻来进行。

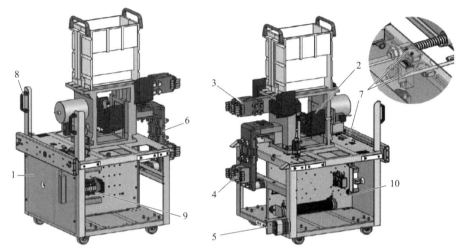

图 5-27 直流断路器示意图

1-断路器手车;2-直流断路器;3-上触头;4-下触头;5-电压参考触头;6-分流器;7-监测手车位置的微动开关;8-手车手柄;9-直流断路器控制继电器和测量放大器;10-线路测试装置

2) 直流断路器结构

图 5-28 为 UR36/40 断路器的结构示意图。UR36/40 断路器采用电磁吹弧、电动操作、直流瞬时脱扣、间接快速多扣(选装)和空气自然冷却技术。

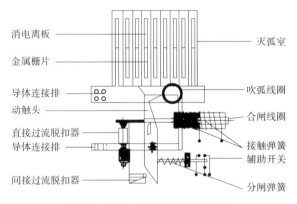

图 5-28 UR36/40 直流断路器结构图

3) 直流断路器的分断过程

当断路器收到跳闸信号后脱扣线圈得电,断路器分闸弹簧带动动触头分闸拉弧,主回路磁场将动、静触头间产生的电弧吹入灭弧室。灭弧室采用冷阴极设计,由许多互相绝缘的灭弧板(金属栅片)组成。一点电弧进入灭弧室,就被切割为许多串联的短弧,因为每段短弧间的电压降约为 40V,所以,总的电弧压降便大大增加,从而使电弧迅速熄灭。电弧燃烧的气体从灭弧栅上部散出并与顶端的绝缘板处冷却去游离。整个分闸过程中的过电压由金属栅片的数量来加以控制,一般不超过额定电压的2倍。

鉴于直流断路器的灭弧比较困难,当直流断路器分段后需要合闸或自动重合闸,必须先进行线路测试,即通过断路器内置的测试装置测量待送电回路的绝缘性能,测试合格则允许合闸操作,测试不合格,闭锁断路器合闸回路。

直流断路器电弧难以熄灭,相对于普通断路器直流断路器,采取了哪些措施?

5.4.4 直流开关柜的运行和巡视检查

这里描述的直流开关柜是指牵引供电系统中的进线柜、馈线柜、负极柜和钢轨电位限制装置。

在直流牵引供电系统中,为了减少杂散电流对金属管线的腐蚀,进线柜、馈线柜、负极柜、整流器柜采用绝缘安装,其外壳不是单独直接接地,而是通过电缆集中后与接地母排接连接实现单点接地。

1)运行和操作要求

为了运行安全,开关柜的不同元件之间设联锁。对主回路来说,必须遵守下列规定:

(1)断路器小车可按一般正常人的正常操作力操动。在工作位置时,辅助回路若未接通,断路器不能合闸。

(2)只有断路器处于分闸位置时,隔离插头才能打开或闭合,断路器小车才能拉出或推入。断路器在运行、试验位置时才能分合闸;断路器处于合闸位置时,不能将断路器小车从其所在的运行、试验位抽出。

(3)当断路器小车在运行位置时,控制电缆插头不能拔出;当控制电缆插头在断开位置时,断路器小车不能推到运行位置;在控制电缆插头未拔出前,断路器小车不能从开关柜内抽出。

(4)绝缘活门用以防止误操作,隔离主回路带电部分,保证检修人员工作安全。

(5)负极柜中手动隔离开关与对应的直流进线柜中的断路器和交流中压断路器之间实行联锁,只有当对应直流进线柜中的断路器和交流中压断路器同时处于分闸位置时,负极柜手动隔离开关才能操作;只有当负极柜手动隔离开关处于合闸位置时,直流进线断路器才能合闸。

(6)只有当主回路隔室的元件不带电的情况下,断路器小车室的门和后背板才允许开启,门背板可使用挂锁锁定。

(7)直流进线断路器与对应的交流中压断路器之间设有联动功能。

2)直流开关柜操作要求

(1)直流断路器小车的三个位置"运行位""试验位""拉出位",每次操作均需在明确的位置。拉出或推入须平稳无冲击。

(2)当需拉出断路器小车时,须先逆时针转动连锁杆45°,然后进行拉出操作至"试验位",再拉出约10cm后解开小车上的控制线,最后拉出至所需的位置。

(3)需推入断路器小车时,须先重新逆时针转动连锁杆45°,方能推入小车,重新接上控制线,听到"喀"声后,推入小车使开关处于工作状态。当推入时感觉有异常大的阻力,此时,不可盲目大力推,须查明原因,以免撞坏测试触头孔座和绝缘挡板等部件。

(4)操作负极刀闸时,须使用绝缘操作杆。

(5)断路器于合闸运行时,禁止碰连锁杆,以免跳闸。在紧急情况下,机械连锁杆可作为紧急脱扣用。

3)巡视和检查项目

(1)柜体完好,无严重锈蚀,门锁好,周围无异物,柜内无异响和异味。

(2)表计指示正常。确认指针式仪表状态正常,指针式仪表指针无弯曲、卡滞,数字式仪表显示无黑屏、花屏等现象;确认电压数值在1200~1800V之间;查看各指示灯、转换开关是否正常,指示元件是否有损坏;"就地/远方"转换开关处于远方位置,自投自复开关处于投入位置,断路器位置与指示灯状态一致,指示灯无损坏。

(3)检查各测控、保护装置。解锁柜面上液晶显示器,查看日期时间、电流、电压及相应的事故报警记录;查看开关柜上逻辑保护单元工作指示状态,是否处于正常状态,是否有故障。

(4)二次端子连接紧固,整齐。

(5)负极柜内电缆接头紧固,刀闸接触良好,分合完全到位;分合闸指示正确。

直流开关柜的运行维护实训

一、实训目的

掌握城市轨道交通直流开关柜日常运行维护方法。

二、实训组织及要求

(1)指导教师人数:1人。

(2)学员分组:2人一组。

(3)纪律要求:

①要在规定的时间内完成;

②按规定带齐安全用品,遵守安全规程;

③设备维护符合技术要求;

④设备不得有损伤,人员不得有碰伤;

⑤采用正确的操作方法,无违章现象。

三、实训场地

城市轨道交通变电所实训室。

四、实训设备及工具

(1)直流馈线柜或直流进线柜、负极柜。

(2)绝缘电阻表、万用表、白布、紧固工具套装。

五、实训内容及操作

1. 前期工作

(1) 穿戴安全防护用品。

(2) 停运前设备状态检查。

(3) 按规定办理工作票,做好"停电、验电、挂接地封线、警示牌等"技术措施。

2. 直流断路器手车摇出(步骤如图5-29所示)

(1) 在摇出断路器手车前,依据操作规程分闸断路器。

(2) 按下并保持红色手动分闸按钮(1a),将手柄插入操作孔(1b)。

(3) 顺时针旋转手柄(2)直到停止(无强加压力)。

(4) 通过控制窗(3)检查手车的正确位置(试验位)。

(5) 从操作孔(8)中拿走手柄。

(6) 此时手车位于试验位置并且柜门能打开。

(7) 打开门锁开门。

(8) 拔下断路器航空插头。

(9) 通过两边的解锁位(6)打开闭锁机构。

(10) 将手车拉出柜外部。

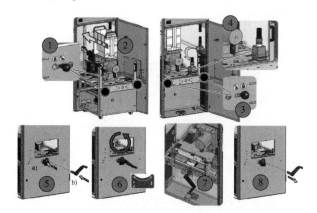

图5-29　断路器手车摇出示意图

3. 直流断路器柜检查工作

(1) 检查清扫柜内外设备,清洁绝缘件,检查电气连接部分及设备。

(2) 检查基础、支架、接地装置等。

(3) 检查断路器、主回路、灭弧罩、接触器、熔断器、航空插头等状态完好。

(4) 检查保护显示单元、放大器等电子设备。

(5) 检查主回路动触头、静触头、各极板、底板及限弧板等。

(6) 检查操作机构,检查动静防护挡板。

(7) 测量合闸线圈电阻、一次绝缘阻值。

4. 直流断路器手车摇进(步骤如图5-29所示)

(1) 检查所有的电源回路是关断的。

(2)检查断路器,准备正确地操作。
(3)检查联锁机构(1)在解锁位置。
(4)推动手车进入柜体直至停止位置(2)。
(5)通过两边的闭锁位(3)锁定闭锁机构。
(6)插上断路器航空插头(4)。
(7)关闭并锁上断路器柜门。
(8)按住并保持红色手动分闸按钮(5a),将手柄插入操作孔(5b)。
(9)逆时针旋转手柄直到停止(无强加压力)。
(10)通过控制窗(7)检查手车的正确位置(工作位)。
(11)从操作孔中(8)拿走手柄。
(12)此时手车位于工作位置且柜门不能打开,可以准备合闸。

5. 负极柜检查工作
(1)检查清理柜顶、柜面、柜内各部分。
(2)检查柜内母排、绝缘子和电缆出线。
(3)检查二次元器件状况。
(4)检查PLC、加热器。
(5)检查清扫主回路触头。
(6)检查调整操作机构。
(7)检查本柜与后台监控情况。
(8)测试负极对地、框架泄漏保护。
(9)测试框架对地绝缘。

6. 工作结束与送电
(1)拆除安全措施。
(2)送电恢复(模拟)。

六、考核办法
(1)以小组为单位,指导教师按评分表评分。
(2)评分法:按单项记分、扣分。
(3)每组操作时间10min。在规定的时间内完成,不加分、也不扣分;每超时1min,从总分中扣5分,超时5min停止作业。

七、分析与体会
(1)直流开关柜的日常维护过程中有哪些注意事项?
(2)如果是直流进线柜停电维护,倒闸过程是怎么样的?

复习思考题

1. 简述牵引降压混合变电所的功能及其主要电气设备。
2. 城市轨道交通牵引降压混合变电所有哪些设置方式?

3. 试画出城市轨道交通牵引降压混合变电所的典型主接线示意图。
4. 试结合中压网络和牵引降压混合变电所的主接线图,说明其工作原理。
5. 牵引降压混合变电所中整流机组的巡视检查主要有哪些内容?
6. 直流开关柜有哪些类型,其主要结构是什么样的?
7. 直流断路器手车如何进行投入退出操作?

单元 6 接触网

问题导入

如果把牵引变电所比作城市轨道交通牵引供电系统的心脏,牵引接触网则是牵引供电系统的血脉。和电力系统的输电线一样,接触网本质上也是一种输电线路,它通过其接触线将电能输送给城市轨道交通电动车组。因为电动车组是一类特殊的电能用户,所以接触网又有着远比电力线复杂的结构和更高的技术要求。接触网质量的优劣,将直接影响行车安全和运输经济效益,做好接触网的维修是确保接触网质量的重要手段。那么城市轨道交通接触网有着哪些区别于电力线的特点?它有哪些类型?典型接触网的结构是怎样的?本单元将回答这些问题。

学习要点

1. 接触网的作用、特点及类型;
2. 架空柔性接触网的组成及各组成部分的作用、类型和结构;
3. 架空刚性接触网的组成及各组成部分的作用、类型和结构;
4. 第三轨的结构组成及技术、应用特点。

技能目标

1. 能区分各种类型的接触网,懂得其特点;
2. 能对架空柔性接触网的各组成部分进行维护;
3. 能对架空刚性接触网的各组成部分进行维护;
4. 能对第三轨各组成部分进行检查。

素质目标

1. 具有良好的团队协作、人际交往和协商沟通的能力;
2. 具有良好的心理素质以及克服困难的能力;
3. 具有良好的职业道德和规范、安全与质量控制等职业素养;
4. 具有良好的接触网工程伦理和环保意识。

建议学时

16 学时

单元6 接触网

6.1 接触网概述

6.1.1 接触网的作用及特点

接触网是电力牵引系统的重要组成部分，架设在轨道的上方（或边上），是一种特殊的输电线路，电客车通过受电弓（或集电靴）从接触网中得到电能。所以，接触网受流质量的好坏对列车运行起着重要的作用。

接触网具有如下特点。

(1) 没有备用。

牵引负荷是重要的一级负荷，向牵引变电所供电的电源线均设置两个回路，牵引变电所内主变压器及其他重要设备也在设计中考虑了备用措施，一旦主电源、主要设备发生故障时，备用电源、备用设备可及时（自动）投入运行，以保证对接触网的不间断供电。接触网由于与电动车组在空间上的关系，和轨道一样无法采取备用措施。所以，一旦接触网发生故障，整个供电区间即全部停电，在其间运行的电动车组失去电能供应，列车停运。

(2) 经常处于动态运行中。

与一般的电力线路只在两点间固定传输电能的作用不同，在接触网下沿线有许多电动车组高速运动取流。电动车组受电弓（或集电靴）以一定的压力和速度与接触网接触摩擦运行，通过接触网的电流很大。运行中不可避免地会产生受电弓离线而引起电弧，再加上在露天区段还要承受风、雾、雨、雪及大气污染的作用，使接触网昼夜不停地处在振动、摩擦、电弧、污染、伸缩的动态运行状态之中。这些因素对接触网各种线索、零件都产生恶劣影响，使其发生故障的可能性较一般电力线路的概率要大得多。

(3) 结构复杂，技术要求高。

接触网的运行环境和运行特点决定了接触网的结构较一般电力线路有很大的不同。为了保证电动车组安全、可靠、质量良好地从接触网取流，接触网的结构比较复杂，技术要求也较高，如对接触网导线的高度、张力值、定位器的坡度、接触网的弹性、均匀度等都有定量的要求。

6.1.2 对接触网的基本要求

接触网的工作状态主要是指接触线和电动车组受电弓（或集电靴）滑板的接触和导电情况。从电路要求上，为保证良好的导电状况，滑板与接触线的接触应保持一定的接触压力，在电动车组静止时，接触压力可以保持不变；当电动车组运行时，滑板跟着运动，与接触网形成滑动摩擦接触，这时如能继续保持一定的接触压力，不间断地向电动车组供电，接触网才处于良好的工作状态。

实际上，上述要求是不容易做到的。由于电动车组的振动和接触线高度变化等因素，往往造成滑板和接触线间的压力变化很大，有时甚至产生脱离现象，致使滑板和接触线之间的脱离处发生电弧。如果接触线本身不平直而出现小弯或是悬挂零件不符合要求超出接触面时，滑板滑到此处将发生严重碰撞或电弧，这是很不利的，这种情况称为接触线有硬点。因为碰撞和电弧会造成接触网和受电弓的机械损伤和烧伤，严重者将造成断线事故，而且取流不良对电动车组上的电机和电器产生不利的影响,所以应该尽量避免。因此,为了尽量保证对电动车组良好的供电,对接触网有一些基本的要求。

(1)接触网悬挂应弹性均匀、高度一致,在高速行车和恶劣的气象条件下,能保证正常取流。当接触线本身不平直或者在接触线的某一位置存在着较大的集中负载,接触线将出现硬点,影响接触网受流质量。而当接触线距离轨面的高度不一致时,将会产生离线、起弧等不正常情况。

(2)接触网结构及零部件应力求简单、轻巧、可靠,做到标准化且能互换,以保证在施工和运营检修方面具有充分的可靠性和灵活性,缩短施工及运行维护时间。

(3)接触网的寿命应尽量长,具有足够的耐磨性和抗腐蚀能力。

(4)接触网的建设应注意节约有色金属及其他贵重材料,以降低成本。

(5)接触网对地绝缘好,安全可靠。

6.1.3 接触网的分类

接触网在广义上分为架空式接触网和接触轨两大类型,架空式接触网按结构又分为柔性接触网和刚性接触网。

架空式接触网用于城市地面或地下、铁路干线、工矿的电力牵引线路,接触轨式接触网一般仅用于净空受限的地下电力牵引,在我国城市轨道交通系统中,架空式和接触轨式的接触网均有采用。

架空式接触网的悬挂类型大致分为两种:柔性架空接触网和刚性架空接触网。其中,柔性架空接触网又分为简单悬挂和链形悬挂。不同类型的接触线粗细、条数、张力都是不一样的。架空线的悬挂方式,要根据架线区的列车速度、电流容量等输送条件以及架设环境进行综合勘察来决定要采取什么方式。

接触轨式接触网是沿轨道线路敷设的附加接触轨,从电动客车转向架伸出的集电靴通过与第三轨滑动接触而取得电能。接触轨可以有三种方式,即上接触式、下接触式和侧接触式。

一般,牵引网电压等级较高时,为了安全和保证一定的绝缘距离,宜采用架空式接触网。在净空受限的线路和电压等级较低时多采用接触轨式接触网,北京地铁、武汉地铁、无锡地铁等采用的是接触轨式接触网,其他多数地铁如上海、广州、南京、深圳、杭州等均采用了架空式接触网。

想一想

接触网和电力传输线有哪些区别?对接触网有怎样的特殊要求?接触网有哪些类型?

6.2 柔性架空接触网

6.2.1 柔性接触网的基本组成

柔性接触网主要由支柱与基础、支持装置、定位装置、接触悬挂等几部分组成,如图6-1所示。

单元6 接触网

图6-1 柔性接触网

(1) 接触悬挂。

接触悬挂包括接触线、承力索、吊弦等,其作用是直接供给电动车辆电流,使其正常运行,其中与电动车辆受电弓直接接触的导线称为接触线。接触悬挂根据构成方式不同,主要有链形悬挂(图6-2)和简单悬挂(图6-3)。

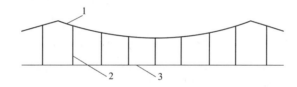

图6-2 链形悬挂示意图
1-承力索;2-吊弦;3-接触线

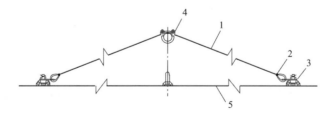

图6-3 简单悬挂示意图
1-弹性吊索;2-压接管;3-线夹;4-弹性吊索压板;5-接触线

(2) 支持装置。

支持装置(图6-4)用以支持接触悬挂并将其负荷传给支柱或其他建筑物。支持装置包括平腕臂、斜腕臂、腕臂绝缘子等。腕臂通过旋转底座固定在支柱上,对地有绝缘并起传递负荷的作用。

(3) 定位装置。

定位装置(图6-5)包括定位管、定位器和定位线夹。定位装置固定接触线的平面位置,保证接触线与受电弓的相对位置在受电弓滑板运行轨迹范围内,并将接触线水平负荷传给支持装置。

（4）支柱与基础。

如图 6-6 所示，支柱是接触网中最基本、应用最广泛的支撑设备，承受接触悬挂、支持装置、定位装置的负荷，并将接触悬挂固定在规定的高度。基础是保持受力支柱稳固的基石，应有足够的深度和长宽尺寸。

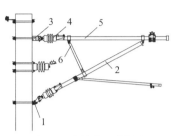
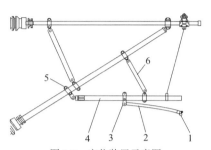

图 6-4　支持装置示意图
1-腕臂下底座；2-斜腕臂；3-腕臂上底座；
4-腕臂绝缘子；5-平腕臂；6-腕臂支撑

图 6-5　定位装置示意图
1-定位线夹；2-定位器；3、5-定位环；4-定位管；
6-定位管支撑

图 6-6　支柱与基础示意图

6.2.2　支柱与基础

接触网支柱是接触网结构中应用最广泛的支撑设备，将接触悬挂支持在线路上方，承担接触悬挂与支持装置的负荷。

接触网支柱按照材质主要分为预应力钢筋混凝土支柱和钢柱两大类。

钢筋混凝土支柱从外观形态上可分为矩形横腹杆式和等径圆柱两种。与钢柱相比，混凝土支柱使用的金属材料少、成本低、使用寿命长、使用中无须进行维修；缺点是比较笨重，经不起碰撞，损坏后不易更换。在城市轨道交通中混凝土支柱较少见，一般用在市域线路中。

城市轨道交通中大量使用的是钢支柱，根据结构形式主要有格构式、钢管柱和 H 型钢柱等几种。使用量最大的是钢管柱，又分为等径钢管柱和锥形钢管柱，具有外形美观、截面尺寸小、制造简单、机械化程度高、质量容易控制等特点。

钢柱立在钢筋混凝土预制的基础上，接触网支柱基础应承受住作用在支柱支撑结构上的静态或动态荷载，将来自支撑结构的负荷安全传送至大地，并且不产生影响支撑结构功能的位移和下沉。

接触网支柱基础可以分为侧面受力基础和重力基础两种类型,较常见的是侧面受力基础,可以做成圆形或矩形,经预制和吊装形成。基础中预置地脚螺栓,支柱底设凸缘盘,实现钢柱与基础的连接,然后再用混凝土封住连接部分(称为基础帽),如图6-7和图6-8所示。

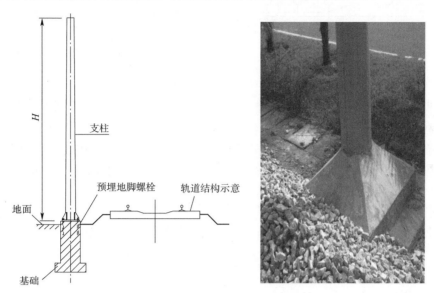

图6-7 锥形钢管柱在地面安装示意图

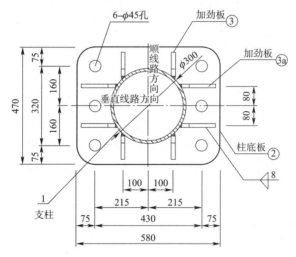

图6-8 锥形钢管柱底平面图(尺寸单位:mm)

下锚柱需要架设拉线以增加抗倾覆能力,就需要下锚基础。对于地面线路和车辆段线路,下锚形式采用拉线基础;对于高架线路,下锚形式采用在桥梁侧面或中部预留下锚基础。

支柱按其在接触网中的作用可分为中间支柱、转换支柱、中心支柱、锚柱、定位支柱、道岔支柱、软横跨支柱、硬横跨支柱、隔离开关支柱等,如图6-9所示。

(1)中间支柱。

中间支柱在区间和站场广泛使用,布置在两相邻锚段关节之间,通过腕臂等支持结构承受一支接触悬挂的支柱,它承受一支接触悬挂的重力及风作用于悬挂上的水平分力。中间支柱所承受的力矩较小,是最常见的支柱类型。

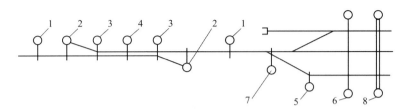

图 6-9 不同作用支柱安设位置示意图
1-中间支柱;2-锚柱;3-转换支柱;4-中心支柱;5-定位支柱;6-软横跨支柱;7-道岔支柱;8-硬横跨支柱

(2)锚柱。

锚柱位于锚段的终端,供接触悬挂等下锚用的支柱称为锚柱。在接触网锚段关节处或其他接触网下锚的地方需设锚柱,锚柱承受两个方向的负荷,在垂直线路方向起中间支柱的作用;在顺线路方向,承受接触悬挂下锚的全部拉力。

(3)转换支柱。

转换支柱位于锚段关节处的两根锚柱之间,它同时支持两支接触悬挂,其中一支为工作支,另一支为下锚支,受电弓在两转换柱间进行两个锚段线索的转换。它要承受接触悬挂下锚支和工作支线索的重力和水平力。

(4)中心支柱。

在四跨锚段关节处,位于两根转换柱中间,通过腕臂等支持结构承受两支工作支接触悬挂的支柱称为中心柱。它同时承受两组工作支接触悬挂的重力和水平力,两工作支接触线在此柱定位点处呈水平状态。

(5)道岔支柱和定位支柱。

道岔支柱位于道岔处,通过腕臂等支持结构支撑组成线岔的两支接触悬挂,并确保这两支接触悬挂满足线岔处接触线定位要求。

在水平方向对接触悬挂起定位作用而不承受其重量(该重量由距定位支柱较近的其他支柱等承担)的支柱称为定位支柱。当接触线由于某些原因对受电弓中心偏移过大时,为确保受电弓正常接触取流,可专门设立定位支柱,一般多设于站场道岔后曲线处。如果受力较小,可采用中间支柱。

(6)软横跨支柱和硬横跨支柱。

软横跨支柱和硬横跨支柱一般用于跨越多股道的站场上,由于受力较大,多选用容量较大的支柱。

(7)隔离开关支柱。

隔离开关一般装设在腕臂柱顶端或软横跨支柱上,如果专设支柱用于安装上网隔离开关等设备,这样的支柱称为隔离开关支柱。

6.2.3 支持装置

1)支持装置的结构

支持装置是接触网中支持接触悬挂,并将其机械负荷传给支柱固定的部分。支持装置包括斜腕臂、平腕臂(或水平拉杆、悬式绝缘子串)、腕臂绝缘子及接触悬挂的悬吊零件。

接触网支持装置俗称腕臂,是接触网的核心组成部分,用以支持接触悬挂,并将其负荷传给支柱或其他建筑物,根据接触网所在区间、站场和大型建筑物腕臂的形式有所不同。中间柱腕臂装配图(正定位)如图6-10所示(零配件名称见表6-1)。

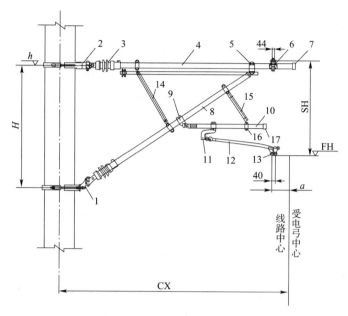

图6-10 中间柱腕臂(正定位)装配图(尺寸单位:mm)

中间柱腕臂装配材料表　　　　　　　　　　　表6-1

序号	标准代号	名称	材料	单位	数量
1	—	腕臂下底座	Q235A	套	1
2	—	腕臂上底座	Q235A	套	1
3	JA	棒式绝缘子	瓷	套	2
4	CJL61(P)-98	平腕臂	20号	件	1
5	JL14(60)-96	60型套管双耳	Q235A	件	1
6	TB/T2075.1E	承力索底座	Q235A	件	1
7	JL07(NT2)-99	管帽	10号	件	1
8	CJL61(P)-98	斜腕臂	2号	套	2
9	JL12(60)-92	60型定位环	Q235A	套	1
10	CJL62(48)-98	48型定位管	20号	套	1
11	DTL0167	长定位双环	Q235A	套	1
12	DTL0162	ZL1型定位器	20号	套	1
13	JL9901-01	定位线夹	CuNi2Si	套	1
14	JL375-02	760型定位管支撑	Q235A	套	1
15	JL375-02	400型定位管支撑	Q235A	套	1
16	JL35(Z48)-06	Z48型支撑管卡子	Q235A	件	1
17	JL07-89	48型管帽	10号	套	1

2)腕臂装配

(1)腕臂装配的形式。

腕臂装配有多种形式,根据线路需要来决定腕臂采用哪种装配形式。要求腕臂既有足够的机械强度,结构尽量简单、轻巧,易于施工安装、维修更换,还要满足一定的技术要求:包括腕臂跨越线路股道的数目、接触悬挂的结构高度、接触线高度、支柱侧面限界和支柱所在位置(即支柱设在直线上还是设在曲线区段;是在曲线内侧还是在曲线外侧)等因素。腕臂跨越股道数目越多,接触悬挂结构高度越高,支柱侧面限界越大,则腕臂就应长些。在曲线上,腕臂还要根据受力状况决定应配合拉杆或压管使用。

腕臂支柱装配根据悬挂类型的不同,分为简单悬挂、半补偿链形悬挂、全补偿链形悬挂等支柱装配。根据支柱用途的不同又分为中间柱、转换柱、道岔定位柱、锚柱和中心柱的装配,以及直线与曲线支柱装配。根据装配零件材质不同可以分为钢质腕臂和铝合金腕臂。这里以中间柱为例,说明不同类型的腕臂装配形式。

在中间支柱上,只安装一个腕臂,悬吊一支接触悬挂,并把承力索和接触线定位在所要求的位置上,这种支持装置称为中间柱支持装置。中间柱支持装置是用量最大的支持结构形式。在线路的直线区段,支柱一般立于线路的同一侧,但是接触线需要按"之"字形布置,其拉出值一般在支柱点处要变换方向,所以定位为一正一反,保证定位器处于受拉状态。

城市轨道交通主要应用铝合金构成的腕臂装配形式,在部分线路或市域线路中也会采用钢腕臂。铝合金腕臂有腕臂管及腕臂连接件、承力索支撑线夹、腕臂支撑及其连接件、定位管、定位环、定位器,均采用高强度铝合金材料,防腐性能好、质量轻、强度高,外观美化,安装简便,便于施工。

(2)防松和防电化学腐蚀措施。

支持装置长期在震动环境中工作,连接零件的放松和可靠性至关重要。在腕臂装配中最常见的连接形式是螺栓连接。在采用螺栓连接时,可采用的防松手段有:采用带开口销的螺栓,即在螺栓上带孔,拧上螺母后穿入开口销,开口销两支瓣开夹角120°~130°,防止螺帽脱落;带有止动垫圈的螺栓,即在螺母下垫止动垫圈,完成紧固后,将止动垫圈的长支弯向零件本体贴紧,短肢弯折与螺栓头六方侧平面贴紧;采用背母锁紧,多见于管件和连接零件间的连接,先将背母松开到螺栓头部,杯口螺栓紧固到规定力矩,然后将背母紧固到规定力矩防止松动。在不方便使用上述方法时,比如在定位器电连接线、锚定位卡子处,可以使用螺栓锁固胶进行防松。

铝合金腕臂装配中,要注意铜铝导体材料间可能出现的电化学腐蚀,包括承力索和承力索支撑线夹、定位器电连接线处等。在承力索、承力索中心锚结绳、支撑线夹配线和承力索支撑线夹有铜铝衬垫,应用包线钳将开口夹紧,其开口朝向水平一侧,正定位时在靠近支柱侧,反定位上在远离支柱侧。衬垫应与承力索密贴。锚结绳、配线上铜铝衬垫压接后开口与承力索上的开口相对。

腕臂地面预配实训

一、实训目的

掌握简单支柱腕臂的预配。

二、实训组织及要求

(1)指导教师人数:1人。

(2)学员分组:3人一组。

(3)纪律要求:

①要在规定的时间内完成;

②按规定带齐安全用品,遵守安全规程;

③设备安装符合技术要求;

④设备不得有损伤、人员不得有碰伤;

⑤采用正确的操作方法,无违章现象。

三、实训场地

接触网演练场。

四、实训设备及工具

(1)工具材料见表6-2。

实训工具材料　　表6-2

序号	名称	规格	单位	数量
1	中间柱腕臂	正定位或反定位	套	1
2	卷尺	—	把	1
3	水平尺	600mm	把	1
4	棘轮扳手	24	把	2
5	钢丝钳	—	把	2
6	套筒	16/17/18/19/22/24/30	个	各2
7	开口扳手	16/17/18/19/22/24/30	个	各2
8	记号笔	—	根	1
9	工具箱	—	个	1

(2)安全用品:手套、安全帽、工装。

五、实训内容及操作

(1)阅读装配图纸(以图6-10为例),准备零部件、工器具。

(2)安装平腕臂绝缘子。

(3)安装斜腕臂绝缘子。

(4)将平腕臂与平腕臂绝缘子连接固定。

(5)安装平腕臂与斜腕臂相连接的套管双耳。

(6)将斜腕臂与斜腕臂绝缘子连接固定,然后与套管双耳连接。

(7)安装760型定位管支撑在平腕臂侧套管双耳。

(8)安装760型定位管支撑在斜腕臂侧套管双耳。

(9)安装760型定位管支撑。

(10) 安装双线支承线夹。

(11) 安装定位环。

(12) 安装定位管。

(13) 安装400型定位管支撑斜腕臂侧套管双耳(正定位)或安装820型定位管支撑平腕臂侧套管双耳(反定位)。

(14) 安装400型定位管支撑(正定位)或安装820型定位管支撑(反定位)。

(15) 安装400型定位管支撑定位管侧套管双耳并与定位管支撑连接(正定位)或安装820型定位管支撑定位管侧套管双耳并与定位管支撑连接(反定位)。

(16) 安装长定位环。

(17) 安装定位器。

(18) 安装管帽。

(19) 调整并紧固。

六、考核办法

(1) 以小组为单位,指导教师按评分表评分。

(2) 评分法:按单项记分、扣分。

(3) 每组操作时间10min。在规定的时间内完成,不加分、也不扣分;每超时1min,从总分中扣5分,超时3min停止作业。

七、分析与体会

(1) 腕臂装配过程中有哪些注意事项?

(2) 如何保证各部分尺寸要求?

6.2.4 定位装置

定位装置包括定位管、定位器、定位线夹及其连接零件,其作用是固定接触线的横向位置,使接触线水平定位在受电弓滑板运行轨迹范围内,保证接触线与受电弓不脱离,使受电弓磨耗均匀,同时将接触线的水平负荷传给支柱。

定位装置是支持定位结构中的主要组成部分,它是在定位点处实现接触线相对于线路中心进行横向定位的装置。也就是说,定位装置的作用就是根据技术要求,对接触线进行横向定位,保证接触线始终在受电弓滑板的工作范围内,保证良好受流;在直线区段,相对于线路中心把接触线拉成"之"字形状,在曲线区段,相对于受电弓中心行迹则拉成折线或割线,目的是使受电弓滑板磨耗均匀。同时,定位装置要承担接触线水平负载,并将其传递给腕臂。

对定位装置的技术要求是:其一,动作要灵活,在温度发生变化,接触线沿顺线路发生移动时,定位装置应能以固定点为圆心,灵活地随接触线沿线路方向相应移动;其二,质量应尽量轻,在受电弓通过定位点时,在受电弓抬升力作用下,应上下动作自如,并且有一定的抬升量,不产生明显硬点,其静态弹性和跨距中部应尽量一致;其三,具有一定的风稳定性,在受风时,保证定位状态的稳定性。

1) 定位装置结构

定位装置是由定位管、定位器、定位线夹及连接零件组成的。如图6-11所示,其中点划线框中的就是定位装置,虚线部分是前面学习的支持装置。

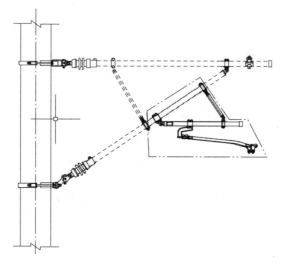

图 6-11　定位装置示意图

(1)定位器。

定位器是定位装置中关键的部件,其作用是通过定位线夹把接触线按设计标准拉出值的要求固定在一定位置,保证接触线工作面平行于轨面,并承受接触线的水平力。

从材质上分,定位器分为铝质定位器(用 L 表示)和钢质定位器(用 G 表示),城市轨道交通常用热浸镀锌钢质定位器,其主要构成部分由无缝钢管组成,和两端的定位销钉套筒、定位钩间涂抹环氧树脂后压接。

定位器从形状上可分为普通定位器、特型定位器、软定位器等几种常用的定位器,根据定位需要普通定位器尾部的定位钩有垂直和水平两种。图 6-12 所示为普通定位器,图 6-13 所示为软定位器,图 6-14 所示为特型定位器。

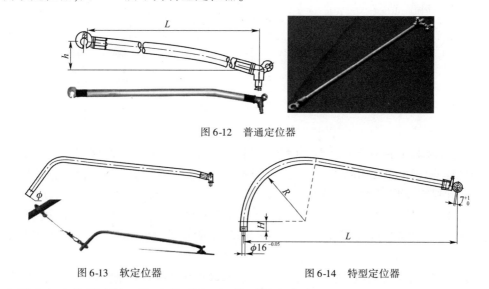

图 6-12　普通定位器

图 6-13　软定位器　　　　图 6-14　特型定位器

为了避免定位器碰撞运行中的受电弓,特别是在曲线区段,由于电动车辆车身随线路的外轨超高而向内轨侧倾斜,列车的受电弓也呈倾斜状。为了防止定位器碰撞受电弓,要求定位器安装后应有一定的倾斜度(或称定位坡度),即定位器根部在安装后要适当抬高一些,其倾斜度要求在1∶5~1∶10之间。

定位器在平均温度时,应该垂直于线路中心线,温度变化时,沿接触线纵向偏移在极限温度下,不得超过定位器管长的1/3。

(2)定位管。

定位管也分普通钢质定位管和铝合金材质定位管两种,结构如图6-15所示。

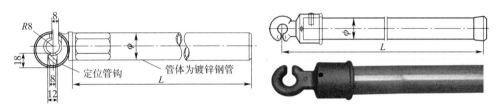

图6-15 定位管(尺寸单位:mm)

城市轨道交通中普通定位管多数为镀锌钢管加工制成,尾部焊有定位钩,以便通过定位环连接在腕臂上使用。定位管安装后应呈水平状态,为保持其水平和稳定性,需要安装定位管支撑。

城市轨道交通柔性接触网在正定位时也常常省去定位器,将定位线夹通过支持器固定在定位管上,此时定位管不再保持水平状态。

(3)定位线夹。

定位线夹如图6-16所示,由两片铜合金夹板和连接螺栓、止动垫圈等组成。

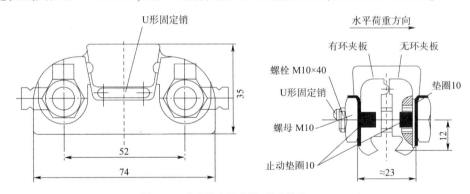

图6-16 定位线夹示意图(尺寸单位:mm)

其中有环夹板上带有环孔,通过定位器的固定销穿入和定位器连接起来。在受电弓滑板条与定位线夹之间的夹角必须小于20°,以避免受电弓滑板与线夹螺栓头相接触。承力索、接触线间横向电流沿腕臂流入接触线的最后一个连接零件就是定位线夹,所以,定位线夹安装前,需用钢刷对线夹表面、接触线上的夹持部分进行清除灰尘及氧化物处理,涂电力复合脂。还要注意定位线夹的受力方向,定位线夹主要承受接触线水平力,其主要荷重应该由有环夹板承担,不能装反。

当接触悬挂采用双接触线结构时,需要选用双线定位线夹或者定位双环,如图6-17所示。

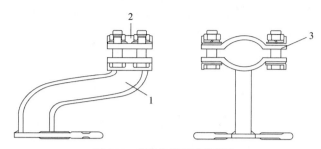

图 6-17　长定位器双环示意图

1-长定位双环本体；2-定位环抱箍；3-螺栓、螺母、止动垫圈(平垫圈)及弹垫圈

2）定位方式

根据支柱所在位置不同及受力情况，定位装置采用不同形式，一般有正定位、简单定位、反定位、软定位、双定位及特型定位方式等形式。

(1) 正定位。

在直线区段或曲线半径较大的区段采用这种定位方式，结构如图6-18所示。正定位将接触线拉往支柱侧，其拉出值记为正值。

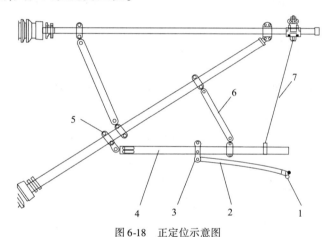

图 6-18　正定位示意图

1-定位线夹；2-定位器；3、5-定位环；4-定位管；6-定位管支撑；7-定位管吊线

(2) 简单定位。

在城市轨道交通接触网中，正定位时也常采用定位线夹通过支持器安装在定位管上的形式，也就是省去了专门的定位器，这种方式称为简单定位，结构如图6-19所示。

(3) 反定位。

反定位一般用于曲线内侧支柱或直线区段之字值方向与支柱位置相反的地方，其拉出值记为负值。结构如图6-20所示。

这种方式，定位器附挂在较长的定位管上，定位管受压力较大，为保证其稳定性，一般用定位管支撑或斜拉线将定位管另一端固定在平腕臂上。为了保证定位器与定位管之间保持有一定的距离，定位器通过长支持器与定位管连接。

(4) 软定位。

软定位是将定位器通过软态钢丝做成的定位拉线(现场称为软尾巴)固定在绝缘腕臂上

的定位环里,定位拉线一端在定位器侧,另一端在腕臂或吊柱上,结构如图 6-21 所示。

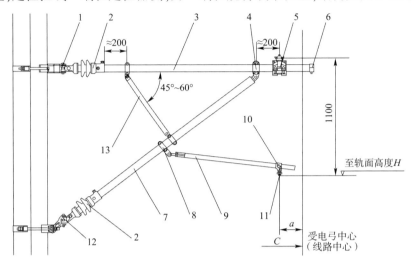

图 6-19 简单定位示意图(尺寸单位:mm)

1-腕臂上底座;2-腕臂绝缘子;3-平腕臂;4-套管双耳;5-承力索座;6-管帽;7-斜腕臂;8-定位环;9-定位管;10-支持器;11-定位线夹;12-腕臂下底座;13-腕臂支撑

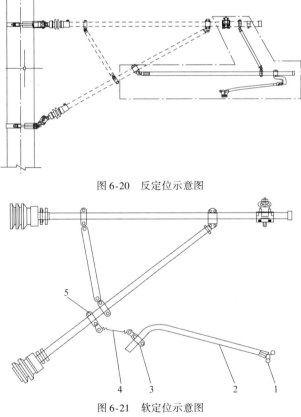

图 6-20 反定位示意图

图 6-21 软定位示意图

1-定位线夹;2-定位器;3、5-定位环;4-定位拉线

软定位在定位器受到较大水平拉力时使用,因而它用于曲线半径较小的区段。为避免在某些特殊情况下拉力过小,经过计算,在曲线力抵消反方向的风力之后,拉力需保持在 0.2kN 以上方能使用这种方式。

在曲线半径小的区段,接触线总是拉往外轨侧,根据接触网支柱处在曲线内侧还是曲线外侧,软定位方式也有类似正定位和反定位布置,如图 6-22 所示。

图 6-22　曲线处的软定位

3) 拉出值的确定

接触线直接与受电弓接触且发生摩擦,为了保证受电弓和接触线可靠接触、不脱线和保证受电弓磨耗均匀,要求接触线在线路上按技术要求固定位置,即在定位点处保证接触线与受电弓滑板中心有一定偏移量,称为拉出值,一般用符号"a"表示。

接触线拉出值可以使在运行中的受电弓滑板工作面与接触线摩擦均匀(否则会使滑板工作面某些部分磨出沟槽,降低受电弓使用寿命),保证接触线与受电弓接触,不发生脱弓,避免因脱弓造成的弓网事故。

(1) 拉出值的大小。

接触线的拉出值的大小由电动车辆由电弓最大允许工作范围、线路情况、行车速度等因素决定。在直线区段,线路中心线与受电弓中心线重合,接触线沿线路中心线上空呈"之"字形对称布置,即所谓直线区段,接触线拉出值也称"之"字值的原因,其标准值为 ±200 ~ 250mm。其中的正负表示定位点处接触线的位置。当定位点位于线路中心线和支柱之间时,记为正,否则记为负。拉出值选用可参考表 6-3,拉出值的允许误差范围一般为 ±30mm。

城轨柔性接触网拉出值选用参考表　　表 6-3

曲线半径 R(m)	直线	≥1500	<1500
拉出值 a(mm)	±200	150	250

城市轨道交通接触网一般采用单承力索 + 双接触线或双承力索 + 双接触线(即单承双导与双承双导),此时测量拉出值(之字值)需要注意,以拉出值方向外侧的接触线为基准,如图 6-23 所示。双接触线如果命名为接触线 1 和接触线 2,从图中可以看到定位点拉出值时而为接触线 1 的拉出值,时而为接触线 2 的拉出值。

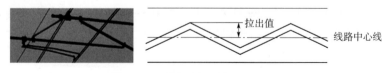

图 6-23　双接触线拉出值测量示意图

(2) 曲线拉出值检调。

曲线区段电动车辆车身因离心力将向曲线内侧倾斜,需要将曲线外侧轨道抬高,称为外轨超高。外轨超高值 h 可按下式计算:

$$h = \frac{7.6 V_{\max}^2}{R} \tag{6-1}$$

式中：h——外轨超高值(mm)；

R——线路曲线半径(m)；

$V_{\max}$——线路允许最大行车速度(km/h)。

由于外轨超高，受电弓也呈倾斜状，线路中心线与受电弓中心不重合，通过线路中心测量得到的"拉出值"与受电弓上的实际拉出值是有差异的。接触网维修作业中，一般无法直接测量接触线距受电弓中心线的水平距离（即 a 值），测到的是接触线距线路中心线的水平距离。在确定曲线拉出值时，要通过定位处接触线对线路中心线投影的位置（即 m 值）间接确定对受电弓中心的位置，如图6-24所示。

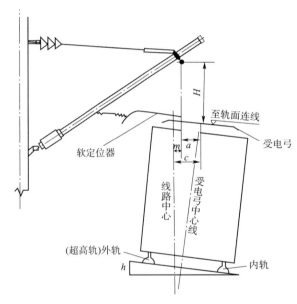

图6-24 曲线区段外轨超高对拉出值的影响

定位点处接触线距受电弓中心的水平距离（拉出值）用符号"a"表示。

定位点处接触线距线路中心的距离用符号"m"表示。

线路中心线距受电弓中心的偏斜值用符号"c"表示，三者的关系为：

$$a = m + c \tag{6-2}$$

式中的 m 值有正、负之分，当接触线定位点投影在线路中心线与外轨间时 m 值为正值，当接触线定位点投影在线路中心线与内轨间时 m 值为负值。

式中的 c 值可以根据图中的几何关系求得。

$$c = \frac{hH}{L} \tag{6-3}$$

式中：c——受电弓中心对线路中心偏移值(mm)；

h——曲线外轨超高(mm)；

H——接触线至轨面的高度(导高)(mm);
L——轨距(mm)。

曲线拉出值的检调,其主要计算就是根据现场实际情况求标准 m 值。过程为:

① 确定计算条件。

a 值为设计标准拉出值,一般可从接触网平面图或其他技术资料中查到。

h、H、L 可以通过现场实测得到。

② 计算标准 m 值($m_{标}$)。

$$m_{标} = a - c \tag{6-4}$$

③ 利用 $m_{标}$ 指导检调。

首先利用 $m_{标}$ 确定接触线的水平位置。

检调时,$m_{标}$ 和现场实际测得的 m 值($m_{实}$)相比较,$m_{标}$ 和 $m_{实}$ 误差小于 ±30mm 时可以不检调(接触线拉出值允许误差 ±30mm);误差大于 ±30mm 时应该进行检调,检调量为:

$$\Delta m = m_{标} - m_{实} \tag{6-5}$$

式中:Δm——定位点实际位置和标准位置的差值。

在拉出值检调中,将定位点向曲线外侧移动,称为拉;将定位点向曲线内侧移动,称为放。当 Δm 为正时,需要将定位点向曲外拉 $|\Delta m|$;当 Δm 为负时,需要将定位点向曲内放 $|\Delta m|$,现场简称为"正拉、负放、零不动"。在检调过程中,特别要注意的是 $m_{实}$、$m_{标}$ 的符号,当接触线定位点垂直投影在线路中心线至外轨间时 m 为正值,在线路中心线至内轨间时 m 为负值。代入式(6-5)计算时,要带符号进行运算。

如果地理环境受限或设备特殊,拉出值也可适当增大(或减小),但拉出值最大不超过受电弓滑板允许工作范围的二分之一。拉出值的选用必须保证最大风偏移时,跨距中任一点接触线产生的最大水平偏移不超过规定的受电弓允许工作范围。

6.2.5 接触悬挂

接触悬挂包括接触线、吊弦、承力索和补偿器及连接零件。接触悬挂通过支持装置架设在支柱上,其作用是将从牵引变电所获得的电能输送给电力机车。电力机车运行时,受电弓顶部的滑板紧贴接触线摩擦滑行得到电能,简称"取流"。

1)接触线

(1)接触线的结构与分类。

接触线是接触网中直接和受电弓滑板摩擦接触取流的部分,电力机车从接触线上取得电能。接触线的材质、工艺及性能对接触网起着重要作用,要求它具有较小的电阻率、较强的导电能力;要有良好的抗磨损性能,具有较长的使用寿命;要有高强度的机械性,具有较强的抗张能力。

接触线制成上部带沟槽的圆柱状,沟槽是为了便于安装固接触线的线夹,同时又不影响受电弓取流,接触线底面与受电弓接触的部分呈圆弧状。接触线的截面如图 6-25 所示,常见规格见表 6-4。

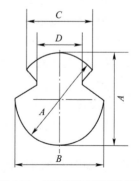

图 6-25 接触线截面形状示意图
A-截面直径;B-截面宽度;C-头部宽度;D-(沟)槽底间距

常见接触线规格 表6-4

铜及铜合金接触线规格	标称截面（mm²）	尺寸规格及允许偏差（mm）				单位质量（kg/km）
		A	B	C	D	
85	86	10.80×(1±1%)	10.76×(1±2%)	9.40×(1±2%)	7.24$^{+4\%}_{-2\%}$	769
110	111	12.34×(1±1%)	12.34×(1±2%)	9.73×(1±2%)	7.24$^{+4\%}_{-2\%}$	992
120	121	12.90×(1±1%)	12.90×(1±2%)	9.76×(1±2%)	7.24$^{+4\%}_{-2\%}$	1082
150	151	14.40×(1±1%)	14.40×(1±2%)	9.71×(1±2%)	7.24$^{+4\%}_{-2\%}$	1350

接触线按照材质主要分为铜接触线、铜合金接触线和钢铝接触线。铜接触线虽然具有导电性能和施工性能好的优点，但也存在抗拉性能、耐磨性能差和高温易软化等诸多缺点，不适合现代城市轨道交通高速度、大载流量的要求。钢铝复合接触线具有机械强度高、不容易断线、安全性较好、价格便宜、材料来源广泛等优点，但导电性能和耐腐蚀性能较差，并且刚度和截面积较大，形成的硬弯和死弯不易整直，影响受流，所以在城市轨道交通中没有应用。城市轨道交通应用广泛的是铜合金接触线。

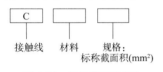

图6-26 接触线型号表示
C-接触线

接触线型号表示如图6-26所示。

材料：铜-T；铜银合金-TA；高强度铜银合金-TAH；铜锡合金-TS；铜镁合金[镁含量=0.2%]-TM；高强度铜镁合金[镁含量=0.5%]-TMH。

规格：标称截面积，单位平方毫米（mm²）。

（2）接触线的接头和磨耗。

①接触线接头。

运行中的接触线可能因为磨耗、损伤和断线而使锚段中出现接头或接头数量增加，一个锚段内的接触线接头、补强的总数应符合如下规定：锚段长度在800m及以下时，不超过3个；锚段长度超过800m时，不超过4个。接头距悬挂点应不小于2m，同一跨距内不应有2个接头。

②接触线磨耗。

接触线在运行中，受电弓和接触线的摩擦会造成接触线截面积减小，称为接触线磨耗。接触线的磨耗使接触线截面积减小，会影响到接触线的强度安全系数，铜或铜合金接触线在最大允许磨耗面积20%的情况下，其强度安全系数不应小于2.0。运营中，要求每年至少进行一次接触线磨耗测量，当接触线磨耗达到一定限度时应局部补强或更换。

接触线磨耗测量一般为一年一次，测量点通常选在定位点、电连接线、导线接头、中心锚结、电分段、锚段关节、跨距中间等处。测量磨耗要利用游标卡尺，测量磨耗后接触线的直径残存高度，如图6-27所示。根据直径残存高度可以查接触线磨耗换算表得到接触线磨耗截面积。

随着磨耗面积加大，但又未达到更换程度时，为了改善其运行条件，逐渐减少接触线的实际张力，可减少坠砣数目，使接

图6-27 接触线磨耗截面积示意图

触线内的实际张力保持约100N/mm(对铜接触线而言的数据)。

2)承力索

承力索的作用是通过吊弦将接触线悬挂起来。承力索通过钩头鞍子、承力索座或悬吊滑轮悬挂在支持装置的腕臂上,让接触线在不增加支柱的情况下增加悬挂点,使接触线在整个跨距中对轨面的高度基本保持一致,减小了接触线在跨中的弛度,改善了接触线弹性,增加了接触悬挂的质量,提高了稳定性,可满足电动车辆快速运行时取流的要求。

承力索根据材质一般可分为铜承力索、钢承力索、铝包钢承力索三类多种规格。按照设计时承力索是否通过牵引电流,可以将承力索分为载流承力索和非载流承力索。

(1)铜和铜合金承力索。

铜承力索导电性能好,可作为牵引电流的通道之一,和接触线并联供电,提高接触网的负载能力,降低压损和能耗,且抗腐蚀性能高。但铜承力索消耗铜多,造价高且机械强度低,不能承受较大的张力,温度变化时弛度变化也大。为了提高承力索的机械强度,采用新型铜镁合金承力索,铜合金承力索允许工作温度高、载流能力强,在高速、重载电气化线道上有广阔的应用前景。铜和铜合金承力索铜及其合金元素不同含量分类,各类中按截面积分又有不同规格。

(2)钢承力索。

钢承力索用镀锌钢绞线制成,强度高、耐张力大,安装弛度小且弛度变化也小,节省有色金属且造价低。但钢承力索电阻大,导电性能差,一般为非载流承力索。钢承力索不耐腐蚀,使用时还要采用防腐措施。常用规格有GJ-100、GJ-80、GJ-70等类型,其中GJ表示钢绞线,数字是绞线的截面积。GJ-100用于3T系悬挂 GJ-70用于2.5T系悬挂(接触线与承力索张力之和为3t或2.5t)。钢绞线作为承力索在城市轨道交通中较少见。

3)吊弦

吊弦是柔性接触网的重要组成部件之一,纵向承力索或横向承力索悬吊接触线、定位索或辅助承力索所用的部件,称为吊弦。接触线通过吊弦挂在承力索上,调节吊弦的长度可以保证接触悬挂的结构高度和接触线距轨面的工作高度,增加了接触线的悬挂点,提高了受电弓的取流质量。

现在最为常见的是整体吊弦,它是由整根耐腐蚀铜合金软铜绞线制成的,具有如下特点:

(1)采用整体导流式吊弦结构由于吊弦与线夹间为压接连接工艺,接续可靠,工艺简单,机械强度高,整体导流式结构避免了环节吊弦产生的磨损和电火花烧蚀等情况。

(2)耐腐蚀、寿命长,适于机械化加工制作,有利于批量生产。

(3)经过精确计算后,一次性安装不需调整,减轻了维修工作量。

整体吊弦由接触线吊弦线夹、承力索吊弦线夹、心形环、钳压管、连接线夹、吊弦线及吊弦线固定螺栓等组成,结构如图6-28所示。吊弦结构采用心形环结构,吊弦线在接触线端的连接采用钳压管压接连接。整体吊弦可以适用于70mm²、95mm²、120mm²铜及铜合金绞线承力索上

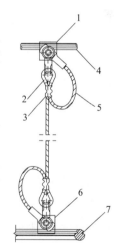

图6-28 吊弦结构示意图
1-承力索吊弦线夹;2-心形环;3-压接管;4-承力索;5-载流环;6-接触线吊弦线夹;7-接触线

悬挂截面为 85mm²、120mm²、150mm² 铜及铜合金接触线,不同截面线索吊弦的不同在于使用了对应型号的吊弦线夹。吊弦线最为常见的材质是 JTMH10 铜镁合金 49 股单丝绞线。

根据吊弦长度是否可调,整体吊弦主要有两种形式:不可调(压接式)整体吊弦、可调式整体吊弦和滑动吊弦。其区别在于承力索吊弦端一个为压接管压接,一个用吊弦线固定螺栓,如图 6-29 所示。

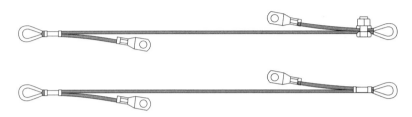

图 6-29 可调吊弦和不可调整体吊弦示意图

根据吊弦是否承载电流又可分为载流吊弦和非载流吊弦。

整体吊弦一般采用计算机预制计算结果进行工厂化预装配,编号后到现场安装,安装时要注意:按照计算表精确确定吊弦的安装位置;吊弦线夹安装应该先用刷子将安装线夹位置的承力索、接触线及线夹与承力索、接触线的接触面灰尘、氧化物等清除干净,并在安装位置涂一层电力复合脂,保证线索、线夹间电气连接良好。对于吊弦的导流环朝向,城市轨道交通接触网和铁路接触网是有差异的,城市轨道交通接触网吊弦的载流环,接触线端和承力索端均朝一个方向,一般是支柱侧。

在单承双导或双承双导的接触悬挂中,需要采用双线线夹,如图 6-30 所示,吊弦形式与单线时并无差别。

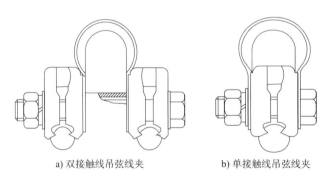

a) 双接触线吊弦线夹　　b) 单接触线吊弦线夹

图 6-30 吊弦线夹示意图

城市轨道交通接触网吊弦基本为载流整体吊弦,小修的主要内容是检查吊弦的状态有无异常及进行处理、检调吊弦受力及偏移情况、对连接螺栓进行紧固。当需要更换吊弦时,进行新吊弦的制作与更换。

6.2.6 补偿装置

柔性接触网的接触线和承力索是有一定长度的,架设延伸经过多个跨距之后必须在两个终端加以固定,称为下锚。前面学习支柱时讲过,下锚的支柱称为锚柱。如果接触线或承力索通过绝缘子直接固定在锚柱上,这种下锚方式称为硬锚。还有一种下锚方式是张力补偿下锚,是通过张力自动补偿器实现的,能够自动补偿接触线或承力索在温度变化时伸缩产生的张力变化,使接触线、承力索在温度变化时保持其张力不变。

如果只是接触线补偿、承力索不补偿,称为半补偿;接触线和承力索都进行补偿称为全补偿。城市轨道交通链形悬挂的张力补偿下锚通常采用全补偿形式。

1) 补偿装置的类型和要求

张力自动补偿器又称接触网补偿装置,它安装在锚段的两端,并且串接在接触线或承力索内,它的作用是补偿线索内的张力变化,使张力保持恒定。因为在大气温度发生变化时,接触线或承力索会发生伸长或缩短,从而使线索内张力发生变化,这时就会使接触线或承力索的弛度也发生变化,因而使受流条件恶化。为改变这种情况,一般在一个锚段两端,在接触线及承力索内串接张力自动补偿装置后,再进行下锚。

接触网补偿装置有许多种类,有滑轮式、棘轮式、鼓轮式、液压式及弹簧式等。城市轨道交通接触网中最常见的是棘轮式补偿装置。

对张力自动补偿装置的要求有两个:其一,补偿装置应灵活,在线索内的张力发生缓慢变化时,应能及时补偿,传送效率不应小于97%;其二,具有快速制动作用,一旦发生断线事故或其他异常情况,线索内的张力迅速发生变化时,补偿装置还应有一种制动功能,以防止坠砣串落地而造成事故扩大、恢复困难。

2) 棘轮补偿装置

这里主要介绍城市轨道交通中应用最广泛的棘轮补偿装置。棘轮补偿装置外形如图6-31所示,它由棘轮装置和坠砣串组成。坠砣串受到自身重力和接触线(承力索)张力的共同作用处于平衡状态,当温度升高时,线索长度增加,坠砣会随之下降;当温度下降时线索长度缩短,坠砣随之上升,从而能使线索内保持恒定的张力。

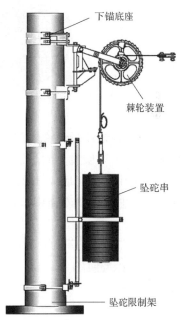

图6-31 棘轮式补偿装置整体示意图

棘轮装置的棘轮与其他工作轮共为一体,没有连接复杂的滑轮组,安装空间比铝合金滑轮补偿装置小很多,可以解决空间受限时的补偿问题。棘轮本体大轮直径为566mm,小轮直径为170mm,传动比为1:3,补偿绳为柔性不锈钢丝绳,工作荷重有30kN、36kN两种。棘轮补偿装置的主要优点是具有断线制动功能,正常工作状态下,棘齿与制动卡块之间有一定的间隙,棘轮可以自由转动;当线索断裂后,棘轮和坠砣在重力作用下下落,棘齿卡在制动卡块上坠砣下落不大于200mm,从而可以有效地缩小事故范围、防止坠砣下落侵入限界。棘轮装置具体的结构如图6-32所示。

棘轮装置具有转动灵活、传动效率高(与铝合金滑轮补偿装置相当)、防腐性能好、使用寿命

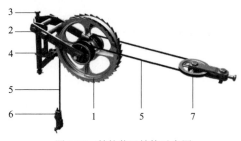

图6-32 棘轮装置结构示意图
1-棘轮本体;2-棘轮支架;3-支架轴;4-制动卡板;5-补偿绳;6-楔形线夹;7-平衡轮

长等优点,但价格较高。由于棘轮本体形状复杂、轮径大、薄壁部位多,因而制造上对设备的要求很高,同时对铸造技术水平的要求也很高。

坠砣块一般采用铸铁制成,每块质量为25kg,质量误差不大于3%,呈中间开口的圆饼状。铸铁坠砣应该进行2级热浸镀锌并涂黑色油漆作防腐措施。坠砣如图6-33所示。线索的张力是根据线索的抗拉断力除以安全系数决定的,当接触线因磨耗其截面逐渐减小时,坠砣串块数也应相应地减少,使接触线维持一定的张力防止出现断线事故。

坠砣限制架是固定在锚柱上,用于防止坠砣串转动和摆动,同时应保证坠砣串上下运动不受阻碍。坠砣限制架由托架座、固定抱箍、托架、限制导管组成,如图6-34所示。

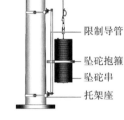

图6-33 坠砣　　　　图6-34 坠砣限制架示意图

补偿装置质量允许偏差为额定质量的±2%,坠砣串质量应包括坠砣杆、坠砣抱箍及连接的楔形线夹质量。同一锚段两坠砣串质量的相对偏差不大于1%。

在补偿装置的巡视检查中要关注其 a、b 值。a 值为坠砣向上移动至补偿装置棘轮(或定滑轮)下沿的最大活动距离,b 值为坠砣串最下面一块坠砣的底面至底面(或基础面)的距离。

接触网补偿装置检调实训

一、实训目的
掌握补偿装置检调的方法。
二、实训组织及要求
(1)指导教师人数:1人。
(2)学员分组:2人一组。
(3)纪律要求:
①要在规定的时间内完成;
②按规定带齐安全用品,遵守安全规程;
③设备维护符合技术要求;
④设备不得有损伤、人员不得有碰伤;
⑤采用正确的操作方法,无违章现象。
三、实训场地
接触网演练场。

四、实训设备及工具

(1) 手扳葫芦、紧线器、U 形环、手锤、拉力带、钢卷尺、老虎钳、温度计、扳手。

(2) 安全帽、手套、安全带、工装。

五、实训内容及操作

(1) 准备工作。

①穿戴安全防护用品;

②工器具检查就位。

(2) 确定调整长度。

①确定锚段长度;

②确定当天气温;

③查安装曲线,确定 a、b 值;

④测量坠砣高度,确定调整长度。

(3) 检调工作。

①检查补偿绳有无松股、断股情况;

②检查棘轮转动灵活情况;

③安装紧线器和手扳葫芦,调整 a、b 值。

(4) 工作结束

①拆除手扳葫芦和紧线器;

②复测 a、b 值是否调整到位。

六、考核办法

(1) 以小组为单位,指导教师按评分表评分。

(2) 评分法:按单项记分、扣分。

(3) 每组操作时间 15min。在规定的时间内完成,不加分、也不扣分;每超时 1min,从总分中扣 5 分,超时 5min 停止作业。

七、分析与体会

(1) 补偿装置的检查有哪些内容?

(2) 补偿装置检调过程中有哪些注意事项?

6.2.7 锚段和锚段关节

为满足供电和机械受力方面的需要,将接触网分成若干一定长度且相互独立的分段,这种独立的分段称为锚段。两个相邻锚段的衔接区段(重叠部分)称为锚段关节。

1) 锚段的作用

(1) 设立锚段便于在接触线和承力索两端设置补偿装置,以调整线索的弛度与张力。

(2) 设立锚段可以限制事故范围。当发生断线或支柱折断等事故时,由于各锚段间在机械受力上是独立的,不影响其他线段的接触悬挂,则使事故限制在一个锚段内,缩小了事故范围。

(3) 设立锚段有利于供电分段,配合开关设备,满足供电方式的需要。可实现一定范围内的停电检修作业。

2)锚段的长度

接触网每个锚段包括若干个跨距。在确定锚段长度时,要考虑以下几个问题:

(1)发生事故的影响范围。

(2)当温度变化时,因线索伸缩引起吊弦、定位器及腕臂的偏斜不超过允许值。

(3)补偿形式和补偿坠砣应有足够的上下移动空间(即补偿范围)。

(4)要保证在极限温度下中心锚结处和补偿器端线索张力差不超过规定值。温度变化时,线索热胀冷缩的伸长和缩短,使每一吊弦、定位器和腕臂固定点处产生偏斜,导致线索在中心锚结和补偿器间线索出现张力差,补偿器处张力差为零,中心锚结处最大。另外,接触线承力索的弹性变形也会引起张力变化。全补偿链形悬挂,接触线、承力索的张力差均不得大于其额定张力的10%。

3)锚段关节的类型

锚段关节是一个锚段与另一个锚段相衔接的接触网悬挂结构,其工作状态的好坏直接影响接触网供电质量和电动车辆取流。列车通过锚段关节时,受电弓应能平滑、安全地由一个锚段过渡到另一个锚段,且弓线接触良好,取流正常。

锚段关节按用途可分为非绝缘锚段关节和绝缘锚段关节两种。按锚段关节的所含跨距数可分为二跨、三跨、四跨、五跨锚段关节等几种不同形式。城市轨道交通接触网中最常见的是三跨和四跨锚段关节。

(1)非绝缘锚段关节。

非绝缘锚段关节仅用作接触悬挂在机械方面的分段,电气方面仍然相联结。即两个锚段在电气上不绝缘,又称电不分段锚段关节。

非绝缘锚段关节一般由三个跨距组成。三跨非绝缘锚段关节结构如图6-35所示。相互连接的两个锚段分别在锚段关节最外侧二支柱处下锚,受电弓在中间两支柱间实现从一个锚段向另一锚段的转换,故锚段关节中间的两根支柱称为转换柱,转换柱是锚段关节处通过腕臂等支持结构承受工作支和非工作支两支接触悬挂的支柱。为了保证两锚段在电气上的可靠连通,在两锚段间使用电连接线连接。

在锚段关节内,同时存在两个锚段的两组接触悬挂。其中,接触线与受电弓接触实现受流的称为工作支(简称"工支");另一组接触悬挂的接触线通过抬高脱离受电弓接触后下锚,称为非工作支(简称"非支")。

图6-35中转换柱命名为ZF、QWF、QNF,其中Z表示直线区段,Q表示曲线区段,F表示非绝缘锚段关节,W、N分别表示支柱处于曲线外、曲线内。

转换柱一般都是采用双底座槽钢加双腕臂的装配形式,图6-36所示的是三跨非绝缘锚段的转换柱在直线反定位时的装配,在正定位、曲线处装配形式稍有不同。

三跨非绝缘锚段关节技术要求如下:

①锚段关节内,两转换柱间的两条接触线在水平面上的投影应平行,线间的距离应符合设计要求(常见为200mm),允许偏差±20mm。在立面图中,两接触线的交叉点应在两转换柱跨距中心处,即两接触线在跨距中心处等高。

②转换支柱处,非工作支接触线比工作支接触线抬高150~200mm。下锚处非工作支比

工作支抬高 500mm。

③下锚支接触悬挂在转换柱水平面处改变方向时,其偏角一般不应大于 6°,困难情况下不得超过 12°。

④两转换柱与锚柱间,在距转换柱 6m 处应安装电连接线。

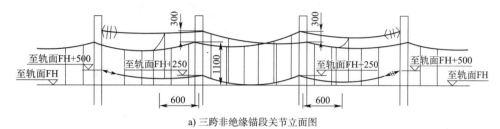

a) 三跨非绝缘锚段关节立面图

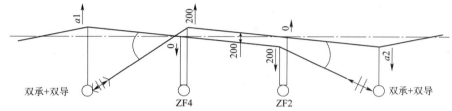

b) 三跨非绝缘锚段关节平面图（直线）

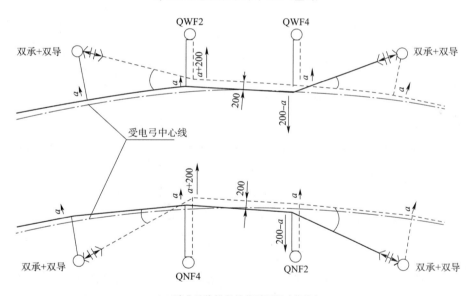

c) 三跨非绝缘锚段关节平面图（曲线）

图 6-35　三跨非绝缘锚段关节(尺寸单位:mm)

(2)绝缘锚段关节。

绝缘锚段关节在进行机械分段的同时还进行电分段,也称为电分段锚段关节。这种锚段关节的特点是两组悬挂之间在垂直方向和水平方向都彼此空气绝缘,以保持其电气绝缘,依靠一台隔离开关来实现电气连接。

绝缘锚段关节一般由三个或四个跨距组成,这里介绍四跨绝缘锚段关节,包括两根锚柱、两根转换柱和一根中心支柱。对于单承力索双接触线或者双承力索双接触线的接触悬挂,接触线和承力索不在同一支柱下锚,承力索延长一跨下锚。绝缘锚段关节结构如图 6-37 所示。

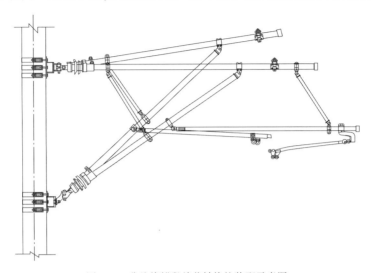

图 6-36 非绝缘锚段关节转换柱装配示意图

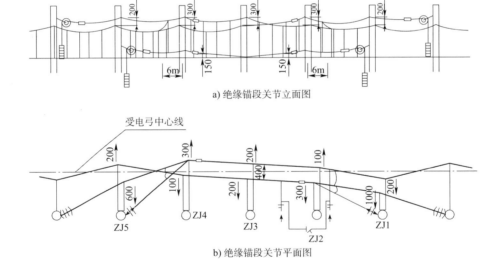

a) 绝缘锚段关节立面图

b) 绝缘锚段关节平面图

图 6-37 绝缘锚段关节结构示意图(尺寸单位:mm)

中心柱和转换柱一样都是通过腕臂等支持结构承受两支接触悬挂的支柱,不同于转换柱处一支工支一支非支,中心柱处两支接触悬挂均是工作支。受电弓在中心支柱处实现两锚段的转换和过渡,两锚段靠安装在转换支柱上的隔离开关实现电气连接。

四跨绝缘锚段关节技术要求:

①锚段关节内,两转换柱间的两条接触线在水平面上的投影应平行,线间的距离应符合设计要求(常见为 400mm),允许偏差 0~50mm。在立面图中,两接触线的交叉点应在中心柱处,即两接触线在中心柱处等高。

②非工作支接触线和下锚支承力索在转换柱靠中心柱处加装一串绝缘子。

③转换支柱处,非工作悬挂点比工作支悬挂点抬高 300mm。非工作支接触线的绝缘棒

应比工作支接触线抬高 150mm 以上。

④两转换柱与锚柱间,在距转换柱 6m 处应安装电连接线。

⑤两个锚段的电路连通或断开由隔离开关控制。

6.2.8 分段绝缘器

分段绝缘器是架空接触网中实现接触线电气断开,但又不影响受电弓与接触线正常摩擦受流的重要电气设备。它和上面所学的绝缘锚段关节一样都能够实现架空接触网的电分段,或者说架空接触网电分段的主要实现方式有两种,绝缘锚段关节和分段绝缘器。

接触网电气分段就是纵向或横向将接触网从电气上互相分开若干区段,并用隔离开关连接,目的是保证供电的可靠性和灵活性,并缩小停电事故发生的范围。当某区段发生事故或停电进行检修时,可以打开相应段的隔离开关使该区段无电,而不致影响其他各段接触网的运行。

1) 电分段的设置

《地铁设计规范》(GB 50157—2013)15.3.4 规定,接触网的电分段应设置在下列位置:对车站牵引变电所,设在列车进站端;对区间牵引变电所,设在变电所直流电缆出口处;配线与正线的衔接处;车辆基地各电化库入口处。

那么这些电分段是采用绝缘锚段关节还是分段绝缘器呢？一般有以下设置方案:

(1) 除终端车站的变电所外,正线在有牵引变电所的车站进站端设电分段,电分段采用绝缘锚段关节。

(2) 正线间渡线、折返线,正线与停车线之间,车辆段(停车场)的出入线与正线间设电分段,电分段采用分段绝缘器。

(3) 车辆段(停车场)各供电分区之间设电分段,电分段采用分段绝缘器。

(4) 车辆段洗车库设电分段,电分段采用分段绝缘器。

(5) 车辆段(停车场)其他各库线入口处设电分段,电分段采用分段绝缘器。

可以看出,城市轨道交通接触网多数电分段采用分段绝缘器,只在牵引变电所上网点采用绝缘锚段关节。

2) 柔性接触网分段绝缘器的结构

城市轨道交通接触网使用的分段绝缘器多为滑道式分段绝缘器,其结构包括分段绝缘器本体、承力索(简单悬挂吊索)绝缘元件、连接以及悬吊等配套零件,如图 6-38 所示。在结构上既保证机车受电弓平滑通过,又能满足供电分段的要求。

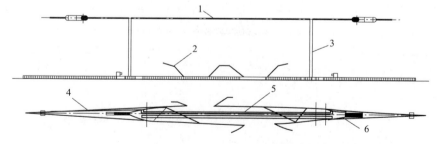

图 6-38 分段绝缘器结构示意图

1-承力索绝缘子;2-消弧角;3-吊弦;4-铜导流板;5-主绝缘;6-连接线夹

根据分段绝缘器主绝缘是否可作为滑道,又分为非绝缘滑道式分段绝缘器和绝缘滑道式分段绝缘器。图6-39a)所示为非绝缘滑道式分段绝缘器,其主绝缘不能作为滑道使用;图6-39b)所示为绝缘滑道式分段绝缘器,其主绝缘棒既起到绝缘作用,又具有耐磨特性,绝缘棒和导滑板同时让受电弓受力通过。

a) 非绝缘滑道分段绝缘器　　　　　　　b) 绝缘滑道分段绝缘器

图6-39　非绝缘滑道和绝缘滑道分段绝缘器示意图

受电弓在通过分段绝缘器时很可能产生电弧,分段绝缘器结构应具有消弧能力,使分段绝缘器的滑道和绝缘件不被电弧烧伤或烧损,因此,分段绝缘器均设置有消弧角。

分段绝缘器与接触线或承力索的连接是通过连接线夹实现的,如图6-40所示。导线在连接线夹中锚固,要保证在线材额定张力3倍的情况下不发生线材与线夹之间的滑移。

图6-40　分段绝缘器连接线夹示意图

分段绝缘器本体实现了接触线的电分段,其上方的承力索也必须采取绝缘措施,才能实现接触悬挂的电分段。承力索的绝缘可以是绝缘棒形式,也可以是绝缘子形式,如图6-41所示。如果是简单悬挂没有承力索,分段绝缘器本体上方的绝缘子安装在弹性吊索上,如图6-42所示。

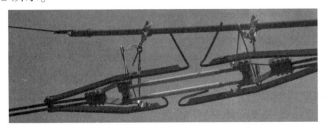 

图6-41　分段绝缘器承力索绝缘子示意图

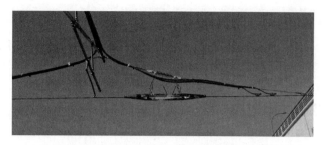

图6-42 弹性简单悬挂分段绝缘器安装示意图

分段绝缘器的下部磨耗面应齐平,并不应存在任何击伤受电弓滑板和其他部件的不良结构,在曲线区段安装亦不应有打弓现象。

安装后的分段绝缘器应能自由随接触线窜动。

 做一做

柔性接触网分段绝缘器检查实训

一、实训目的

掌握分段绝缘器检查的方法。

二、实训组织及要求

(1)指导教师人数:1人。

(2)学员分组:2人一组。

(3)纪律要求:

①要在规定的时间内完成;

②按规定带齐安全用品,遵守安全规程;

③设备维护符合技术要求;

④设备不得有损伤、人员不得有碰伤;

⑤采用正确的操作方法,无违章现象。

三、实训场地

接触网演练场。

四、实训设备及工具

(1)接触网参数测量仪、水平尺、砂纸、扳手。

(2)安全帽、手套、安全带、工装。

五、实训内容及操作

(1)外观检查。

①检查导滑条是否有受电弓冲击、放电痕迹;

②两个连接端口接触线是否位置合理、是否存在异常磨耗,接触线与分段应过渡平滑;

③本体绝缘是否有损坏、老化、放电痕迹,本体绝缘放电痕迹应不超过有效绝缘长度的20%,本体绝缘严重磨损或有贯穿性裂纹时应更换。

(2) 分段本体检查。
① 测量分段本体拉出值,分段本体应处于线路中心,偏移应不大于 50mm;
② 检查分段是否与轨面平行。
(3) 导滑条检查。
① 测量接触线与分段连接处、长短滑条前后端导高值应等高;
② 测量分段两侧定位点导高、拉出值应满足要求;
③ 水平尺检查导滑条等高情况,如需调整时使用分段调整模板进行调整,导滑条空气绝缘间隙应满足产品说明要求(一般为 150mm);
④ 如导滑条有放电痕迹,用砂纸对导滑条进行打磨处理。
(4) 平滑度检查。
用水平尺模拟受电弓双向滑动应过渡平滑,无打弓、跳弓等现象。
(5) 螺栓紧固。
使用力矩扳手紧固连接螺栓及导滑条紧固螺栓。
(6) 清理清洁。
清洁分段本体绝缘部件,如有必要,可使用肥皂水清洁绝缘体。
六、考核办法
(1) 以小组为单位,指导教师按评分表评分。
(2) 评分法:按单项记分、扣分。
(3) 每组操作时间 10min。在规定的时间内完成,不加分、也不扣分;每超时 1min,从总分中扣 5 分,超时 2min 停止作业。
七、分析与体会
(1) 分段绝缘器的检查有哪些内容?
(2) 分段绝缘器测量过程中有哪些注意事项?

6.2.9 隔离开关

隔离开关是一种没有灭弧装置开关设备,它的作用是连通或切断接触网供电分段间的空载线路,增加供电的灵活性,以满足检修和不同供电方式运行的需要。

城市轨道交通中使用的隔离开关大致可分为重型和轻型两大类,重型隔离开关主要应用在上网开关和越区联络开关等,轻型隔离开关主要应用于车辆段的库线、专用线和库线间的联络开关等。

1) 隔离开关的类型和结构

隔离开关在各个电压等级的电力系统中都有大量应用,类型多样,城市轨道交通接触网隔离开关一般是专门为城市轨道交通接触网设计的 GW 型直流隔离开关,比如 GWD-1.5D/1000,其中 G 表示隔离开关,W 表示户外型,D 表示直流型,1.5D 表示额定电压 1.5kV、带接地刀,1000 表示额定电流为 1000A。

有些隔离开关是需要经常操作的,比如安装在车辆整备线和库线等处的隔离开关,会选用带接地刀的隔离开关,开关打开的同时,接地刀将停电侧与大地接通,以保证操作和检修人员的安全。有些隔离开关是不经常操作的,比如安装在绝缘锚段关节、分段绝缘器、变电所直流馈线等处的隔离开关,采用不带接地刀的隔离开关。

按照结构分为单极隔离开关、双极隔离开关、三极隔离开关、四极隔离开关。单极隔开是仅与主回路一条导电路径相连的隔离开关,在城市轨道交通供电系统中最为常见,城市轨道交通接触网均采用单极隔离开关。

从操作机构上分类,可以分为手动隔离开关和电动隔离开关。手动隔开依靠操作人员就地操作,电动隔离开关配置操作机构箱,可以实现就地操作和远动控制。变电所附近的电动隔开,可以采用控制电缆控制,线路上离变电所较远的隔开控制采用光纤通信。在城市轨道交通接触网中,除了车库检修线等处设置手动隔离开关,大多数接触网隔离开关都是电动隔离开关,纳入远动控制。

上述开关的主体结构基本相同,只是带接地刀闸的开关多了一套接地刀闸和联动装置。隔离开关由开关本体、传动杆和操动机构组成,开关的分合过程是操作操动机构,经传动杆转动主轴上的瓷柱,并带动导电刀闸实现分合闸。隔离开关的整体结构如图6-43所示。

隔离开关本体由金属底座、支持绝缘子、绝缘拉杆、主轴、主轴拐臂、隔离刀闸(动触头)、静触头、出线板、进线板、引弧棒组成,如图6-44所示。

图6-43 隔离开关整体结构示意图

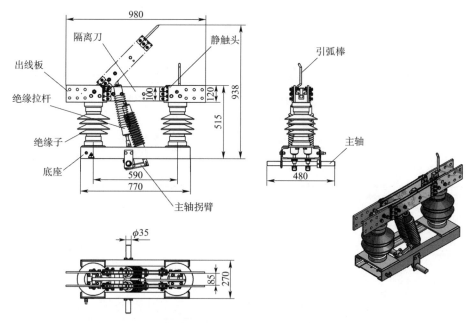

图6-44 隔离开关本体结构示意图(尺寸单位:mm)

2）隔离开关的安装

安装隔离开关时，不论是安装在支柱上还是隧道壁上，均需事先安装托架，托架通常由角钢制作，如图6-45所示。对于腕臂柱安装在支柱上部，对于隧道壁托架底部距地至少2.5m，操作机构箱顶面一般距地1.5m。

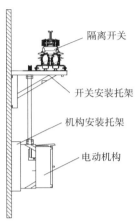

图6-45 隔离开关安装托架示意图

隔离开关通过电连接电缆（直流电缆）与接触悬挂等设备连接。以上网隔离开关为例，静触头端接线板连接来自牵引变电所的直流电缆，将DC 1500V正极引入隔离开关；隔离刀端接线板连接接至接触网的直流电缆，当出线较多连接位置不够时还需要通过柱上开关母排转接，如图6-46所示。

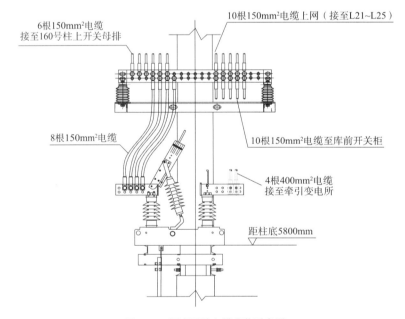

图6-46 隔离开关电缆安装示意图

上网电缆从隔离开关引到接触悬挂后，先通过电连接线夹将直流电缆与承力索进行电气连接和固定，再通过横向电连接线将直流电缆与接触线进行电气连接，如图6-47所示。

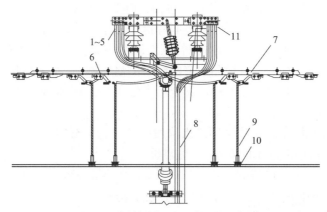

图 6-47 隔离开关上网电缆安装示意图

1~5-开关上网电缆；6-电连接线夹；7-上网电缆钢扎带；8-牵引所直流馈线电缆；9-电连接线；10-直式接触线电连接线夹；11-隔离开关

3) 隔离开关的操作

从事隔离开关倒闸作业的人员，其安全等级应不低于三级。由于隔离开关触头外露，作业人员可以清楚地观察到它的开、闭状态，检修后应恢复原状。

凡接触网及电力作业人员进行隔离开关倒闸时，都必须有供电调度的命令。对车辆部门等有权操作隔离开关的单位，应履行所在单位的相关手续。对遇有危及人身或设备安全的紧急情况，可以不经供电调度批准，先行断开断路器或有条件断开的隔离开关，并立即报告供电调度，但在闭合时必须有供电调度员的命令。特别要注意，带负荷开断隔离开关会导致强烈的电弧和飞弧事故。

隔离开关倒闸作业应由两人进行，一人监护一人操作。

在进行隔离开关倒闸作业时，先由操作人向供电调度提出申请，经供电调度审查后发布倒闸作业命令，操作人受令复诵，供电调度确认无误后，方可给命令编号和批准时间，受令人要填写《倒闸作业票（接触网）》。

倒闸人员接到倒闸命令后，要根据《倒闸作业票（接触网）》逐项进行操作；操作时必须戴好安全帽和绝缘手套，要迅速准确地进行倒闸，一次开闭到位，中途不得停留和发生冲击。

倒闸作业完成后，操作人要立即向供电调度汇报，供电调度要及时发布完成时间和编号，并记入《供电作业许可命令记录》。至此倒闸作业方告结束。

6.3　刚性架空接触网

刚性接触网是将接触线夹装在汇流排中，用汇流排取代了承力索，并靠它自身的刚性保持接触线的固定位置。它在悬挂方式上和柔性接触网不同，要考虑整个悬挂导体的刚度，由具有相应刚度的汇流排与接触线组成。刚性接触网最大的优点是结构简单、占用空间小、载流量大、不易产生断线等，因此，最适用于地下线路，在国内城市轨道交通的地下线路普遍应用。

刚性接触网的特点如下：

（1）汇流排在隧道内占用很小的安装空间,而在同样条件下,传统的柔性接触网很难达到。这样就降低了新建隧道的工程预算,进而降低了整个工程的成本。

（2）刚性接触网无外加张力,无须张力补偿装配置,结构简单,占用净空小。汇流排和接触导线不存在外加的机械张力,没有存在突发断线的潜在威胁,也无须担心由于接触导线过度磨损而导致断线,使接触网系统的运营安全可靠性大大提高,同时也增加了系统的可维护性,减轻了维护人员的负担。

（3）刚性悬挂接触网系统正线采用绝缘锚段关节进行电分段,保证了正线接触网系统的相对连续性,提高了接触网系统的安全性、可靠性。

（4）汇流排类似一个散热器的形状,可以显著地改善散热效果。这种散热效果可以防止铝排和接触线的过热。

（5）由于刚性接触网导高要求的误差很小,受电弓在高速滑动过程中的波动较小,增加了受电弓的稳定性。

（6）刚性接触网可根据需要,在特殊的地方设计为可移动的形式。如在城市轨道交通车辆基地检修库、隧道段人防门、防淹门等地,其优越性十分明显。

（7）刚性接触网是一种没有弹性的接触网形式,适应于隧道内安装,设计速度一般不大于160km/h,通常在80~120km/h之间。

刚性接触网主要由接触线、固定锚栓、绝缘子以及架空地线等部分组成(图6-48)。

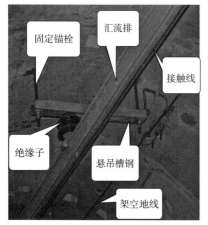

图6-48　刚性接触网示意图

6.3.1　刚性接触悬挂的结构和布置

刚性接触悬挂主要由汇流排、接触线、刚柔过渡等组成。

1）汇流排

与柔性接触网相比,刚性接触网用汇流排取代了承力索,利用汇流排来夹持、固定接触线,同时汇流排也能承载和传输电能。

汇流排一般用铝合金材料制成,分为"Π"形结构和"T"形结构两种形式,国内应用的都是"Π"形结构,其横截面形状如图6-49所示。

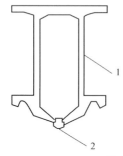 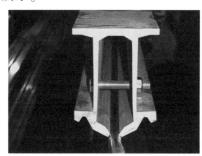

图6-49　Π形汇流排示意图

1-汇流排;2-接触线

标准型汇流排一般有 PAC110 和 PAC80 两种,常见的 PAC110,其中 110 是指汇流排的高度。

汇流排及其配套零部件主要有汇流排中间接头、汇流排终端、切槽镶嵌式刚柔过渡汇流排、膨胀接头、铝合金汇流排五部分。其中,膨胀接头一般用于行车速度大于 100km/h 的线路。

(1) 汇流排中间接头。

汇流排的单位制造长度一般为 10m 或 12m,需要利用中间接头将各节汇流排连接为一体,中间接头采用了和汇流排同样材质的铝合金制造,可以保证同锚段汇流排间电气和机械的连续性。如图 6-50 所示,每块中间接头的表面上加工了两条凹槽,用来和汇流排接触及保证相连接的汇流排的自动对正。每块中间接头的长度为 400mm,宽度 90mm,截面积为 1150mm^2,有 8 个螺栓孔。

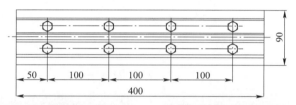

图 6-50 汇流排中间接头示意图(尺寸单位:mm)

(2) 汇流排终端。

在每个锚段的汇流排端部,比如锚段关节、线岔、刚柔过渡处,汇流排端头需要翘起,以保证受电弓安全平滑过渡。为此,将一段汇流排的一端弯曲加工成汇流排终端,终端的斜面长 1500mm,终端抬高 70mm,弯曲处的半径是 6000mm,在汇流排终端未弯曲的直线端设有连接用的通孔,整个汇流排终端通常是 7.5m,如图 6-51 所示。这样,受电弓从一段汇流排终端的直线部分过渡到另一段汇流排终端的直线部分,不接触斜面部分。

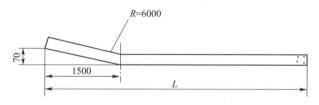

图 6-51 汇流排终端示意图(尺寸单位:mm)

(3) 切槽式刚柔过渡汇流排。

由于地下线路一般用刚性接触网,地面线路用柔性接触网,隧道口处是刚性和柔性接触网交接处,为了避免在过渡时产生硬点,有必要用一套专门的过渡装置,称为刚柔过渡。刚柔过渡之间的载流量应满足最大负荷时城市轨道交通列车的取流要求,与牵引网主导流回路载流量相一致;刚柔过渡处受电弓应能平滑过渡,安全可靠,无打工弓钻弓等故障发生。

刚柔过渡的方式有多种,应用最广泛的有关节式和贯通式两类。关节式刚柔过渡方式如图 6-52 所示,不需要安装任何特殊装置,只需按照通常接触网锚段关节的构成方式,分别独立安装柔性悬挂接触线和刚性悬挂汇流排,形成一定长度的平行段,在平行区域内柔性接触网接触线的高度从略低于(隧道外往隧道内方向)刚性接触网的接触线,逐渐抬高到高于刚性接触网接触线,实现刚柔接触网受流功能的衔接,受电弓在关节的局部等高段实现转换受电,机理与常规接触网非绝缘锚段关节相同。

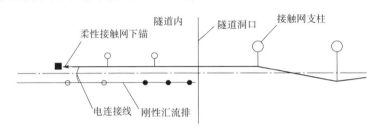

图 6-52 关节式刚柔过渡示意图

图 6-53 切槽式刚柔过渡汇流排示意图

贯通式刚柔过渡方式需要在衔接点安装特制的刚柔过渡装置,即切槽式刚柔过渡汇流排,如图 6-53 所示。它是在 5m 长的铝合金汇流排上有规律地切除汇流排槽口以上部分,使汇流排顶面被加工成不同深度的切槽,达到质量渐变和刚性渐变的效果。

切槽式刚柔过渡汇流排与一根汇流排终端连接,构成一个小锚段,柔性接触网的一支接触线嵌入切槽式刚柔过渡汇流排后将其末端下锚,柔性接触网的其他接触线及承力索分别下锚,该小锚段再和下一段刚性悬挂形成锚段关节,如图 6-54 所示。

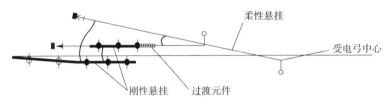

图 6-54 贯通式刚柔过渡示意图

(4)膨胀接头。

汇流排膨胀接头能够在一定范围内自由伸缩的同时满足电气性能的要求,既能保证电气上的良好接触和导电的需要,又能保证机械上的良好伸缩性。膨胀接头用来补偿铝合金汇流排与铜银合金接触线因膨胀系数不同而产生的热膨胀误差。

2)接触线

刚性接触悬挂的接触线与柔性接触悬挂所采用的接触导线相同或相似,一般采用银铜合金导线,其截面积一般为 120mm^2 或 150mm^2。接触线通过放线小车镶嵌于汇流排上,与汇流排一起组成接触悬挂。

放线小车通过自身的定位轮、导轮、中间顶位装置以及外力辅助作用下将接触线镶入汇流排钳口中,由汇流排自身钳口张力夹持接触线。其中,导轮在放线过程中起导向和支撑作用;定位轮起撑开汇流排钳口作用。由于定位轮的作用,接触线被镶入汇流排中,随着小车的前进,接触线被循序渐进的镶入汇流排中。图 6-55 为刚性悬挂接触线架设示意图。

图 6-55　刚性悬挂接触线架设示意图

3)刚性悬挂的布置

刚性接触网虽然不存在类似柔性接触网的张力问题,但由于汇流排热胀冷缩,刚性悬挂也需要分成若干锚段,让汇流排的两端都可以自由伸缩。每个锚段长度一般为 200~250m,温差超过 50℃的地区锚段长度要随之减小。跨距一般为 6~12m,且与行车速度有密切的关系,见表 6-5。

PAC110 型汇流排速度与跨距的关系　　表 6-5

速度(km/h)	60	70	80	90	100	110	120
跨距(m)	12	11	10	9	8	7	6

刚性悬挂一般布置成正弦波的形状,一个锚段形成半个正弦波,各悬挂点与受电弓中心的距离一般不大于 200mm,如图 6-56 所示。

图 6-56　刚性悬挂布置示意图

正弦波布置时,拉出值顺线路的变化率并不是恒定的,拉出值大的位置,受电弓滑板与接触线的作用时间长,造成的磨耗相对就大。所以实际运营中,刚性接触网接触线磨耗不均匀与电客车受电弓局部磨耗问题日益突显。

刚性接触网也可以类似柔性接触网进行"之"字形布置,如图 6-57 所示。由两个锚段组成"之"字形布置,拉出值不刻意布置,依据斜率和跨距长度随机布置。相比于正弦布置,有效拉长了单位锚段长度,提高了碳滑板磨耗均匀度。

4)刚性悬挂的锚段关节

刚性悬挂的锚段关节同样可以分为绝缘锚段关节和非绝缘锚段关节,锚段关节由平行布置的两支汇流排组成,汇流排重叠区域的长度为 6600mm。其中,非绝缘锚段关节两平行汇流排间距一般为 200mm,绝缘锚段关节两平行汇流排间距一般为 260mm 或 300mm。

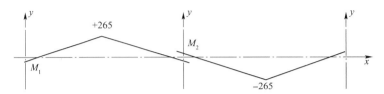

图 6-57 刚性悬挂"之"字形布置示意图

(1) 非绝缘锚段关节。

刚性悬挂非绝缘锚段关节结构如图 6-58 所示。每个汇流排终端都有两个固定悬挂点,两侧共有四个悬挂点,间隔均匀布置。第一悬挂点(终端侧)的接触线应高于相邻锚段平行点数毫米(具体数值参照各地铁公司规定),保证受电弓在两个汇流排之间平滑过渡。两平行汇流排上安装有电连接实现电气连通。

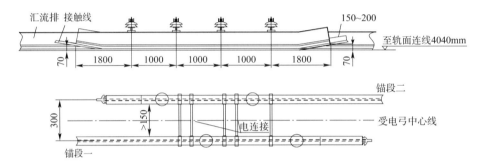

图 6-58 刚性非绝缘锚段关节示意图(尺寸单位:mm)

(2) 绝缘锚段关节。

刚性悬挂绝缘锚段关节结构如图 6-59 所示。基本结构与非绝缘锚段关节类似,不同之处在于两汇流排的间距,以及两汇流排间不再安装电连接,以实现刚性接触网的电分段。在学柔性接触网时我们知道,绝缘锚段关节主要用在牵引变电所上网点处,那么刚性绝缘锚段关节也是同样的,所以在锚段关节的两侧安装有电连接线夹,用于连接上网隔离开关引出的上网电缆。

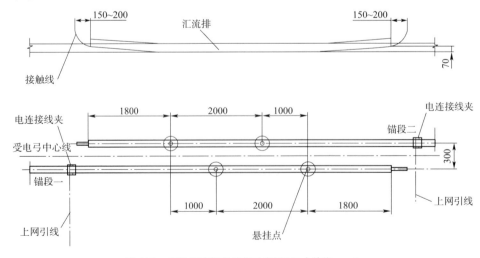

图 6-59 刚性绝缘锚段关节示意图(尺寸单位:mm)

5) 刚性悬挂的线岔

刚性接触网中线岔与柔性接触网中线岔的功能类似，处于道岔的上方，保证电客车受电弓安全平滑地由一支接触悬挂过渡到另一接触悬挂，达到转换线路的作用。

(1) 单开道岔的刚性悬挂线岔。

单开道岔的刚性悬挂线岔与锚段关节类似，如图 6-60 所示。渡线悬挂的端部安装有汇流排终端，用于从正线悬挂到渡线悬挂的过渡，过渡是在汇流排终端的直线部分完成的，汇流排终端的斜面部分是在汇流排的相对高度调整有误时作为安全区域用的。

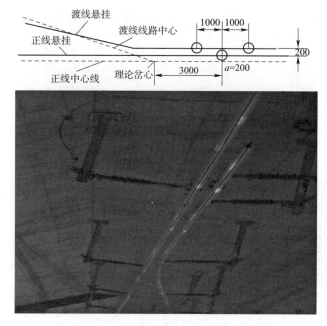

图 6-60　单开道岔的刚性悬挂线岔示意图

渡线悬挂的汇流排末端与正线悬挂的汇流排呈 200mm 的平行间隙，平行长度 2000mm。单开线岔的控制点为距道岔理论岔心 3000mm 处的正线汇流排悬挂点，该点拉出值为 200mm。渡线汇流排的悬挂点以正线悬挂点为基点，在左右各 1000mm 处设置。

(2) 复式交分道岔的刚性悬挂线岔。

复式交分道岔的刚性悬挂线岔布置如图 6-61 所示。复式交分道岔处，交叉道岔中心作为两支汇流排的悬挂控制点，安装中心锚结固定，拉出值根据相邻悬挂点和汇流排间距确定。弯曲处的汇流排应在平面布置后计算该段汇流排的弯曲半径，采用机械预弯加工。

6.3.2　支持定位装置

架空刚性接触网的支持定位装置用来把汇流排接触线固定在隧道内的规定位置上。

1) 刚性接触网支持装置

刚性接触网的支持装置主要有两种结构：腕臂结构和门形结构。

腕臂结构如图 6-62 所示，主要由腕臂吊柱、腕臂底座、绝缘子、腕臂、汇流排线定位夹等组成。其特点是调节灵活、外形美观，但结构相对复杂，成本高。

门形结构是隧道内应用最多的形式，主要由螺杆锚栓、悬吊安装底座、T 形螺栓、悬吊槽钢、绝缘子及汇流排线夹等组成。其特点是结构简单、可靠,但调节较困难。同样是门形结构,根据隧道净空、线路条件等不同时采用的安装方式也有差别。

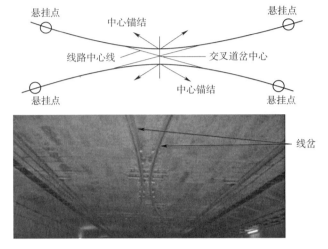

图6-61 复式交分道岔的刚性悬挂线岔示意图

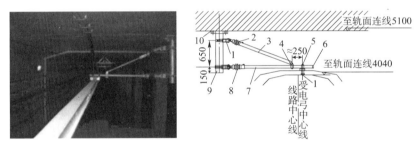

图6-62 水平腕臂式刚性悬挂安装示意图(单位:mm)

1-腕臂底座;2、8-绝缘子;3-斜腕臂;4-套管双耳;5-汇流排定位线夹;6-管帽;7-平腕臂;9-腕臂吊柱;10-螺杆锚栓

(1)高净空隧道。

隧道净空在4400～4800mm之间时,可采用如图6-63所示的安装方式。

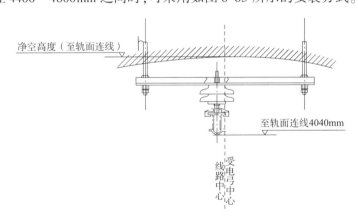

图6-63 隧道净空大于或等于4400mm时悬挂安装示意图

将两根螺杆锚栓固定在隧道顶,锚栓常见有化学锚栓和后扩底机械锚栓两种。化学锚

栓是通过特制的化学黏结剂,将螺杆胶结固定于混凝土基材钻孔中,以实现对固定件锚固的复合件。后扩底机械锚栓具有后扩型机械锁键,需要使用专用的扩底工具,并通过施加力矩,利用锚孔底部扩孔孔壁与锚栓机械锁键相切形成锁键效应来完成锚固作用。

锚栓上安装单支悬吊槽钢,用螺母调节其高度,在直线区段保持水平,在曲线区段保持与轨面平行。汇流排线夹和绝缘子连接安装于悬吊槽钢下方。

隧道净空大于4800mm时,可采用如图6-64所示的安装方式。在隧道顶固定一根吊柱,吊柱长度根据安装净空高度确定;吊柱下方安装水平的垂直悬吊安装底座,两根T形头螺栓垂直安装在悬吊安装底座上;T形头螺栓上再悬挂单支悬吊槽钢、绝缘子、汇流排线夹。

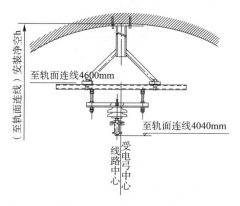

图6-64　隧道净空大于4800mm时悬挂安装示意图

在隧道内的车站区段,虽然净空够高,但隧道顶上往往布置有风管,图6-64所示的方式无法安装,没有吊柱的安装位置,这时可采用如图6-65所示的安装方式。在隧道顶固定两根螺杆锚栓,长度要大于风管的厚度,锚栓上安装垂直悬吊安装底座,其下部分与图6-64类似。

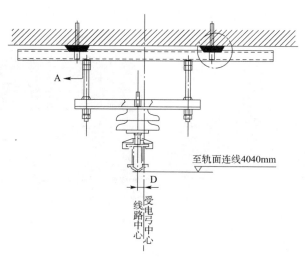

图6-65　车站风管下安装示意图

(2)低净空隧道。

隧道净空在4400mm以下时,要尽量减小支持定位装置所占的净空,常见的方法是取消竖直安装的绝缘子、采用水平安装的绝缘横撑,如图 6-66 所示。但要注意,汇流排线夹的带电部分与隧道顶壁的距离不小于最小安全距离(150mm)。

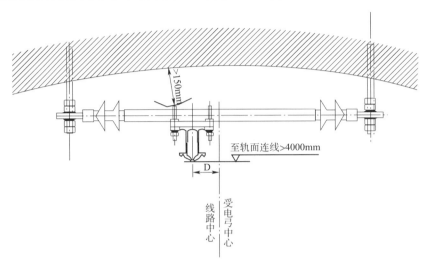

图 6-66　隧道净空小于 4400mm 时悬挂安装示意图

2) 刚性接触网的定位

汇流排线夹用于汇流排的垂直悬吊安装,并将汇流排定位在合适的水平位置。汇流排线夹有多种型号,常见的有弹性绝缘悬挂组件、弹性汇流排线夹、B 型汇流排线夹、C 型汇流排线夹、W 型汇流排线夹。其中,应用最广泛的是 B 型汇流排线夹和 C 型汇流排线夹。

B 型汇流排线夹本体材质采用 ZCuAl10Fe3,定位螺栓材质采用牌号为 06Cr19Ni10 的不锈钢。B 型汇流排线夹结构如图 6-67 所示,定位螺栓与绝缘子连接,松开两个 M10 螺钉后将张开的两片线夹卡在铝合金汇流排上,线夹内有绝缘衬垫与本体铆接在一起,紧固后要确保线夹能够在铝合金汇流排上滑动顺畅,以保证汇流排在热胀冷缩时自由伸缩。

图 6-67　B 型汇流排线夹示意图

C 型汇流排线夹(图 6-68)用于腕臂结构的悬挂方式,通过两个 U 形螺栓固定在腕臂上,用绝缘衬垫卡住汇流排。

3) 中心锚结

由于汇流排在汇流排线夹中是可以滑动的,在受电弓与接触线接触滑动的过程中汇流排会向某一方向窜动,为了防止出现这种情况,就需要安装中心锚结将汇流排固定住。

图 6-68　C 型汇流排线夹示意图

不同于柔性接触网的中心锚结具有"防断"和"防窜"两个功能,在刚性接触网中,接触线无轴向张力,几乎无断线的可能,所以仅起防窜动作用。

中心锚结设置在每个锚段汇流排的中间,可以是定位点处,也可以是两定位点中间(跨中)。图 6-69 所示的是在定位点处安装中心锚结,采用 B 型汇流排中心锚结线夹,中心锚结线夹上连接中心锚结绝缘子,然后通过调节螺栓固定到中心锚结下锚基座上,使绝缘棒呈"V"字形布置。B 型汇流排中心锚结线夹和实际安装效果如图 6-70 所示。

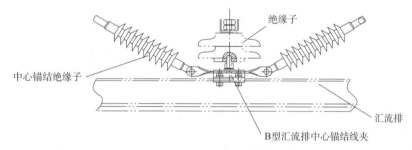

图 6-69　刚性悬挂中心锚结安装示意图

图 6-70　刚性悬挂中心锚结

刚性接触网锚段关节调整实训

一、实训目的

掌握刚性接触网锚段关节调整的方法。

二、实训组织及要求

(1)指导教师人数:1人。

(2)学员分组:6人一组。

(3)纪律要求:

①要在规定的时间内完成;

②按规定带齐安全用品,遵守安全规程;

③设备维护符合技术要求;

④设备不得有损伤、人员不得有碰伤;

⑤采用正确的操作方法,无违章现象。

三、实训场地

接触网演练场。

四、实训设备及工具

(1)激光接触网检测仪、梯车、手锤、扳手。

(2)安全帽、手套、安全带、工装。

五、实训内容及操作

(1)准备工作。

①穿戴安全防护用品;

②工器具检查就位。

(2)测量调整1锚段定位点拉出值。

①利用接触网全参数测量仪测量刚性锚段关节范围内其中一个锚段汇流排两悬挂点的拉出值;

②所测量的悬挂点拉出值与设计图纸给出的拉出值对比,测量值是否在允许误差范围内;

③如果不符合要求,松动隧道绝缘子上方的螺栓,横向调整隧道绝缘子在槽钢的位置,再复测是否符合要求,直到测量值在允许误差范围内为止。

(3)测量调整1锚段定位点导高值。

①利用接触网全参数测量仪测量锚段关节范围内1锚段汇流排悬挂点的导高值;

②将所测量值与设计图纸给出的导高值对比,判断测量值是否在允许误差范围内;

③如果不符合要求,调整悬挂点固定槽钢两化学锚栓螺母,调整时要注意使槽钢面对轨面应水平,再复测导高值是否符合要求,直到测量值在允许误差范围内为止。

(4)测量调整2锚段汇流排定位点的拉出值。

①利用接触网全参数测量仪测量锚段关节范围内侧线汇流排两悬挂点的拉出值;

②所测量的悬挂点拉出值与正线的拉出值间距为非绝缘关节为200mm,绝缘关节为300mm,误差±20mm,检查测量值是否在允许误差范围内;

③如果不符合要求,松动隧道绝缘子上方的螺栓,横向调整隧道绝缘子在槽钢的位置,再复测之字值是否符合要求,直到测量值在允许误差范围内为止。

(5)测量调整 2 锚段定位点导高值。

①利用接触网全参数测量仪测量锚段关节范围内 2 锚段汇流排两悬挂点的导高值;

②将所测量值与设计图纸给出的导高值对比,判断测量值是否在允许误差范围内,2 锚段汇流排最后一个悬挂点导高值可以比正线高出 0~4mm;

③如果不符合要求,调整固定槽钢两侧化学锚栓螺母,调整时要注意使槽钢面对轨面水平,再复测导高值是否符合要求,直到测量值在允许误差范围内为止。

六、考核办法

(1)以小组为单位,指导教师按评分表评分。

(2)评分法:按单项记分、扣分。

(3)每组操作时间 30min。在规定的时间内完成,不加分、也不扣分;每超时 1min,从总分中扣 5 分,超时 5min 停止作业。

七、分析与体会

(1)刚性接触网锚段关节有哪些类型,各有什么技术要求?

(2)锚段关节调整过程中有哪些注意事项?

6.4 接触轨

城市轨道交通接触轨系统是敷设在轨道线路旁,为电客车输送电能的附加供电设备,如图 6-71 所示。接触轨供电方式在国内最早应用于北京地铁 1 号线,后来在天津、武汉、广州、无锡等城市也相继建设接触轨的地铁线路。

图 6-71 接触轨供电示意图
1-集电靴;2-下接触轨

接触轨的安装方式有上部受流、下部受流和侧方受流三种方式,如图 6-72 所示。导电轨由低碳钢材料发展为钢铝复合材料,电压等级方面也由 750V 发展为 1500V 的接触轨系统。

接触轨系统主要包括钢铝复合轨、膨胀接头、中心锚结、端部弯头、中间接头、绝缘支架、支架底座、上网电缆、电连接电缆、回流母排、均流线、避雷器、隔离开关和其他零件。

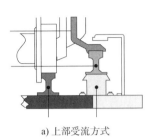
a) 上部受流方式

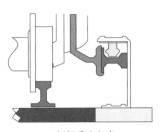
b) 下部受流方式

c) 侧部受流方式

图 6-72　接触轨悬挂方式示意图

6.4.1　钢铝复合轨

钢铝复合导电轨由轻质的导电铝轨本体和非常耐磨的不锈钢接触面构成，整体结构与普通钢轨类似，也是由轨头、轨腰、轨底三部分组成，如图 6-73 所示。

钢铝复合轨长度一般为 15m，接触轨就是由数量众多的钢铝复合轨连接而成的，连接处使用的零部件是中间接头，如图 6-74 所示。

中间接头适用于固定连接相邻钢铝复合接触轨并传导电流，接头材质与钢铝复合轨材质相同，普通接头与钢铝复合轨采用标准紧固件螺栓、螺母、垫圈连接。它具有足够的

图 6-73　钢铝复合导电轨示意图

强度来满足连接固定的机械要求，同时其截面积足够大，可以承受相对应电流。接头本体的轮廓与钢铝复合轨腰面紧密相贴，确保电流持续的要求。

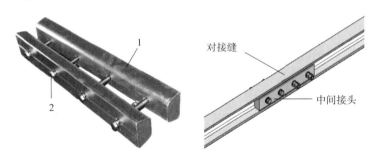

图 6-74　中间接头示意图
1-鱼尾板本体；2-紧固件

（1）检查钢铝复合轨、中间接头有无烧伤、变色现象。

（2）检查接触轨接缝部位是否安装平齐，保证覆不锈钢带一侧安装平齐，不允许有高低不平或扭转现象，安装精度为 0.5mm。

（3）安装中间接头时，首先将所有配合表面清理干净，使用干净的垫子或中粒度磨料钢丝刷打磨，并在普通接头的界面连接表面处涂上一层极薄的导电油脂。将普通接头安装到要加以连接的接触轨端点的轨腹处，并将 4 根螺栓拧紧到普通接头上，要确保在直线方向上接触轨的对接缝已牢牢定位。

6.4.2 检查端部弯头

端部弯头用于保证受流器(集电靴)与接触轨的良好接触和分离,其外形如图 6-75 所示。按照用在正线或是车场线,端部弯头一般分为高速端部弯头、普通端部弯头、低速端部弯头。与导电轨采用普通接头连接,可确保其接口处高度相同,可被安装在任何一个区段的末端。端部弯头与钢铝复合轨连接部位没有坡度,密贴而不会形成高低差,保证集电靴顺利通过。

图 6-75　端部弯头示意图

端部弯头的检查内容包括:
(1)检查端部弯头本体表面洁净,无裂纹、异常腐蚀和变形等现象。
(2)受流面应过渡平滑,磨耗均匀,磨耗及烧损程度不得大于产品说明书要求。
(3)支架安装位置应符合设计要求,端部弯头应能自由伸缩,不应与支架产生卡滞。
(4)端部弯头的接触轨工作高度、偏移值应符合设计要求,允许偏差应符合设计要求。
(5)端部弯头的折弯坡度应符合设计要求。
(6)紧固件齐全,螺栓无变形,螺纹完好,安装牢固可靠;连接螺栓紧固力,符合要求。
(7)端部弯头与接触轨相接密贴,没有高低差及由此产生的台阶损伤集电靴。

6.4.3 膨胀接头

膨胀接头装置对环境温度的变化以及车辆运营过程对接触轨纵向长度的影响进行热胀冷缩补偿,保证线路在不同的环境以及运行环境下的正常机械、电气续接,确保列车运行安全。

膨胀接头由两根长轨(左右滑轨)和一根短轨组成,长轨和短轨的对角切掉,由于间隙调整及表面连续,集电靴可平滑地从一端过渡到另一端。左右滑轨减小了集电靴在膨胀点过渡时运行中产生的电弧,中间块用来协助集电靴电能转换,既保证了电气连接的可靠性,又不会产生任何电化学腐蚀。

膨胀接头根据电流连接器形式可分为主副板式、铜圈式和 M 型铜带式三种。铜圈式膨胀接头如图 6-76 所示。

图 6-76　铜圈式膨胀接头

膨胀接头的检查内容包括：

(1) 膨胀接头表面洁净，部件应齐全、完好，无变形、异常腐蚀等现象。

(2) 紧固部件的防腐、防松、紧固力矩应符合力矩要求。

(3) 膨胀接头在温度变化时应能伸缩自如，无卡滞现象，电气连接应连接良好。

(4) 受流面表面应平整、顺滑、磨耗均匀、无偏磨，磨耗程度不得大于产品说明书要求，受流面之间应过渡平滑，应无刮碰受电靴现象。

(5) 补偿间隙应符合安装曲线要求，允许偏差应符合设计要求。

(6) 膨胀接头宜居中安装，距两端支架的距离应符合设计要求。

6.4.4 绝缘支架及底座

绝缘支架用于接触轨的固定和支撑。根据接触轨的安装形式，常见的有上接触绝缘支架和下接触绝缘支架，如图6-77所示。

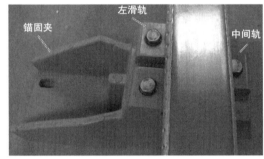

a) 上接触绝缘支架　　　　　　b) 下接触绝缘支架

图6-77　绝缘支架示意图

下接触绝缘支架由支架本体、托架、卡爪三部分组成，如图6-78所示。

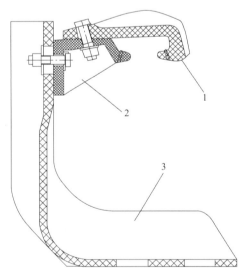

图6-78　下接触绝缘支架结构示意图

1-卡爪；2-托架；3-支架本体

绝缘支架的安装步骤如下：

（1）将绝缘支架本体向下装入支架金属底座中，装入铁垫板及连接螺栓，将绝缘支架本体与支架金属底座连接并紧固，如图6-79所示。

（2）将托架装入绝缘支架本体中，根据线路要求纵向调整到适合的高度后，齿面和绝缘支架齿面咬合，并装入螺栓、垫片、螺母进行锁紧，如图6-80所示。

图6-79　支架本体与底座安装示意图　　　图6-80　托架安装示意图

（3）如图6-81所示，抬起接触轨，沿箭头所示方向将钢铝复合接触轨上部靠在与绝缘支架本体锁紧配合后的支座上，靠紧后如下图中右边图示，此时应从箭头方向继续给力将接触轨保持靠紧在支座本体上，直至装入卡爪并锁紧。

（4）如图6-82所示，在保持接触轨靠紧支座本体的同时，沿箭头所示方向将卡爪装入接触轨上部另一侧面，并将卡爪顶部通孔与支座托架的通孔对中，装入螺栓、垫片、螺母紧固，锁紧卡爪，此时可松开将接触轨持续靠紧在支座本体上的力量。

图6-81　接触轨安装示意图　　　图6-82　卡爪安装示意图

（5）调整。安装完成后，按需要调整接触轨底面距地面的高度时，可适当松开紧固螺栓，抬起接触轨慢慢上、下调整，调整到位后锁紧，最后检查合适后，依次采用力矩扳手将所有紧固连接件按照力矩要求全部锁紧；绝缘支架在水平方向有30mm的调整余量，在垂直方向有40mm的调整余量，从而保证接触轨的相关安装距离。

6.4.5　防爬器

为防止接触轨向两侧不均匀窜动，接触轨也需要设置中心锚结，中心锚结设置在锚段中部，通常由两组防爬器组成，如图6-83所示。

防爬器的检查内容包括：

（1）检查防爬器与接触轨的连接状态，部件应齐全、完好、无锈蚀，安装应牢固可靠。

(2)紧固部件的防腐、防松、紧固力矩应符合要求。

(3)两端受力应均衡、适度,接触轨及绝缘支撑应无明显变形。

6.4.6 电缆接线板

电缆连接板安装在牵引变电所出口、接头、弯头、电分断或道岔等处,用于连接电缆,向接触轨供电。电缆连接板有多种类型,分别可以连接6~12根电缆。电连接中间接头本体材质与钢铝复合接触轨材质相同。载流量不低于钢铝复合接触轨载流量,接头和钢铝复合接触轨腰面紧密配合。电连接用中间接头与钢铝复合接触轨连接采用标准紧固件螺栓、螺母及垫圈。图6-84为电缆连接板示意图。

图6-83　普通中心锚结示意图　　　　　　图6-84　电缆连接板示意图

电缆接线板的检查内容包括:

(1)检查电连接中间接头周围区域是否有变色现象、有无烧伤,检查配合面需要拆下线鼻子或者电连接中间接头。

如出现过热变色情况,进行以下处理:

①拆开普通接头,用金属刷清理配合面。

②在普通接头和导电轨的配合面涂导电油脂。

③安装普通接头和螺栓。

④使用防卡死润滑剂防止不锈钢螺栓卡死。

⑤确保螺栓的紧固力矩为70N·m。

(2)电缆接线端子是否牢固,电缆走向是否符合要求。

(3)因环境温度变化或者负载引起的接触轨的伸缩不应受到限制。

(4)检查是否有断裂和剥落现象。

 想一想

接触轨由哪些部件组成?有什么特点?在线路交叉的地方,第三轨怎样保证供电的连续性?

复习思考题

1. 接触网的主要形式有哪些?
2. 牵引网由哪些部分组成?
3. 接触网的工作特点是什么?
4. 接触网的供电方式有哪些?
5. 柔性接触网由哪几部分组成?
6. 接触悬挂有哪些类型?各包括哪几部分?
7. 定位装置的作用是什么?
8. 补偿装置的作用是什么?
9. 什么是中心锚接?
10. 线岔的作用是什么?
11. 电连接有什么作用?
12. 分段绝缘器有什么作用?
13. 什么是刚性悬挂?
14. 架空刚性悬挂由哪几部分组成?
15. 架空刚性悬挂和架空柔性悬挂相比,各有什么特点?
16. 第三轨接触网的特点是什么?
17. 按与受流靴的接触摩擦方式,接触轨可分为哪几种?

单元 7 城市轨道交通供电系统的保护和控制

问题导入

随着城市轨道交通高负荷运营,其供电系统面临着严峻的考验,既要做到安全、经济、降低损耗,又要能够在故障和异常情况下迅速应对,将影响范围控制到最小,最大程度保证城市轨道交通的运营,这就需要建立一个能对供电一次系统主要设备进行监视、测量、保护、控制、管理的系统。那么,城市轨道交通供电系统中设置了哪些保护,分别起到什么作用?如何实现对开关设备的控制?调度是如何实现对供电设备进行远程监视和控制的?本单元将回答这些问题。

学习要点

1. 继电保护的任务、组成和要求;
2. 城市轨道交通牵引供电直流保护的原理;
3. 二次回路基本知识;
4. 远动技术原理;
5. 电力监控系统的组成和功能。

技能目标

1. 能分析直流保护的原理和动作情况;
2. 能识读二次回路图纸;
3. 能对继电保护和二次回路进行分析和故障处理;
4. 能分析远动系统的拓扑结构和数据交换原理;
5. 能应用变电所综合自动化系统。

素质目标

1. 具有良好的团队协作、人际交往和协商沟通的能力;
2. 具有良好的心理素质以及克服困难的能力;
3. 具有良好的职业道德和规范、安全与质量控制等职业素养;
4. 具有良好的城市轨道交通工程伦理和环保意识。

> **建议学时**
>
> 8学时

7.1 继电保护概述

继电保护装置是一种能在电力系统中电气元件发生短路故障或异常状态时,动作于跳闸或发出信号的自动装置。

7.1.1 继电保护的任务

(1)当电力系统被保护对象发生故障时,能自动地、有选择地、快速地通过断路器,将故障元件从电力系统中切除。

(2)当电力系统出现异常运行状态时,根据运行维护条件动作并发出信号,减负荷或跳闸。

7.1.2 继电保护的基本原理和组成

1)继电保护基本原理

继电保护的基本原理是以被保护线路或设备故障前、后某些变化的物理量为信息,当信息量达到一定值时,启动逻辑环节,发出相应的命令。

2)继电保护装置组成

继电保护的原理及组成框图如图7-1所示。

图7-1 继电保护装置基本结构原理图

(1)测量部分。测量被保护对象的有关物理量,与给定量进行比较,给出"是"或"非"信号。

(2)逻辑部分。根据测量输出的大小、性质、输出逻辑状态,使保护按一定逻辑关系工作,然后确定跳闸或发信号。

(3)执行部分。根据逻辑部分传送的信号,最后完成保护装置所承担的任务。

7.1.3 继电保护的分类

每个电气元件一般都装设有主保护、后备保护,必要时增加辅助保护。

1)主保护

反映整个被保护对象的故障,并以最短的时延有选择地切除故障的保护。

2)后备保护

当主保护或断路器拒动时,用来切除故障的保护。

（1）近后备。主保护或断路器拒动时，由本保护对象的另一套保护实现后备。
（2）远后备。主保护或断路器拒动时，由相邻元件或线路的保护实现后备。

后备保护的构成方式如图 7-2 所示。显然，远后备保护的功能比较完备，它对相邻元件的保护装置、断路器、二次回路和直流电源故障所引起的拒动都能起到后备作用，同时它比较简单、经济。因此，宜优先采用。

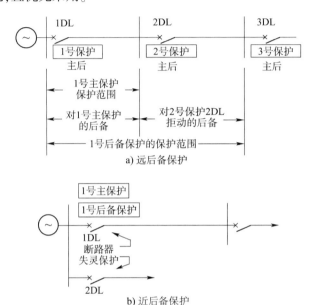

图 7-2　后备保护的构成方式

3）辅助保护

为补充主保护或后备保护的不足而增设的比较简单的保护。

7.1.4　继电保护的要求

继电保护必须满足可靠性、选择性、灵敏性、速动性的要求。

1）可靠性

在规定的保护区内发生故障时，它不应该拒动；区外发生故障时，不误动。

2）选择性

保护装置动作时仅将故障对象从电力系统中切除，使停电范围限制在最小的范围内。

3）灵敏性

在保护区内发生故障时，保护装置对故障作出反应的能力通常用灵敏度来衡量。由于多数短路故障是非金属性短路，计算或测量参数有误差等，要求灵敏度要大于 1。

4）速动性

应力求保护装置能迅速地切除故障。

保护的基本要求是互相联系而又互相制约的。继电保护是随着电力系统的发展，在不断解决保护装置应用中出现的对基本要求之间的矛盾，使之在一定条件下达到辩证统一的过程中发展起来的。继电保护的基本要求是分析研究各种继电保护装置的基础。

> **想一想**
>
> 继电保护的"四性"要求是如何互相联系而又互相制约的？

7.2 直流系统继电保护

直流系统的保护按照被保护设备分为整流机组保护、直流开关保护、直流柜框架保护和钢轨电位保护等。

7.2.1 整流器保护

1）换相过电压保护

在整流元件换相瞬间，由于载流子积累效应产生过电压，其最大值可以达到正常反向电压的5~7倍，为防止整流二极管在承受换相电压时产生过电压而遭到损坏，必须在阳极与阴极之间并联电容保护。电容两端电压不能突变，所以能吸收浪涌电压，为了防止电容与整流二极管组成的回路引起振荡而产生瞬间剧增电流，需串入换相电阻。

2）交直流侧过电压保护

为限制直流侧或整流器交流进线侧可能出现的过电压，例如开关操作过电压或大气过电压，在整流器直流输出端并联安装RC和压敏电阻R_Y过电压限制回路。RC电路由串联阻尼电阻R1和电容C1组成。另外，在整流器的直流输出端还并联起稳压作用的电阻R2，用于限制整流器的空载电压，如图7-3所示。

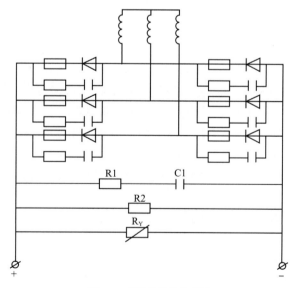

图7-3 整流桥保护示意图

3）整流器内部短路保护

当某个二极管失去反向截止能力时，即造成整流器交流进线相间短路，称这种情况为整流器内部短路。针对整流器内部短路故障,可在整流器设置快速熔断器和逆流监视。

4) 整流臂逆流监视单元

对于内部短路故障,可在整流器上设置逆流保护,该逆流保护由逆流电流互感器和逆流保护单元组成。在整流器的每一个整流桥臂上都装有一个穿心式电流互感器,这种电流互感器的铁芯由高等级的镍铁合金组成,具有近似于矩形的磁滞回线。

如果整流桥臂内的某个二极管反向击穿,则在这个二极管支路上的熔断器开始熔断的弧前时间和燃弧时间内,将有故障电流流过这个桥臂,而接在电流互感器二次侧的逆流保护单元就有信号输出,该输出信号可用作熔断器熔断指示信号。

5) 整流器温度保护

整流器内部设两种温度保护,一种是母线温度保护;另一种是二极管温度保护。温度传感器是分别安装在整流器最热部位的母线和二极管散热器上。母线及二极管温度保护分别各设两个定值,一个是报警温度,另一个是跳闸温度。

6) 电流保护

整流机组应设以下电流保护:

(1) 过载保护;

(2) 过流保护;

(3) 电流速断保护。

7.2.2 直流开关保护

直流开关设备的主要保护有大电流脱扣保护、电流上升率及电流增量保护 DDL 保护、热过负荷保护、电流定时限保护(I_{max+},I_{max-})、低电压保护、双边联跳保护、线路测试功能、自动重合闸功能、逆流保护、交流联跳直流等。

1) 大电流脱扣保护

大电流脱扣保护是高速直流断路器自带的一种保护类型,由开关生产厂家提供,它采用了电磁脱扣原理,主要用于快速切除近端金属性短路故障(此时故障电流非常大,一般超过10000A)。如瑞士赛雪龙(Secheron)公司的直流断路器,在其内设有一个跳闸装置(由一个钢片层压的固定引铁和一个可移动引铁组成),可移动引铁与一个弹簧微调螺钉相连,用于调节跳闸动作值,另外还有一个动铁芯用于触发跳闸。在过流(短路或过载)的情况下,主回路中的绕组在固定引铁内产生一个磁场,动铁芯受这个磁场的作用,通过一个杠杆推动棘爪,从而释放动触头,使断路器跳闸。跳闸动作值可以通过改变磁路的位置,也就是空气气隙的大小而改变。

大电流脱扣保护的固有动作时间仅几毫秒,所以速动性和灵敏性非常高,尤其电流上升非常快的近端短路,往往先于其他保护动作。

2) 电流上升率及电流增量保护

由于城市轨道交通列车运行的密度大,在一个供电区内往往会有几辆列车同时起动,此时流经馈线断路器的负荷电流很大,如果采用普通的过电流保护,往往会造成保护误动作,影响列车正常运行,因此,现代城市轨道交通供电系统普遍采用电流上升率保护(di/dt)及电流增量保护(ΔI)来解决这一问题。列车正常的起动电流与故障短路电流在电流变化量上有比较明显的区别,假设列车的最大工作电流为4000A,列车起动时电流从零增长到最大电流值需要8s,那么一列列车正常的起动电流上升率仅为500A/s。而故障电流的上升率可达到多列列车起动电流的几十倍甚至上百倍。di/dt 和 ΔI 保护就是根据故障电流和正常工作电流在变化率这一特征上的不同来实现保护功能的。

在实际运用中,di/dt 和 ΔI 是通过相互配合来实现保护功能的,而且这两种保护的启动条件通常都是同一个预定的电流上升率值。在保护启动后,两种保护进入各自的延时阶段,互不影响,哪个保护先达到动作条件就由它来动作。一般情况下,di/dt 保护主要针对中远距离的非金属性短路故障,ΔI 主要针对中近距离的非金属性短路故障。

在直流牵引供电系统中,由于采用直流供电制,因此,在交流供电制中采用的电流互感器、电压互感器等测量元件均不能采用,一般快速断路器与负荷之间设置了一个分流器,电流流过分流器时产生一个低电压,该电压经过隔离放大器的隔离、放大,转换成标准信号送给保护单元,由保护单元进行计算并发出跳闸信号。

(1)di/dt 电流上升率保护(以下简称 di/dt 保护)。在运行中,保护单元不断检测电流上升率,当电流上升率高于保护设定的电流上升率时,di/dt 保护启动,进入延时阶段。若在整个延时阶段,电流的上升率都高于保护设定值,那么保护动作;若在延时阶段,电流上升率回落到保护设定值之下,那么保护返回。

图 7-4 所示为一个电流波形在两种保护整定值下的动作情况,在图中分别用"①"和"②"来代表这两种情况。图中,在点 a 处由于电流上升率高于 di/dt 保护整定值,保护启动。在 b 点,对于情况①来说保护延时达到 di/dt 保护延时整定值,且在 a 与 b 间电流上升率始终高于 di/dt 保护整定值,保护动作。对于情况②,在 c 点,电流上升率回落到保护整定值以下,而此时保护延时整定值尚未达到,保护返回。

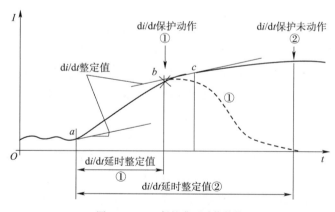

图 7-4 di/dt 保护典型动作特性

(2)ΔI 电流增量保护(以下简称 ΔI 保护)。在 di/dt 保护启动的同时,ΔI 保护也启动,并进入保护延时阶段,保护单元开始计算电流增量。若电流上升率一直维持在 di/dt 保护整定值之上,且电流增量在 ΔI 保护的延时后达到或超过保护整定值,则保护动作。

在计算电流增量的过程中,允许电流上升率在相对较短的时间内回落到 di/dt 保护整定值之下,只要这段时间不超过 di/dt 返回延时整定值,则保护不返回,反之保护返回。图 7-5 所示是 ΔI 保护针对几种典型电流曲线的动作情况。

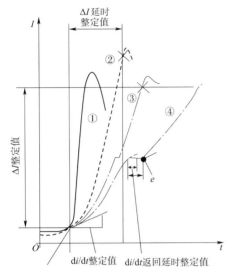

图 7-5　ΔI 保护典型动作特性

电流曲线①：表示保护未动作，电流增量虽然在延时时间段内超过 ΔI 整定值，但延时时间过后电流没有达到 ΔI 整定值。这种保护特性可以躲过列车经过接触网分段绝缘器时的冲击电流和接触网滤波器充电电流。

电流曲线②：表示保护动作，延时后电流增量超过 ΔI 整定值，且在延时时间段内电流上升率一直维持在 di/dt 保护整定值之上。

电流曲线③：表示保护动作，电流增量超过 ΔI 整定值。在电流上升的过程中，虽然电流上升率曾经回落到 di/dt 整定值以下，但未达到 di/dt 返回延时值，因此，保护未返回。

电流曲线④：表示保护未动作，在电流上升的过程中，电流上升率回落到 di/dt 整定值以下，且超过 di/dt 返回延时值，因此，保护返回。在 e 点保护重新启动，并以 e 点作为新基准点重新计算 ΔI 电流值。

(3) di/dt 和 ΔI 保护的整定原则。在采用双边供电方式的供电系统中，di/dt 和 ΔI 保护整定应遵循以下原则：

①由于 di/dt、ΔI 主要用于切除中、远距离故障，因此，整定值不要取得太大，以获得较大的保护范围。

②di/dt 的延时整定应取较大值，以躲过保护区域之外发生故障时的故障电流，如越区故障。

③ΔI 的整定值应足够大，以躲过列车起动电流、列车经过接触网分段绝缘器时的冲击电流和接触网滤波器充电电流，这点主要利用保护的延时实现。

④供电系统设计时考虑的情况与实际情况往往有一定的差距，di/dt 及 ΔI 保护的整定值除了理论计算外，必须经过相应的现场短路试验来最终确定，并且在投入运行后不断总结修改。

3）定时限过电流保护

定时限过流保护也是一种基于电流幅值的保护，和前面所介绍的大电流脱扣保护相比，大电流脱扣保护应躲过机车正常起动时的最大电流，而定时限过流保护电流整定值较低，但时限较长，其启动时不需躲过机车起动最大电流，而是靠延时来区分故障电流和机车起动电流。其动作时限一般为十几秒到几十秒，所以其缺点是不能快速切断故障电流，因而作为一种后备保护。

(1) 正向过电流保护。

图 7-6 为正向过流保护曲线图，曲线 I_{t1} 的电流 2 次超过 $I_{\max +}$ 值，但持续时间都小于 T_+ 值，所以不被视为故障情况，这种短时间的大电流可能是由于多台机车在某一时刻同时加速而产生的，在曲线 I_{t2} 中的电流超过了 $I_{\max +}$ 值，且持续时间大于 T_+ 值，因此，被视为故障情况，正向过流保护将动作，向直流馈线断路器发出跳闸信号。

这是基于电流幅值的判别方法,当馈电电流超过设定电流值 I_{max+} 或 I_{max-} 值,则启动保护,同时定时器计时,当延时达到 t_{set},断路器跳闸。这是针对电流较小的短路故障设置的后备保护。

(2) 反向过电流保护。

当机车处于再生状态或当地牵引变电所整流机组退出运行,所内直流馈线被用于直流越区供电回路时,如果线路发生故障,会有反向电流通过直流馈线断路器,反向过流保护用于检测并清除该故障。图 7-7 为反向过流保护曲线图。图中曲线 I_{t3},电流超过 I_{max-} 值,且持续时间大于 T_- 值,因此,被视为故障情况,反向过流保护将动作,向直流馈线断路器发出跳闸信号。

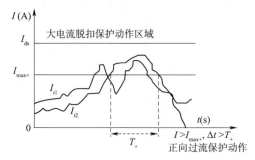

图 7-6 正向过电流保护曲线

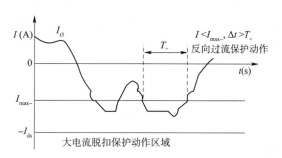

图 7-7 反向电流保护曲线图

4) 接触网过负荷保护

若设备长期处在过负荷运行的情况下,将会导致直流馈出电缆,特别是架空接触网发热甚至瘫痪,发生此类故障时应切除过载运行的线路,待恢复冷却后再投入运行。其工作原理是:保护单元连续测量馈线电流,同时根据接触网的电阻率、电阻率修正系数、长度、横截面积、电流,计算出接触网的发热量,从而再根据接触网和空气的比热等热负荷特性及通风量等环境条件,计算出接触网的温度。如果该温度超过设定值,保护单元发出跳闸信号、分开馈线断路器,待一段时间冷却后开关才能重新合闸。接触网热过负荷保护动作时序图如图 7-8 所示。

不过这种算法比较复杂,在实际应用中一般采用反时限过负荷保护的方式,即电流过载倍数越大,允许持续的时间越短。在保护单元内存储了许多不同大小的动作电流值,对应不同的电流值有不同的跳闸延时,许多值组成了一条跳闸特性曲线,该曲线实际上是一条反时限特性曲线,电流值越大,延时越短。接触网反时限过负荷保护如图 7-9 所示。

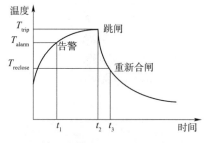

图 7-8 接触网热过负荷保护动作时序图

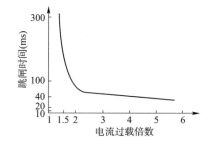

图 7-9 接触网反时限过负荷保护

5) 直流开关柜框架保护

(1) 电流型框架保护。

为了防止直流牵引供电设备内部绝缘能力降低时造成人身危险,每个牵引降压变电所内设置了一套直流系统框架泄漏电流保护装置,该保护包含反映直流泄漏电流的过电流保护。变电所内直流牵引系统设备(包括直流开关柜、负极回流柜、整流器柜)的外壳不是直接接地,所有的外壳通过电缆接在一起(简称为框架),经过一个分流器再接到大地,对地有一定的电阻。当框架对地有泄漏电流时,电流经过分流器流向大地,这个电流再产生一个电压,通过电流变换器转换成电压信号输入到保护装置内进行判断,如达到保护装置的整定值则保护输出动作,从而保证人身与设备的安全。

(2)电压型框架保护。

框架保护除了包含反映直流泄漏电流的过电流保护外,还反映接触电压的过电压保护。同样,框架与负极(钢轨)间的电压信号,经过电压变换器转换成一个低电压信号输入保护装置,输入的电压信号经过保护装置内的程序判断,并与事先储存的反时限延时曲线比较,当保护单元检测到输入的电压比较高,对应的框架与负极(钢轨)之间的电压已经达到或超过整定值时,输出信号使短路器跳闸。图 7-10 为框架泄漏保护及钢轨电位限制装置接线示意图。

6)钢轨电位保护

在利用钢轨回流的直流牵引供电系统中(钢轨对地为绝缘安装),为了防止钢轨电压过高而对人身造成的伤害,在钢轨与保护地之间安装了钢轨电位限制装置,如图 7-11 所示。其功能是不断地检测钢轨与保护地之间的电位差,当出现危险电压时,则自动将钢轨与保护地进行短接。

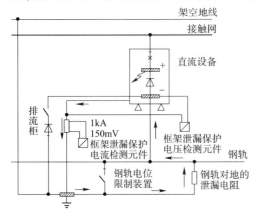

图 7-10 框架泄漏保护及钢轨电位限制装置接线示意图

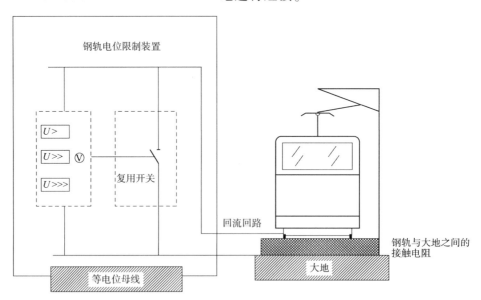

图 7-11 钢轨电位限制装置

钢轨电位限制装置一般由接触器、晶闸管回路、测量和操作回路、信号接口端子、保护装置、防凝露加热器、状态显示设备等组成。控制原理采用了闭环控制，即使在失去辅助电源的情况下，也可以保持将钢轨和大地短接，保证人身安全。一旦电源恢复，短路装置将恢复断开。

下面以 NPMPD 型钢轨电位限制装置为例，进行原理和应用的说明。

NPMPD 型钢轨电位限制装置主要包含下列元件：复用开关、电压测量元件、PLC 逻辑控制模块。

复用开关由直流接触器和晶闸管模块组成，它可以将钢轨与大地通过等电位母线短接。在正常情况下，直流接触器的触头是断开的，同时晶闸管处于截止状态。钢轨与大地之间的电压由电压表检测并显示，而由电压测量元件和晶闸管模块来判断电压并执行相应动作。装置具有一段电压保护 $U>$、二段电压保护 $U>>$、三段电压保护 $U>>>$、低电压保护 $U<$。图 7-12 是其基本电路。

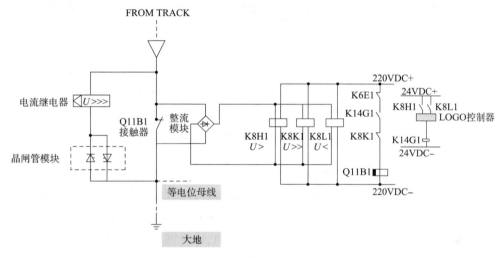

图 7-12　钢轨电位限制装置基本回路原理

（1）当走行钢轨与等电位母线间的电压值小于 $U>$ 设定值时，在这种情况下直流接触器是开断的，即主触头断开。

（2）当测得的电压值大于或等于电压测量元件 $U>$ 的阈值时，经过一段设定的延时后，该装置将回流回路有效短接。如果这时的电压值小于 $U>$ 的阈值，则钢轨电位限制装置经过一段可调整的延时后再进入正常状态。如果电压值又大于 $U>$，则钢轨电位限制装置再次发生短路。此过程一直持续到电压又保持在许可范围内，或短路次数达到预定数，短路装置即会闭锁。当闭锁时，需按复位按钮将其复归。

（3）如果测得的电压值大于或等于 $U>>$ 的阈值，接触器立即闭合，钢轨与大地将被无延时短接。短路装置被闭锁，需按复位按钮将其手动复归。

（4）如果电压超过 $U>>>$ 的阈值，即当电压大于 $600V±50V$ 时，则晶闸管元件立即导通以抵消直流接触器的机械延时，同时直流接触器被激活，而闭锁状态继续保持。闭锁状态需按复位按钮将其手动复归。

（5）本钢轨电位限制装置的控制回路采用闭环原理，一旦控制电源发生故障，装置会自动将钢轨与大地有效短接。这样，在控制电源发生故障时，人员及设施安全得到保障。控制电源的失压能通过远程信号传递。

(6)直流接触器一、二次回路故障发生时,控制器将故障信号输出同时闭锁合闸,需按复位按钮将其手动复归。若直流接触器因故障而不能闭合,在电压大于 600V±50V 时,此功能由晶闸管元件执行。若电压小于 $U<$ 定值,经一段时间延时,系统报故障同时闭锁输出。需按复位按钮将其手动复归。

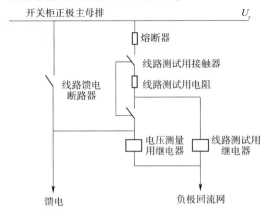

图 7-13 线路测试的典型线路图

7)线路测试

每个馈线柜中都有线路检测装置,在合闸前,对线路段进行测试,以防止断路器合到故障线路上。图 7-13 为线路测试的典型线路图。

线路测试接触器短暂地合闸,以通过接触网上的变压器(通常为 AC220 转化为 200V DC),检测线路侧电阻 R_x,以其值来决定断路器合闸的执行是否允许。如果 R_x 值大于设定值 R_{min},允许合闸。

以赛雪龙直流 1500V 断路器以及 SEPCOS 保护为例,SEPCOS 在断路器合闸前进行线路测试,主要检测母线电压 U_r、馈线电压 U_f、馈出回路电阻 R。

(1)$U_r < U_{residue}$ 且 $U_f > U_{flow}$,直接合闸。其中,$U_{residue}$ 指线路残压,U_{flow} 是线路最小工作电压。

(2)$U_r > U_{flow}$ 且 $U_f > U_{flow}$,直接合闸。

(3)$U_r > U_{flow}$ 且 $U_f < U_{residue}$,同时 $R \geqslant R_{rmin}$,则断路器合闸,否则闭锁。其中,R_{rmin} 是线路最小阻值。

线路测试电路与重合闸、闭锁之间是紧密结合的,重合闸信号的输出不能直接启动断路器开关的闭合,而是必须经过线路测试,判断能否合闸,并由线路测试来确定断路器闭合与断开的命令信号。线路测试的测试次数可调,每次测试时间和两次测试间隔也可调。

8)双边联跳保护

联跳功能(或转移联跳)主要对同一区段供电的断路器柜间进行相互联锁控制,保证与故障(例如短路)线路的完全隔离。根据保护装置的工作模式,装置可发出脉冲或持续的联跳信号。只有在工作位置时,保护装置才发送联跳信号。

直流双边联跳保护,其功能是通过联跳电缆及两侧直流开关柜中配置的联跳继电器来实现的,双边联跳可通过开关或显示单元投退。图 7-14 是双边联跳示意图。

(1)相邻变电所间双边联跳。

当本变电所一台断路器跳闸时,必须使相邻变电所内向同一区间供电的断路器同时跳闸;其功能可通过联跳电缆及两侧直流开关柜中的联跳继电器来实现,每条馈线 SEPCOS 数字式保护监控单元的联跳接收与发送采用独立的回路。

其具体实现过程为:首先,由一个变电所的一台馈线柜内 SEPCOS 型微型计算机综合测控与保护装置联跳发送回路发出联跳信号;然后,经联跳发送继电器及相邻变电所间的联跳电缆,将此联跳信号发送到相邻变电所的向同一区间供电的馈线柜内;最后,经该柜内联跳继电器进入 SEPCOS 型微型计算机综合测控与保护装置,使其实现联跳断路器动作。

单元7 城市轨道交通供电系统的保护和控制

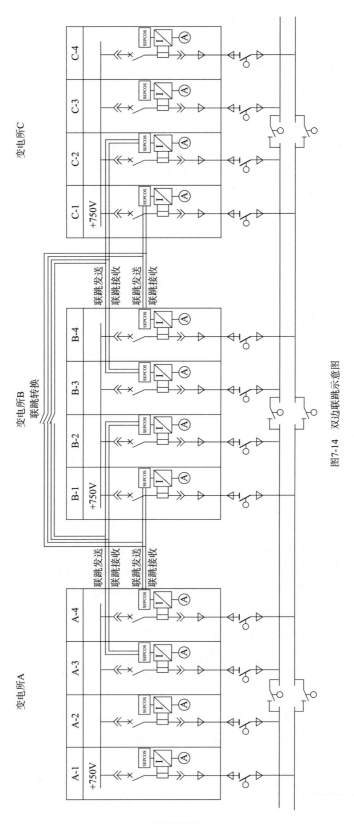

图7-14 双边联跳示意图

(2)越区供电时三个变电所间联跳。

当处于中间的变电所退出运行,合越区隔离开关进行越区供电时,其相邻的两个变电所馈线断路器可以进行联跳信号转换。联跳发送继电器的输出信号通过联跳转换继电器传送给下一牵引变电所的相应馈线柜的联跳接收继电器。联跳转换只与本所馈线柜间接线有关,不需要任何外界连线。

(3)双边联跳控制逻辑。

对于框架保护电流元件动作与电流保护动作产生的联跳信号,采用不同的节点输出(支持 DC 220V)框架电流元件动作产生大于 4s 的联跳信号,联跳并闭锁邻站重合,邻站可就地或远方复归后试送。电流保护动作产生的联跳信号为 2s 脉冲,邻所断路器与本所断路器各自经线路测试重合闸,具体联跳逻辑可在设计联络中确认。图 7-15 为双边联跳逻辑控制图。

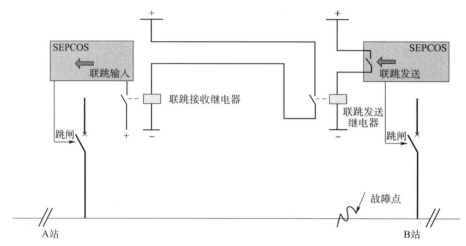

图 7-15　双边联跳控制逻辑图

9)自动重合闸

牵引供电系统故障可分为以下两种类型:瞬时性故障和永久性故障。

瞬时性故障:在接触网线路被继电保护迅速断开后,电弧即行熄灭,故障点的绝缘强度重新恢复,此时,如果把断开的线路断路器再合上,就能恢复正常的供电,因此,称这类故障为"瞬时性故障"。常见的瞬时性故障有列车逆变器换向故障、雷击过电压引起绝缘子表面闪络或角隙避雷器放电、大风时的短时碰线等。

永久性故障:在线路被断开以后,故障仍然存在,这时即使再合上电源,由于故障仍然存在,线路还要被继电保护再次断开,因而就不能恢复正常的供电。此类故障称为"永久性故障"。

因此,在直流馈线开关柜中设置了自动重合闸功能,通过线路测试回路,计算线路残余电阻来判别故障性质,决定是否进行自动重合闸的功能。

(1)自动重合闸的原则。

①正常操作断路器合闸时,对线路进行多次测试(一般设定为 3 次),通过电流和电压的测量,计算线路残余电阻。线路正常则允许合闸,如线路存在持续性故障,则闭锁合闸。

②当接触网发生故障时,断路器分闸,起动线路测试,并根据测试结果判别故障性质,如故障是瞬时性的,自动重合闸将使断路器重新合闸;如故障是永久性的,直流断路器不进行重合闸。框架保护不起动线路测试及重合闸。

(2)自动重合闸条件。

①馈线开关控制单元是否处于"自动模式"。

所谓"自动模式",是指馈线开关控制单元在无保护装置动作及故障跳闸的前提下,从接到合闸指令开始,进入的运行模式。是否处于自动模式,决定断路器跳闸后是否进行重合闸。

当接到分闸指令或框架保护动作或接到框架保护联跳信号,或开关柜内部故障(MCB跳闸、断路器故障、断路器小车故障)信号时,控制单元退出自动模式,不进行重合闸操作。

②馈线断路器处于分闸状态。

③无接触网热过负荷跳闸信号。

④无联跳信号。

(3)重合闸与防跳功能。

直流馈线开关的自动重合闸动作过程是通过柜控制单元内部程序来控制的。

赛雪龙直流开关柜SEPCOS具有通过线路测试回路,判别故障性质的自动重合功能。

正常操作断路器合闸时,能对线路进行多次测试,线路正常允许合闸,如果线路存在持续性故障,闭锁合闸。当接触网发生故障时,断路器分闸,启动线路测试,并根据测试结果判别故障性质,如果故障是瞬时的,自动重合将使断路器重新合闸;如果故障是永久的,直流断路器不进行合闸。框架保护不起动线路测试和重合闸。线路测试次数和测试时间及门限值可调。同时设置防跳功能,防止断路器持续的合闸在故障回路上。

城市轨道交通直流馈线柜需要设置哪些保护?

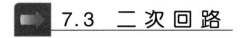

7.3 二次回路

7.3.1 二次回路概述

在前面的学习中已经了解到,变电所中的电气设备可分为一次设备和二次设备两大类。一次设备是指直接生产、输送和分配电能的设备,主电路中的变压器、高压断路器、隔离开关、电抗器、并联补偿电力电容器、电力电缆、送电线路以及母线等设备都属于一次设备。对一次设备的工作状态进行监视、测量、控制和保护的辅助电气设备称为二次设备,二次设备通常由电流互感器、电压互感器、测量仪表、继电保护装置、远动装置、蓄电池组成,采用低压电源供电,它们相互间所连接的电路称为二次回路或二次接线。

二次回路功能如图 7-16 所示。

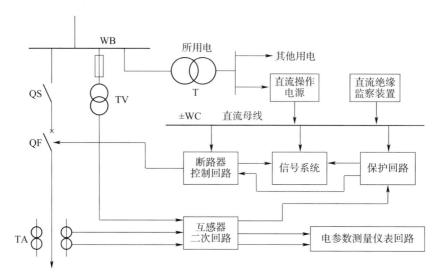

图 7-16　供配电系统的二次回路功能示意图

7.3.2　二次接线图

以国家规定的通用图形符和文字符号来反映二次设备间连接关系的图称为二次接线图。在我国，二次接线图通常可分为原理接线图、展开接线图和安装接线图三种形式，欧美等国家常采用逻辑图、原理图、接线图等形式。

1）原理接线图

原理接线图用来表示继电保护、监视测量和自动装置等二次设备或系统的工作原理，它以元件的整体形式表示各二次设备间的电气连接关系，简称原理图。通常在原理图上还将相应的一次设备画出，构成整个回路，便于了解各设备间的相互工作关系和工作原理。图 7-17a）是 6～10kV 线路的测量回路原理接线图。

从图中可以看出，原理图概括地反映了保护装置、测量仪表等的接线原理及相互关系，但不注明设备内部接线和具体的外部接线，对于复杂的回路难以分析和找出问题。因而仅有原理图还不能对二次回路进行检查维修和安装配线。

2）展开接线图

展开接线图简称展开图，按二次接线使用的电源分别画出各自的交流电流回路、交流电压回路、操作电源回路中各元件的线圈和触点。所以，属于同一个设备或元件的电流线圈、电压线圈、控制触点分别画在不同的回路里。为了避免混淆，对同一设备的不同线圈和触点应用相同的文字标号，但各支路需要标上不同的数字回路标号，如图 7-17b）所示。

展开图中所有开关电器和继电器触头都是按开关断开时的位置和继电器线圈中无电流时的状态绘制的。展开图接线清晰，回路次序明显，易于阅读，便于了解整套装置的动作程序和工作原理，对于复杂线路的工作原理的分析更为方便。

3）安装接线图

安装接线图是进行现场施工不可缺少的图纸，是制作和向厂家加工订货的依据，它反映的是二次回路中各电气元件的安装位置、内部接线及元件间的线路关系。

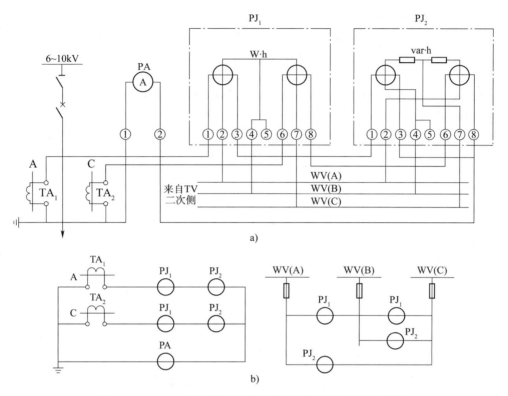

图 7-17　6～10kV 高压线路电气测量仪表原理接线图和展开接线图

TA-电流互感器；TV-电压互感器；PA-电流表；PJ_1-三相有功电度表；PJ_2-三相无功电度表；WV-电压小母线

二次接线安装图包括盘面布置图、盘后接线图和端子排图等几个部分。盘面布置图是按照一定的比例尺寸将屏面上各个元件和仪表的排列位置及其相互间距离尺寸表示在图样上，而外形尺寸应尽量参照国家标准屏柜尺寸，以便和其他控制屏并列时美观整齐。

4）二次接线图中的标志方法

为便于安装施工和投入运行后的检修维护，在展开图中应对回路进行编号，在安装图中对设备进行标志。

（1）展开图中回路编号。

对展开图进行编号可以方便维修人员进行检查以及正确地连接，根据展开图中回路的不同，如电流、电压、交流、直流等，回路的编号也进行相应地分类。具体进行编号的原则如下：

①回路的编号由 3 个或 3 个以内的数字构成，对交流回路要加注 A、B、C、N 符号区分。对不同用途的回路都规定了编号的数字范围，各回路的编号要在相应数字范围内。

②二次回路的编号应根据等电位原则进行，即在电气回路中，连接在一起的导线属于同一电位，应采用同一编号。如果回路经继电器线圈或开关触点等隔离开，应视为两端不再是等电位，要进行不同的编号。

③展开图中小母线用粗线条表示,并按规定标注文字符号或数字编号。

(2)安装图设备的标志编号。

二次回路中的设备都是从属于某些一次设备或一次线路的,为对不同回路的二次设备加以区别,避免混淆,所有的二次设备必须标以规定的项目种类代号。例如,某高压线路的测量仪表,本身的种类代号为 P,现有有功功率表、无功功率表和电流表,它们的代号分别为 P1、P2、P3,而这些仪表又从属于某一线路,线路的种类代号为 W6,那么无功功率表的项目种类代号全称应为"－W6－P3",这里的"－"是种类的前缀符号。又设这条线路 W6 又是 8 号开关柜内的线路,而开关柜的种类代号规定为 A,因此,该无功功率表的项目种类代号全称为"＝A－W6－P3"。这里的"＝"号是高层的前缀符号,高层是指系统或设备中较高层次的项目。

(3)接线端子的标志方法。

端子排是由专门的接线端子板组合而成的,是连接配电柜之间或配电柜与外部设备的。接线端子分为普通端子、连接端子、试验端子和终端端子等形式。试验端子用来在不断开二次回路的情况下,对仪表、继电器进行试验;终端端子则用来固定或分隔不同安装项目的端子排。

在接线图中,端子排中各种类型端子板的符号如图 7-18 所示。端子排的文字代号为 X,端子的前缀符号为":"。按规定,接线图上端子的代号应与设备上端子标记一致。

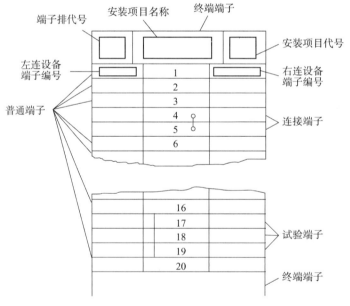

图 7-18　端子排标志图例

(4)连接导线的表示方法。

安装接线图既要表示各设备的安装位置,又要表示各设备间的连接,如果直接绘出这些连接线,将使图纸上的线条难以辨认,因而一般在安装图上表示导线的连接关系时,只在各设备的端子处标明导线的去向。标注的方法是在两个设备连接的端子出线处互相标以对方的端子号,这种标注方法称为"相对标号法"。如 P1、P2 两台设备,现 P1 设备的 3 号端子要与 P2 设备的 1 号端子相连,标志方法所图 7-19 所示。

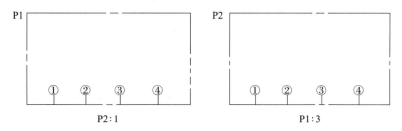

图 7-19　连接导线的表示方法

5）二次回路图的阅读方法

二次回路图在绘制时遵循一定的规律。看图时首先应清楚电路图的工作原理、功能以及图纸上所标符号代表的设备名称,然后再看图纸。

（1）看图的基本要领。

①先交流,后直流;

②交流看电源,直流找线圈;

③查找继电器的线圈和相应触点,分析其逻辑关系;

④先上后下,先左后右,针对端子排图和屏后安装图看图。

（2）阅读展开图基本要领。

①直流母线或交流电压母线用粗线条表示,以区别于其他回路的联络线。

②继电器和每一个小的逻辑回路的作用都在展开图的右侧注明。

③展开图中各元件用国家统一的标准图形符号和文字符号表示,继电器和各种电气元件的文字符号应与相应原理图中的方案符号一致。

④继电器的触点和电气元件之间的连接线段都有数字编号（回路编号）,便于了解该回路的用途和性质,以及根据标号能进行正确的连接,以便安装、施工、运行和检修。

⑤同一个继电器的文字符号与其本身触点的文字符号相同。

⑥各种小母线和辅助小母线都有标号,便于了解该回路的性质。

⑦对于展开图中个别继电器,或该继电器的触点在另一张图中表示,或在其他安装单位中有表示,都在图上说明去向,并用虚线将其框起来,对任何引进触点或回路也要说明来处。

⑧直流正极按奇数顺序标号,负极回路按偶数顺序编号。回路经过元件,其标号也随之改变。

⑨常用的回路都是固定编号,如断路器的跳闸回路是 33 等、合闸回路是 3 等。

⑩交流回路的标号除用三位数外,前面加注文字符号,交流电流回路使用的数字范围是 400～599,电压回路是 600～799,其中个位数字表示不同的回路,十位数字表示互感器的组数。回路使用的标号组,要与互感器文字符号前的"数字序号"相对应。

想一想

阅读图 7-20,能否解读图纸所表达的内容？

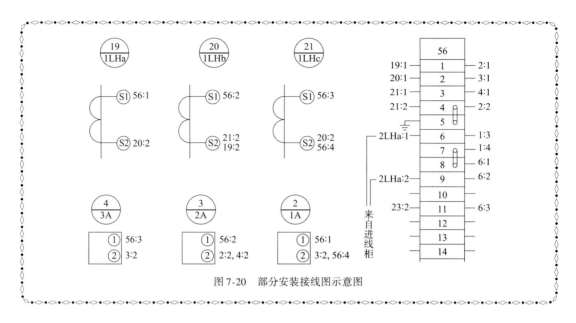

图 7-20 部分安装接线图示意图

7.4 高压开关控制回路

变电所二次回路包括测量、控制、信号回路部分。测量回路包括电流测量回路与电压测量回路,如图 7-21 所示;控制回路包括就地手动合分闸、防跳联锁、试验与互投联锁、保护跳闸及合分闸执行部分;信号回路包括开关运行状态信号、事故跳闸信号等。

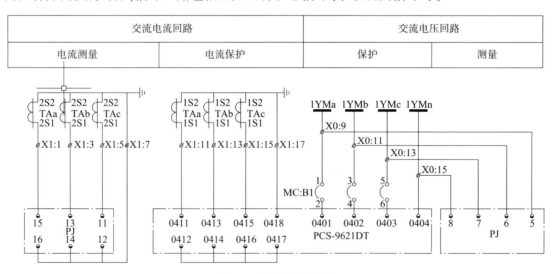

图 7-21 测量回路示意图

开关控制电路应能在就地控制与远方控制间按需要进行切换。

控制电路应达到以下基本要求:

(1)由于断路器操作机构的合闸与跳闸线圈都是按短时通过电流进行设计的,因此,控制电路在操作过程中只允许短时通电,操作停止后即自动断电。

单元7 城市轨道交通供电系统的保护和控制

（2）能够准确指示断路器的分、合闸位置。

（3）断路器不仅能用控制开关及控制电路进行跳闸及合闸操作，而且能由继电器保护及自动装置实现跳闸及合闸操作。

（4）能够对控制电源及控制电路进行实时监视。

（5）断路器操作机构的控制电路要有机械"防跳"装置或电气"防跳"措施。

各厂家生产的开关柜控制电路不尽相同，但基本的框架和逻辑思路均差不多的。下面以某动力变压器开关柜的原理接线图为例（图纸见附录），说明高压开关控制电路的工作原理。

7.4.1 断路器的控制回路

从附图1中可以看到，此控制电路的操作电源采用直流220V，电源由微型空气开关MCB2控制。图中Q0为真空断路器，Q0虚线框中的为断路器手车上的部分，其中52T为分闸线圈、52C为合闸线圈、52AX为防跳跃继电器、52为断路器的辅助触点；Q1为三工位隔离开关，Q1虚线框中的是三工位隔离开关的辅助触点；PCS-9621DT是保护测控装置；还有就地/远方转换开关和分合闸电动操作开关1HK。

1）就地电动分合闸

当远方/就地转换开关拧至就地位时，其触点1-2接通、7-8断开；分合闸操作开关1HK拧至跳闸位时触点7-8接通、1-2断开，拧至合闸位时触点1-2接通、7-8断开；断路器辅助触点52, 1-2、5-6为常开触点，在断路器合闸后闭合，3-4、7-8为常闭触点，在断路器分闸后闭合。

分闸电路：操作电源＋→远方/就地开关1-2→1HK开关7-8→三工位开关Q1触点9-10→断路器辅助触点1-2→分闸线圈52T→操作电源－，分闸线圈得电后断路器跳闸。

合闸电路：操作电源＋→远方/就地开关1-2→1HK开关1-2→保护装置触点0621-0622→三工位闭锁继电器K200触点21-22→三工位开关分合闸继电器触点K1、K2→储能行程开关触点L3→断路器辅助触点3-4→防跳继电器触点21-22→合闸线圈52C→操作电源－，合闸线圈得电后断路器合闸。

2）远方遥控分合闸

遥控分闸电路：操作电源＋→远方/就地开关7-8→保护装置遥控跳闸出口触点0603-0604→跳闸保持继电器TBJ→断路器辅助触点1-2→分闸线圈52T→操作电源－。

遥控合闸电路：操作电源＋→远方/就地开关7-8→保护装置遥控合闸出口触点0601-0602→合闸保持继电器HBJ→保护装置触点0621-0622→三工位闭锁继电器K200触点21-22→三工位开关分合闸继电器触点K1、K2→储能行程开关触点L3→断路器辅助触点3-4→防跳继电器触点21-22→合闸线圈52C→操作电源－。

保护跳闸电路：操作电源＋→保护装置自动跳闸出口触点0908-0909→跳闸保持继电器TBJ→断路器辅助触点1-2→分闸线圈52T→操作电源－。

当52的触电3-4因粘连等原因打不开，而线路又发生故障，保护动作自动跳闸时，防跳继电器触点21-22可以切断合闸回路，防止断路器发生反复分合的跳跃现象。

7.4.2 隔离开关的控制回路

从附图2中可以看到，三工位隔离开关的操作分隔离刀和接地刀两部分，直接由电机驱动,实际上就是同一把开关的不同位置。图中 Q1 为三工位隔离开关的部分,其中 K1 是电机正转继电器,K2 是电机反转继电器,EOI 是三工位开关的辅助触点,S2 是电机行程开关触点。

SH2-B5 表示图册第 2 页的 B 行 5 列的位置,就是附图 1 中远方位触点的下方,即 43R 为远方位,43L 为就地位,P1 为直流 220V 正极,N1 为直流 220V 负极。

1)隔离刀分闸

手动分闸回路:43L→2HK 开关 7-8→断路器辅助触点 23-24→三工位开关辅助触点 1-2→K2 继电器触点→K1 继电器线圈→K200 继电器触点→操作电源负极,K1 继电器得电动作后其常开触点 1-2、3-4、13-14 闭合,电机旋转,此时 2HK 松开返回后仍可由 K1 的 13-14 触点保证 K1 继电器继续工作,直至分闸到位,行程开关 S2 断开,使电路恢复。

遥控分闸回路:43R→保护装置遥控分闸出口触点 0607-0608→断路器辅助触点 23-24→三工位开关辅助触点 1-2→K2 继电器触点→K1 继电器线圈→K200 继电器触点→操作电源负极。

2)接地刀合闸

隔离刀分闸完成后,三工位开关辅助触点 7-8 闭合。43L→3HK 开关 1-2→断路器辅助触点 39-40→三工位开关辅助触点 7-8→K2 继电器触点→K1 继电器线圈→K200 继电器触点→操作电源负极,仍然接通 K1 继电器,电机继续往相同方向旋转,使刀闸打开至接地位置。

3)接地刀分闸

43L→3HK 开关 7-8→断路器辅助触点 31-32→三工位开关辅助触点 3-4→K1 继电器触点→K2 继电器线圈→K200 继电器触点→操作电源负极。

4)隔离刀合闸

手动合闸回路:43L→2HK 开关 1-2→母联柜接地刀辅助触点→断路器辅助触点 27-28→三工位开关辅助触点 5-6→K1 继电器触点→K2 继电器线圈→K200 继电器触点→操作电源负极。串接母联柜接地刀触点是用于保证当母联柜接地刀未打开时,母线上的其他断路器柜不允许和隔离开关。

遥控分闸回路:43R→保护装置遥控合闸出口触点 0605-0606→母联柜接地刀辅助触点→断路器辅助触点 27-28→三工位开关辅助触点 5-6→K1 继电器触点→K2 继电器线圈→K200 继电器触点→操作电源负极。

7.5 电力监控系统

7.5.1 远动技术

由于生产过程自动化程度日益提高,人们不断谋求对生产过程,特别是对处于分散状态的生产过程进行集中监视、控制和统计管理。为满足上述需求,远动技术在综合自动控制理论、计算机技术和现代通信技术的基础上迅速发展起来。

供电系统设有电力调度所,统一指挥供电系统在正常及事故情况下的运行工作,并集中管理沿城市轨道交通线路分布的许多牵引变电所、降压变电所和主变电所中的电力设备。

为了保证供电系统运行的可靠性和经济性,调度所必须及时地掌握系统的实际运行情况。所以,从调度工作出发,一方面需要收集信息,要求变电所将断路器的位置信号、事故信号及主要运行参数等能迅速、正确、可靠地反映给调度所;另一方面,调度所切实了解到系统的运行情况并进行判断处理后,应对变电所下达命令,去直接操作某些设备或调整某些参量,或完成实时控制的任务。为了完成变电所与调度所之间远距离信息的实时自动传输,必须应用远动技术,采用远动装置。

简单地说,远动技术是调度所与各被控端(包括变电所等)之间实现遥控、遥测、遥信和遥调技术的总称,其示意图如图7-22所示。它是实现系统实时调度和进一步实现调度综合自动化的基础。

图7-22 城市轨道交通远动系统

1)遥控

遥控是从调度所发出命令以实现远方操作和切换。这种命令只取有限个离散值,通常只取两种状态指令,例如开关的"合""分"指令。

2)遥调

遥调是调度所直接对被控站某些设备的工作状态和参数的调整,如调节变电所的某些量值(如电压等)。

3)遥测

遥测是将被控站的某些运行参数传送给调度所,如有功和无功功率、电度、电压、电流等电气参数及接触网故障点等非电气参数。

4)遥信

遥信是将被控站的设备状态信号远距离传送给调度所,如开关位置信号、报警信号等。

由此可见,远动技术是综合应用"4C"技术而形成的一门独立学科。"4C"技术分别指:Computation 计算机技术、Control 自动控制理论、Communication 通信技术、CRT 显示技术。

以微型计算机为主构成、以完成常规"四遥"功能为目标的监视控制和数据采集系统,简称微机远动系统,即 SCADA 系统(Supervisory Control and Data Acquisition System)。这种远动系统的被控端简称为远方终端,即 RTU(Remote Terminal Unit)。由于计算机的运算速度越来越快、功能越来越强,使得微机远动系统除了完成常规的"四遥"功能外,还可完成许多其他的数据处理和管理功能,如根据需要编制各种不同的图形、报表,可提供复示终端,可与其他系统联网等功能,还可提供操作人员的在线培训、防误操作以及辅助决策等功能。因此,具有这些扩展功能的微机远动系统,称为电力监控系统。

7.5.2 城市轨道交通电力监控系统组成

城市轨道交通电力监控系统是以现代计算机、网络通信技术、自动化技术为基础构建的具有监视、控制供电系统设备运行状态的复杂计算机集成系统。城市轨道交通电力监控系统是主要由设置在控制中心的电力监控调度系统、设置在城市轨道交通线路沿线变电所的综合自动化系统、供电复示系统以及网络通信通道构成的,其基本结构如图 7-23 所示。下面分别对各组成部分进行介绍。

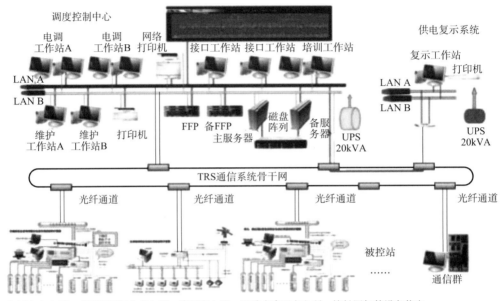

图 7-23　城市轨道交通电力监控系统结构图

1)位于控制中心的电力调度系统

位于控制中心的电力调度系统作为城市轨道交通综合监控系统的一个子系统,其主要组成设备有系统局域网络设备、服务器、工作站、网络打印机及其他网络设备、中心 UPS (Uninterrupted Power Supply,不间断电源)等。系统局域网络主要由构成通信网络的交换机、光纤等设备构成,采用双以太网结构以及 TCP/IP 网络协议,设备包括中心机房网络交换机、调度大厅接入交换机、防火墙等。服务器主要包括系统服务器以及前置服务器,系统服务器用于整个电力监控系统网络管理、数据处理以及其他计算机的共享资源;前置服务器用于系统的网络管理、数据处理以及客户机的访问,实现与各变电所自动化系统间数据交换及预处理功能。工作站主要包括调度员工作站、维护工作站、数据文档工作站,其中调度员工作站主要用于调度人员完成对供电设备的日常监控和调度管理相关任务。系统维护工作站具有电力监控系统软件维护、修改以及网络管理等功能。数据文档工作站主要用于产生电力监控系统所需的各种报表。

2)变电所综合自动化系统

变电所综合自动化系统主要采用分层分布式结构,由站级管理层、网络通信层、间隔设备层组成。

(1)站级管理层。

站级管理层包括控制信号盘及安装于控制信号盘内的通信管理机、一体化监控计算机、用于维护的便携式计算机、交换机等设备。通信管理机用于对变电所内各种设备的信息进行采集处理，形成标准的信息并通过数据通道传送到变电所监控计算机和综合监控系统。一体化监控计算机用于在维修或紧急情况下，变电所获得工作权限后在本机上可进行本站电力设备的监控及相邻站相关设备的运行信息等。交换机用于综控屏设备的接入。综控屏如图7-24所示。

（2）网络通信层。

网络通信层实现站级管理层与间隔设备层之间的通信。变电所内网络通信层包括网络通信服务器、交换机、监控单元之间的通信光缆、电缆及光电转换装置等。网络通信服务器用于接入不同厂家的智能设备，用于站内设备的通信接口以及通信规约的转换。某城市轨道交通间隔层智能设备通信接口类型及通信规约，见表7-1。

图7-24 某变电所综控屏

某城市轨道交通间隔层设备通信接口类型及通信规约 表7-1

设备名称	接口类型	通信规约
35kV开关柜保护测控单元	光纤以太网	Modubus-TCP/IP
1500V直流开关柜保护测控单元	光纤以太网	Modubus-TCP/IP
400V低压开关柜监控单元	RS485	Modubus-RTU
交直流电源装置监控单元	RS485	Modubus-RTU
接触网上网隔离开关	硬接点	—
排流柜	硬接点	—
钢轨电位限制装置	硬接点	—

光电转换装置用于实现智能设备与站内光纤以太网的连接。10kV、750V、0.4kV的智能测控保护设备均通过光缆介质接入变电所综合自动化系统。

（3）间隔设备层。

间隔设备层包括分散安装于供电一次设备中的各种微型计算机保护测控单元、智能监控设备以及采用硬接点输出的现场设备。其设备包括：35kV开关柜保护测控单元及电能表、400V开关柜智能单元及电能表、1500V开关柜保护测控单元及智能单元以及各类智能监控设备，如排流柜、所用交流电源、所用直流电源、杂散电流监控单元、区间隔离开关监控设备等。

3）供电复示系统

在车辆段综合基地供电车间调度室内设置有电力监控系统复示终端，以监视全线供电系统的运行情况，亦可在主变电所增设复示终端，用于现场运营人员掌握设备运行状态、事故信息，提高作业人员作业效率。供电复示系统的设备与调度站设备相似，主要设备包括复示工作站、设备管理工作站、交换机、打印机、UPS等。

4）网络通信及通道

网络通信通道主要用于控制中心、被控站、复示系统之间进行数据交换提供网络通道。网络形式主要采用以太网双通信通道，其设备主要包括以太网交换机、光缆、光电转换等。

7.5.3 城市轨道交通电力监控系统功能

1) 位于控制中心的电力调度系统功能

控制中心监控系统可以实现沿线所有变电所所内电压、电流、功率、电度量和开关量等信息的采集，实现对全线变电所所内设备工作情况的监视与全线各所电力设备的监控工作。其主要功能如下：

(1) 数据采集与处理。系统通过通信通道采集变电站综合自动化系统中各电气设备的运行数据，经监控软件处理后在计算机界面进行显示。

(2) "四遥"功能。即遥控、遥信、遥测、遥调四个功能，其中遥控功能操作界面如图7-25所示，"四遥"的对象见表7-2。

 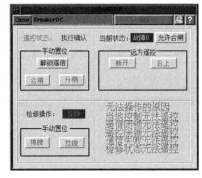

图 7-25 遥控功能界面示意图

城市轨道交通电力监控对象　　　　表 7-2

监控方式	监控对象		
	主变电站	牵引降压混合所	降压变电所
遥控	110kV 断路器/电动隔离开关； 变压器二次侧 35kV 断路器； 35kV 母联断路器； 35kV 馈线断路器； 其他切换开关	35kV 进/出线断路器； 35kV 母联器； 35kV 馈线断路器； 400V 进线、母联、三级负荷总开关； 1500V 直流电动隔离开关； 1500V 直流快速断路器； 接触网电动隔离开关； 35kV 母联开关自投； 重合闸投切	35kV 进/出线断路器； 35kV 母联断路器； 35kV 馈线断路器； 400V 进线、母联、三级； 负荷总开关； 35kV 母联开关自投
遥信	遥控开关合/分位置； 自动装置位置； 远方/当地开关位置； 进线检压信号； 主变保护信号； 馈线保护信号；	遥控开关合/分位置； 自动装置位置； 远方/当地位置信号； 母线检压信号； 35kV 进/出线保护信号； 35kV 馈线保护信号；	遥控开关合/分位置； 自动装置位置； 远方/当地位置信号； 母线检压信号； 35kV 进/出线保护信号； 35kV 馈线保护信号；

续上表

监控方式	监控对象		
	主变电站	牵引降压混合所	降压变电所
遥信	所用电交/直流系统监测信号； 设备自检信号； 自动装置动作信号； 主变抽头位置	整流机组保护信号； 动力变压器保护信号； 1500V 直流馈线保护信号； 400V 系统保护信号； 设备自检信号； 钢轨电位限制装置状态信号； 所用电交/直流系统监测信号	动力变保护信号； 400V 系统保护信号； 设备自检信号； 所用电交/直流系统监测信号
遥测	110kV 电流/电压； 110kV 主变有功功率/有功电度； 110kV 功率因数； 110kV 主变无功功率/无功电度； 主变二次侧电流； 35kV 母线电压； 35kV 馈线电流(交/直流系统有关电量)	35kV 进/出线电流； 35kV 母线电压； 35kV 母联电流； 整流/动力变压器一次侧电流/有功、功率/有功电度； 整流机组输出电流； 1500V 直流母线电压； 1500V 馈线电流； 回流线电流； 400V 进线电流/电压(交/直流系统有关电量)	35kV 进/出线电流； 35kV 母线电压； 35kV 母联电流； 动力变压器一次侧电流/有功功率/有功电度； 40V 进线电流/电压(交/直流系统有关电量)
遥调	主变压器有载调压		

(3) 采样数据显示和查询。以多种方式显示实时数据,如工况图、曲线图、表格等形式,并对客户机提供查询功能。

(4) 报警功能。系统应对供电系统运行的异常状态提供报警功能,报警分为事故报警、预告告警、变位报警、越限告警等,报警方式应具有多样化,如文本、声音、图形等。

(5) 事件顺序记录及事故追忆功能。系统具有将事件信息按顺序记录的功能,事件信息应带有时标,每条信息应有发生的时间、描述、动作状态等参数,事件分辨率小于 5ms。系统具有事故追忆功能,事故追忆不仅包含模拟量数值,还应有事故追忆阶段相关开关量的变化内容。事故追忆功能至少可追忆到事故前 1min 到事故后 2min 的所有模拟量值及开关状态变位等信息,系统能同时存储 10 个以上的事故追忆报告。

(6) 报表及统计功能。提供监测数据的日报、月报、年报等统计报表功能,并对监测数据进行统计分析、存档、查询。此外,还应对各种操作信息、报警、事故信息等进行统计并保存。

(7) 权限管理功能。系统权限分为使用权限管理和控制权限管理。使用权限管理主要是将使用权限进行分级,不同级别的人员具有的使用权限不同,如运行维护人员分为检修管理员级和检修员级;控制权限管理分为中心控制和变电所控制的控制权互斥;就地控制和远方控制(中心或变电所)的控制权互斥。

(8)调度管理功能。系统具有供电系统运行管理、操作管理、设备管理、生产管理等管理功能。

(9)培训功能。系统应具有上岗培训功能,使得从业人员能够掌握电力监控系统的日常操作、运行维护、故障排查等业务。

(10)汉化功能。系统界面应为中文界面,方便调度员的学习及操作。

(11)软件编辑、维护、修改、扩展功能。系统具有对应用软件维护修改功能,当数据库或用户画面由于某些原因发生数据变化或显示有误,维护人员应能调出数据库定义程序或画面编辑程序,对有关错误进行修改调整。当系统需增扩一些对象时,维护操作人员可根据数据库及画面编辑原则,对系统进行扩容。

(12)系统容错、自诊断恢复功能。主站设备自检标志达到设备级,被控站设备自检标志达到模块级,故障时能提示报警并记录和召唤打印。当系统外部断电恢复后,系统能够自动恢复正常运行。

(13)通道及网络管理功能。对基础设备采集量的修改、人机界面更改、硬件参数配置及对网络设备的统一管理设置。

(14)系统时钟同步功能。通过 GNSS 装置获得标准时钟信息。

2)变电站综合自动化系统功能

变电站综合自动化的监控系统负责完成收集变电站内部各间隔层装置采集的信息,完成分析、处理、显示、报警、记录、控制等功能,并将信息传送至电力调度控制中心,接受调度控制中心命令,对间隔层相关设备进行控制。其主要由数据采集与数据处理、人机联系、远方通信和时钟同步等环节组成,实现变电站的实时监控功能。变电站综合自动化系统中的监控系统的基本功能分述如下。

(1)实时数据采集和处理。

采集变电站电力运行实时数据和设备运行状态,包括各种状态量、模拟量、脉冲量(电能量)、数字量和保护信息,并对这些数据进行处理后,存储并经过通信通道传送到电力调度控制中心。

城市轨道交通变电站采集的典型模拟量有有功功率、无功功率、DC 15000/35kV/400V 进线及馈线电流、整流机组电流、35kV/400V 母线电压、交直流屏母线电压、频率、变压器绕组温度、杂散电流。模拟量的主要处理方式有码值转换、越限、复限处理和归零处理。

数字量的采集主要是指采集变电站内微型计算机保护或智能自控装置的信息;主要针对的是通过监控系统与保护系统通信直接采集的各种保护信号,如保护装置上的测量值及定值、故障动作信息、自诊断信息、跳闸报告和波形等。

城市轨道交通变电所状态量主要包括断路器位置、事故跳闸总信号、预告信号(如控制回路断线)、刀闸位置、远方就地信号、PT 断线告警等。

电度量是对电能量的采集。城市轨道交通变电所采集的电度量包括 35kV/400V 正向有功电度、正向无功电度、反向有功电度、反向无功电度。电能计量常用办法有电能脉冲计量法和软件计算法。

(2) 数据处理与记录功能。

变电所综合自动化系统应具有对数据进行处理、存储的功能,存储的信息包括采集的数据、事件,其中事件的信息记录在数据库中。

(3) 采样数据显示和查询。

在监控计算机上进行实时采集数据的查询,可通过图、表、曲线形式对信息进行显示和查询,如在系统的主接线图界面可显示设备的工作状态、电压、电流等相关采集信息,如图7-26所示。

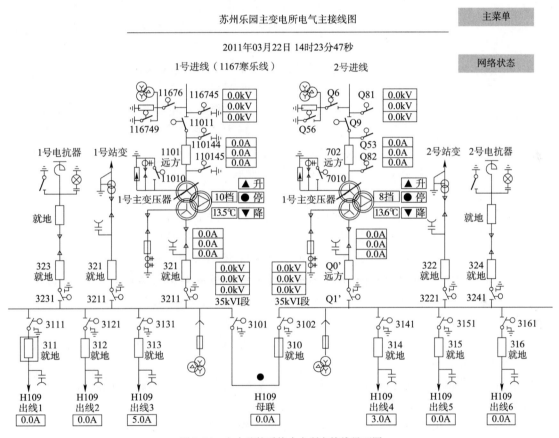

图7-26 电力监控系统中主所主接线界面图

(4) 事故顺序记录、事故追忆功能。

事故顺序记录就是对变电站内的继电保护、自动装断路器在事故时动作的先后顺序进行自动记录,自动记录的报告在显示器上显示和打印。记录事件发生的时间应精确到毫秒级。

事故追忆功能是指对变电站内的一些主要模拟量,在事故前一段时间内做连续测量记录。通过这一记录可了解系统或某一回路在事故前后所处的工作状态,这对于分析和处理事故起辅助作用。事故追忆一般以召唤方式在屏幕上显示或打印。

(5) 故障录波功能。

变电站故障录波系统作为供电系统暂态过程的记录装置,可反映系统故障时的真实状况,帮助运营人员对故障进行分析,及时发现设备缺陷,消除隐患。

(6)运行监视功能。

所谓运行监视主要是对变电站各种状态变位情况的监视和各种模拟上的数值监视。即对变电站各种状态量变位情况的监视和各种模拟量的数值监视。通过状态量变位监视,可监视变电站各种断路器、隔离开关、接地开关、变压器分接头的位置和动作情况、继电保护和自动装置的动作情况以及它们的动作顺序。

(7)操作控制功能。

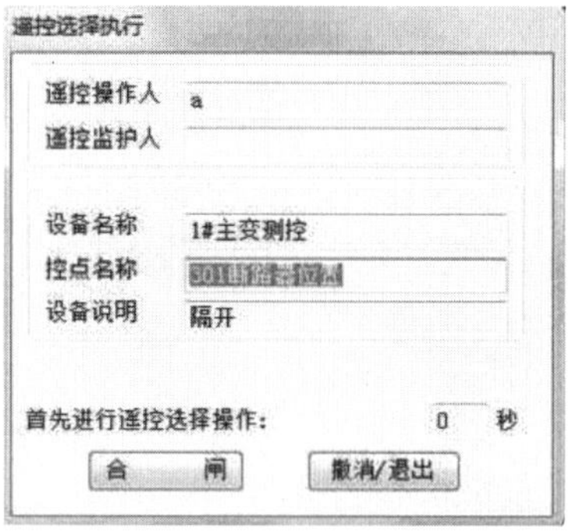

变电所综合自动化系统采用分散控制、集中管理的结构,采用三级控制方式,正常运行时采用远动控制,当设备检修时,采用所内集中控制或设备本体控制。在开关柜上设当地/远方选择开关。三种控制方式相互闭锁,以达到安全控制的目的。正常时控制权限在控制中心,由控制中心实施监控功能,此时站内监控计算机将闭锁控制功能。在紧急情况下,远方控制中心可将控制权限下放至变电所监控系统,此时控制中心失去控制权限,变电站综合自动化系统可对所内任一设备进行操控,如断路器的分、合闸遥控,如图7-27所示。

图7-27 变电所综合自动化遥控功能

(8)报警功能。

报警处理通常分为两种方式:一种是事故报警;另一种是预告报警。前者包括非操作引起的断路器跳闸、保护装置动作或偷跳信号;后者包括一般设备变位、状态异常信息、模拟量越限报警、计算机站控层的各个部件、间隔层单元的状态异常等。告警内容包括开关变位、事件顺序记录、通道中断、继电保护动作等异常信息的告警、显示、记录。

报警方式主要有图形报警、音响报警、文字显示、打印输出等形式。

(9)权限管理功能。

系统应可以设置不同工作人员的管理权限,不同操作员可赋予一种或多种权限。

(10)数据库管理功能。

利用便携式计算机对数据库进行修改、更新等管理,及时对数据库进行维护。

(11)人机友好对话功能。

监控系统可采用人机交互方式对数据库中的各个数据项进行修改和增删。运行人员可以通过显示器、鼠标、键盘等外界接入设备,直观监视并方便地操控设备。可修改的内容有各数据项的编号、各数据项的文字描述、对开关量的状态描述、各输入量报警处理的定义;模拟量的各种限值,包括上下限、上上限、下下限、上极限和下极限;模拟量的采集周期、模拟量越限处理的死区、模拟量转换的计算系数、开关量状态正常/异常的定义、电能量计算的各种参数、输出控制的各种参数、对多个开关量的逻辑运算定义等。

(12)画面显示及编辑功能。

系统提供灵活方便的图形画面显示及编辑功能,方便运营人员添加图元及显示功能,具备报表的在线生成工具,具有在线生成、编辑、修改和定义图形画面和报表的功能。

(13)自诊断与自恢复功能。

自诊断是指计算机监控系统能在线诊断系统全部软件和硬件的运行工况,当发现异常及故障时能及时显示和打印报警信息,并在运行工况图上用不同颜色区分显示。系统统自恢复的功能主要包括:当软件运行异常时,自动恢复正常运行;当软件发生死锁时,其自启动并恢复正常运行;当系统发生软、硬件故障时,备用设备能自动切换。

3) 复示系统功能

复示系统主要设置在车辆段综合基地供电车间调度室内设置有电力监控系统复示终端,用以监视全线供电系统的运行情况,亦可在主变电所增设复示终端,用于现场运营人员对设备运行状态、事故信息的掌握,提高作业人员作业效率;但不具备对电气设备的控制功能。该系统的主要功能如下。

(1) 设备信息管理功能。

所有设备可以以图形的方式直观地显示在所属变电所的接线图画面上,该设备的管理信息都可以方便地录入、修改、查询、统计和打印。管理信息中包括设备数据库信息、设备制造厂家信息、生产日期、保修期、额定电压电流等需要了解的信息;也包括操作记录、缺陷记录、修试记录、巡视记录、事故异常记录、运行记事簿、开关跳闸记录、保护工作记录等设备运行记录。

(2) 运行记录功能。

操作记录:操作记录设有操作日期、操作人、操作内容,不同的用户登录设有不同的权限,普通用户只有添加权限,管理用户具有添加、删除、修改各项权限。

缺陷记录:缺陷记录设有日期、缺陷内容、缺陷编号、缺陷类别、发现人、报告时间、接受报告人、消除时间、工作负责人、验收人。

事故异常记录:主要指系统及设备事故的发生时间、跳闸情况、现象与症状、保护动作情况及简要处理过程。

巡视记录:用于记载值班人员进行的各种类型、性质的巡视及其内容与结果,包括日期、巡视类别、巡视内容、发现问题与结论、巡视人。

修试记录:用以对设备进行的检修、抢修、缺陷记录、试验、维护等工作情况。

开关跳闸记录:记录开关跳闸情况和跳闸次数的专用记录。

(3) 预防性维修提示功能。

系统应允许具有相应权限的用户设置维修提示功能。

(4) 工作票管理功能。

系统具有开票、审核与签发、状态跟踪(工作票的实时状态:计划、签发、开工许可、完工、延期、废票)、作废、打印、统计、查询(合格率统计)功能;工作票一旦完结,仅能进行查询和统计,任何人不能修改。系统应该提供工作票模板,维修工程师通过编辑修改操作票模板以生成新的工作票,相同类型的工作票通过不同的工作票号加以区分。工作票应该可以按设备对象进行存储和管理。查询条件可以是设备对象、设备所处车站、设备检修时间等。

想一想

什么是远动技术?城市轨道交通电力监控系统能实现哪些功能?

复习思考题

1. 继电保护起什么作用,基本组成部分有哪些?
2. 对继电保护有哪些基本要求?
3. 直流牵引供电系统的保护有哪些类型?
4. 简述DDL保护的工作原理。
5. 为什么要设置框架保护?
6. 什么是变电所的二次接线?二次接线图有哪些类型?
7. 试对附录图纸进行进一步阅读分析。
8. 电力监控系统由哪几部分组成?
9. 简述城市轨道交通变电所电力监控的主要内容。

单元 8　安全防护

问题导入

供电系统是城市轨道交通系统的动力源泉,安全更是其头等大事,供电系统的可靠、经济运行,应以安全为基础,高度重视供电系统运行期间一切生产活动的安全性,已成为运行人员的行为准则。那么,供电系统的工作人员除了遵守安全管理规定外,还应掌握哪些安全防护知识呢?比如防雷、接地和杂散电流防护都有哪些做法?本单元将回答这些问题。

学习要点

1. 城市轨道交通供电中的安全防护措施;
2. 城市轨道交通供电杂散电流的形成与防护;
3. 雷电过电压及其防护措施;
4. 城市轨道交通综合接地的概念与要求。

技能目标

1. 能分析城市轨道交通供电中主要风险及安全防护的措施;
2. 能应用避雷装置等进行雷电防护;
3. 能分析城市轨道交通综合接地系统;
4. 能按要求进行倒闸操作和验电接地。

素质目标

1. 具有良好的团队协作、人际交往和协商沟通的能力;
2. 具有良好的心理素质以及克服困难的能力;
3. 具有良好的职业道德和规范、安全与质量控制等职业素养;
4. 具有良好的城市轨道交通工程伦理和环保意识。

建议学时

6 学时

8.1 城市轨道交通供电安全防护概述

8.1.1 供电安全防护

供电是指将电能通过电气设备及电力线路输送给用电设备的过程。供电的安全防护主要是保护人身和设备设施安全,保障供电系统可靠稳定地运行;防止雷电、电磁干扰、杂散电流等原因造成人身伤害、供电中断及设备设施损坏。

1) 人身伤害

人与带电导体或设备外露可导电部分接触时可能会发生触电伤害。触电主要分为电击和电伤两大类。电击时,电流通过人体内部,造成人体内部器官损伤和破坏,如呼吸中枢衰竭、心室纤维性颤动。电伤是强电流瞬间通过人体的某一局部或电弧对人体表面造成的,如灼伤、电烙印和皮肤金属化。电击相较电伤更加危险,心室纤维性颤动会引起心脏骤停,不及时抢救常致人死亡。电伤是一种特殊的烧伤,大面积、深度或长时间也易导致严重伤害甚至死亡。

2) 设备损坏

电气设备通常是根据标准进行设计制造,过高的电压及过大的电流会造成设备的绝缘击穿或过热老化烧毁。如前面章节介绍电力自动化设备及继电保护装置通常可以毫秒级的速度切断电路保护设备,但是面对雷击等过程短(微秒级)、电流大(数百千安级)、电压高(百万伏级)的瞬间故障需采取特殊防护措施才能保证设备安全运行。

3) 附属设施损坏

由于存在电流的热效应、电化学腐蚀效应及电磁感应效应存在,电流在电气设备附近的建构筑物、金属管线其他金属设备上流过,除了造成人的触电伤害外还可能腐蚀金属、破坏钢筋混凝土结构、腐蚀管道、产生高温引起火灾等。

4) 其他

雷电由于其时间短,电流冲击波峰陡峭通常虽然是直流电,但通常可以看作是交流电的一个半波,认为其具有中高频交流电(约100kHz)的特性对通信有一定的干扰。另外,杂散电流、操作过电压设备的绝缘闪络等都会造成电磁干扰。

综上所述,供电过程中存在人身伤害、设备损坏、设施损害和电磁干扰等影响供电稳定可靠的风险,需要采取一定的安全防护措施才能保障供电的连续、可靠、稳定、安全和优质。通常,供电系统中通过采用选择合适的供电系统形式、设置继电保护和电力自动化装置、安装防雷及接地装置和采用警示标志等安全防护措施。

城市轨道交通供电系统中同样采取上述措施,但是由于城市轨道交通通常动力系统采用交流供电,牵引系统采用直流供电,安全防护问题和措施都有自身特点。

8.1.2 城市轨道交通中的供电安全防护

城市轨道交通供电安全防护主要有杂散电流监测与防护、雷电及过电压防护、综合接地系统等。

1）杂散电流监测与防护

城市轨道交通直流供电系统通常采用轨道回流,因为轨道与大地之间无法完全绝缘,存在泄漏,易产生杂散电流,造成金属腐蚀、破坏混凝土结构、烧毁排流设备及轨电位升高危及设备和人身安全等。

2）雷电过电压

过电压主要分为外部过电压和内部过电压。外部过电压是由雷电这种大气放电形成的,主要有直击雷过电压和雷感应过电压。内部过电压是由于电力系统自身运行方式改变,如倒闸操作、跳闸、短路、设备送电等,引起供电系统发生暂态过渡过程,在这个过程中系统内部储能元件(含有电容、电感的设备)电场和磁场的能量释放或储存会呈现很高的电压,形成过电压。城市轨道交通供电中涉及的电压一般在 110kV 以下,存在一定的露天接触网线路、高架接触网线路及相应的电缆架空线路一般外部雷电点过电压风险较大,过电压防护主要以外部雷电过电压为主,内部过电压为辅。

3）多系统接地问题

城市轨道交通中存在多种信息设备、直流设备、交流低压和高压供电设备等,接地类型多、用途各异,同时并存且地铁线路存在大量的地下构筑物,将各类系统接地独立设置存在困难且互相影响导致过电压引起设备损坏人员电击危险、电磁干扰等风险。

综合上述城市轨道交通供电安全防护的一些独特问题,下面将对杂散电流的形成与防护、雷电及过电压防护、多系统综合接地的做法进行讲解。

雷雨天气是否可以进行柔性接触网一般维护,原因是什么?

8.2 过电压与防雷

8.2.1 过电压的类型

过电压是指电气设备或线路上出现的超过正常工作要求并威胁其电气绝缘的电压。过电压按其发生的原因可以分为两类:内部过电压和外部过电压(雷电过电压),如图 8-1 所示。

1）内部过电压

内部过电压往往是由于操作不当等原因而形成持续的电弧或由于系统本身的参数不当而发生谐振引起的,可分为操作过电压、弧光接地过电压及谐振过电压。内部过电压一般不会超过系统运行时额定电压的 3~4 倍,内部过电压的问题可以通过提高绝缘而得以解决。

2）雷电过电压

雷电过电压又称为大气过电压。它是由于电气设备或建筑物受到直接雷击或雷电感应而产生的过电压。雷电过电压产生的雷电冲击波,其电流幅值可达几千安培,危害相当大。

雷电过电压的基本形式可以分为以下三类：

（1）直击雷过电压，是雷电直接击中而产生的过电压。遭受直击雷会产生灾难性的后果，因此，必须采取有效的防御措施。

（2）感应过电压，是雷电对设备、线路或其他物体产生静电或电磁感应而引起的过电压。感应过电压对电力系统的危害也很大。

（3）雷电波侵入，是由于直击雷或感应雷而产生的高电位雷电波，沿架空线侵入变电所或建筑物，并在变压器的内部引起行反射，产生很高的过电压。

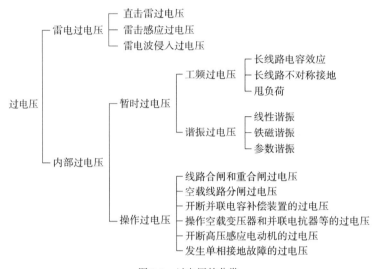

图 8-1 过电压的分类

城市轨道交通一般电压在 110kV 以下，雷电过电压可能造成的危险远大于内部过电压。

8.2.2 雷电防护

城市轨道交通中最常见的雷电防护装置是避雷器。

1）保护间隙

保护间隙又称放电间隙，是最简单的防雷保护装置，它由主间隙、辅助间隙和支持瓷瓶组成。主间隙按结构形式不同，分为棒型、环型、球型和角型。在供配电系统中，角型保护间隙使用最广泛，如图 8-2 所示。主间隙 S1 由两个金属电极构成，两极间有一定的空气间隙，一个极接于供电系统，一个极与大地相连。当供电系统遭到大气过电压时，保护间隙作为一个薄弱环节首先击穿，并将雷电流释放到地中，减轻了供电系统的过电压，保护了供电系统的绝缘。辅助间隙 S2 的作用是防止主间隙被异物短路引起误动作。

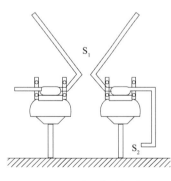

图 8-2 角型保护间隙

保护间隙的优点就是结构简单、造价低。但是，由于放电间隙暴露在空气中，放电特性受环境影响大，放电分散性大，并且由于一般保护间隙的电场属于极不均匀电场，因此，它的伏秒特性曲线比较陡，与被保护设备的绝缘配合不理想。保护间隙的另一个严重的缺点是弧灭能力差，对于间隙动作后流过的工频续流往往不能自行熄灭，将引起断路器的跳闸，为了保护安全供电，往往与自动重合闸装置配合使用。

2）管型避雷器

管型避雷器实质上是一种具有较高熄弧能力的保护间隙。管型避雷器有两个相互串联的间隙，一个在大气中称为外间隙，另一个间隙装在产气管内，称为内间隙或灭弧间隙。

管型避雷器采用了强制熄弧的装置，因此，它比保护间隙熄弧能力强。但由于管型避雷器具有外间隙，受环境的影响大，故与保护间隙一样，仍具有伏秒特性曲线较陡、放电分散性大的缺点，不易与被保护设备实现合理的绝缘配合。

3）阀型避雷器

阀型避雷器由装在密封瓷套管中的火花间隙组和具有非线性电阻特性的阀片串联组成。阀片是由金刚砂（SiC）和结合剂在一定的高温下烧结而成，具有良好的非线性特性和较高的通流能力。阀片的电阻值随着所加电压变化而变化，当阀片上所加电压增大时，电阻值减小；当阀片上电压减小时，电阻值增大。这样，在通过较大雷电流时，使避雷器上出现的残压不会过高，对较小的工频续流又能加以限制，为火花间隙的切断续流创造了良好的条件。在很多场合，阀型避雷器已经被金属氧化物避雷器取代。

4）氧化锌雷器

金属氧化物避雷器又称压敏避雷器。它在结构上没有火花间隙，由氧化锌或氧化铋等金属氧化物烧结而成的压敏电阻片（阀片）组成。这种避雷器的阀片具有优异的非线性伏安特性，在工频电压下，阀片具有极大的电阻，呈绝缘状态，能迅速有效地阻断工频续流，因此，无须火花间隙来熄灭工频电压引起的电弧；当电压超过一定值（称为起动电压）时，阀片"导通"，呈低阻状态，将大电流泄入地中；当危险过电压消失以后，阀片迅速恢复高阻绝缘状态。金属氧化物避雷器具有无间隙、无续流、通流量大、残压低、体积小、质量轻等优点，在城市轨道交通中有大量的应用，应用结构上主要有无间隙金属氧化物避雷器和带外串联间隙金属氧化物避雷器，其中带外串联间隙避雷器在接触网上较为多见。

无间隙金属氧化物避雷器应用于接触网防雷保护时，避雷器如果并联在绝缘子两端，将长期承受系统运行电压，可能出现老化故障，需要定期检测维护，因此，架空接触网雷电防护不宜采用无间隙金属氧化物避雷器。但为了防止雷电侵入波对变电所设备造成危害，在馈出线上网点处的雷电防护宜采用无间隙金属氧化物避雷器。可在上网隔离开关牵引变电所侧并联安装无间隙金属氧化物避雷器，既保护隔离开关，又起限制雷电侵入波幅值、保护所内设备的作用。

带外串联间隙金属氧化物避雷器由避雷器本体和串联间隙两部分构成，并联安装于绝缘子两端，宜将避雷器本体安装在绝缘子正下方，典型结构形式如图8-3和图8-4所示。正常运行电压、操作过电压下，串联间隙不击穿；雷电过电压作用下，串联间隙击穿放电，雷电过电压施加到避雷器本体上，由于金属氧化物电阻片具有良好的非线性伏安特性，避雷器本体瞬间呈现低阻抗，释放雷电能量后，避雷器本体恢复高阻抗，阻断系统对地直流续流，串联间隙恢复绝缘状态。

带外串联间隙金属氧化物避雷器适合用于架空接触网绝缘子雷电防护，安装避雷器的绝缘子不再发生雷击闪络，降低接触网雷击跳闸率。在系统正常运行时，工作电压绝大部分加在串联间隙上,避雷器本体电阻片几乎不存在老化损坏的问题,维护工作量少。

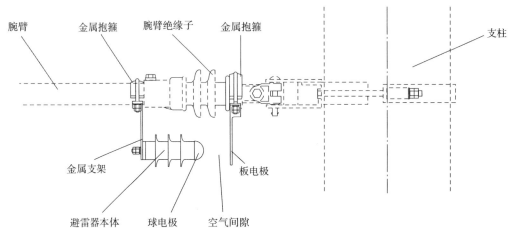

图 8-3　腕臂绝缘子安装带外串联间隙金属氧化物避雷器典型结构

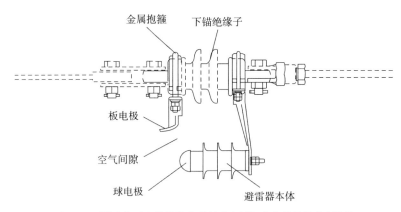

图 8-4　下锚绝缘子安装带外串联间隙金属氧化物避雷器典型结构

当架空接触网设有附加馈线时,应在安装带外串联间隙金属氧化物避雷器的每根支柱处将附加馈线和接触线做等电位连接,使附加馈线绝缘子也受到避雷器的有效保护。若等电位连接有困难,应对未做等电位连接的附加馈线绝缘子继续安装带外串联间隙金属氧化物避雷器,如图 8-5 所示。

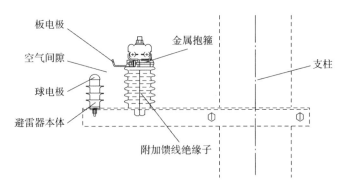

图 8-5　附加馈线绝缘子安装带外串联间隙金属氧化物避雷器典型结构

 **想一想**

腕臂绝缘子为什么需要安装带外串联间隙的金属氧化物避雷器？

8.3 接　　地

大地由于能吸收无限电荷，因此，大地从电位宏观上看为零电位。由于大地中自然电场和人工电场的影响，大地各点的电位是不同的，工程上把离开人工电场(接地体)20m远处的地电位视为零电位。接地是将电气设备的某些部位、电力系统的某点与大地相连，提供故障电流及雷电流的泄流通道、稳定电位、提供零电位参考点，以确保电力系统、电气设备的安全运行，同时确保电力系统运行、检修人员的人身安全。

8.3.1　接地的分类

接地一般分为两类：保护性接地和功能性接地。

1）保护性接地

保护性接地通常分为如下四种：

(1)保护接地：将设备的外露导体部分接地，称为保护接地，其目的是防止电气设备绝缘损坏或产生漏电时，平时不带电的外露导体部分带电，从而使人触及而产生电击。

(2)防雷接地：将雷电导入大地，防止雷电流使人受到电击或财产受到损坏。

(3)防静电接地：将静电荷引入大地，防止由于静电积聚对人体和设备造成危害。

(4)防电蚀接地：在地下埋设金属体作为牺牲阳极或牺牲阴极，保护与之连接的金属体，例如金属输油管。

2）功能性接地

功能性接地也可分为四种：

(1)工作接地：为了保证电力系统的正常运行，在电力系统的适当地方进行接地，称为工作接地。交流系统中，此点一般为中性点。

(2)逻辑接地：为了获得稳定的参考电位，将电子设备中的适当金属件作为参考零电位，需获得零电位的电子器件接在此金属件上，这种接法称为逻辑接地。

(3)屏蔽接地：将金属壳或金属网接地，保护壳或网内的电子设备不受外界的电气干扰，或者使壳内或网内的电子设备不对外部电子设备引起干扰。

(4)信号接地：为保证信号具有稳定的基准电位而设置的接地，称为信号接地。

8.3.2　接地电阻

接地装置包括接地体和接地线，接地电阻是接地的流散电阻与接地线、接地体的电阻之和。接地线、接地体电阻一般很小，可以忽略不计，因此，可以认为流散电阻就是接地电阻。测量得到的接地电阻一般都比计算结果大，这是因为实际的接地装置与土壤的接触不是面接触而是点接触，二者之间存在一定的接触电阻。

一般要求接地电阻越小越好,如果接地电阻过高,当发生接地时,可能会使接触电压和跨步电压超过允许值,造成危险。接触电压和跨步电压如图8-6所示。

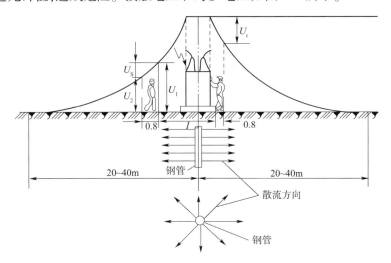

图8-6 接触电压和跨步电压示意图

(1)接触电压:是指人站在发生接地短路故障设备旁边,距设备水平距离0.8m,这时人手触及设备外壳(距地面1.8m的高处),手与脚两点之间呈现的电位差。

(2)跨步电压:当电气设备发生接地故障,接地电流通过接地体向大地流散,在地面上形成分布电位,这时若人们在接地短路点周围行走,其两脚之间(人的跨步一般按0.8m来考虑)的电位差,就是跨步电压。

8.3.3 城市轨道交通接地系统

1)综合接地的概念

供电系统中,同时存在多个用于不同目的、不同用途的接地系统,这一点在接地分类中已进行了说明。在交流系统中,任一电压等级都同时存在工作接地和保护接地的问题,例如,110/35kV主变电所中存在110kV设备的保护接地、35kV系统的工作接地、35kV设备的保护接地;车站35/0.4kV降压变电所中存在35kV设备的保护接地、0.4kV系统的工作接地、0.4kV设备的保护接地。城市轨道交通的通信等其他设备系统也需要设置用于设备正常工作以及设备和人身安全的工作接地、防雷接地和保护接地,因此,一个车站内要求接地的系统和设备很多。从接地装置的要求上,可以共用接地装置,也可以分设,但分设接地装置时强电和弱电接地装置需要相距20m以上。在分开设置不同的接地装置时,若距离不能满足要求,将导致由于接地装置电位不同所带来的不安全因素,不同接地导体之间的耦合影响也难以避免,会引起相互干扰,因此,目前城市轨道交通多采用综合接地系统。

综合接地系统是指供电系统和需要接地的其他设备系统的系统接地、保护接地、电磁兼容接地和防雷接地等采用共同的接地装置,并实施等电位联结措施。各类接地可以采用单独的接地线,但接地极和"等电位面"是共用的,不存在不同接地系统接地导体之间的耦合问题,也避免了采用不同接地导体时产生的电位不同问题。综合接地装置的接地电阻值按照接入设备的要求和人身安全防护的要求等方面综合确定,综合接地装置的接地电阻值必须不大于接入设备所要求的最小接地电阻值。

综合接地系统一般由共用接地极引出两个接地母排,即一个强电接地母排,一个弱电接地母排,分别用于供电系统和通信信号等弱电系统的各类接地,如图 8-7 所示。

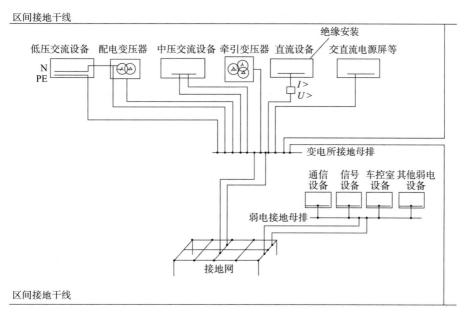

图 8-7　综合接地示意图

2) 接地网

全线地下车站设置独立人工接地网,地面和高架车站利用建筑结构钢筋与人工接地网合建综合接地网,接地网的接地电阻一般应不大于 0.5Ω,困难情况下应符合 $R \leqslant 2000/I$,并校验接触电势和跨步电势。

接地网一般应满足如下要求:

(1) 为减少工程开挖量,地下车站接地网应设置在车站结构底板下,接地体与结构板间的距离不小于 $0.6\mathrm{m}$;地面和高架车站(包括车辆段和停车场)利用建筑结构钢筋和周围空地设置综合接地网。

(2) 为满足防腐和导电的要求,接地体选用铜材。

(3) 考虑地下水的影响,引上线引出结构底板处应采取防水措施。

(4) 接地网设置强电设备引出端子和弱电设备引出端子,强、弱电设备引出端子间的距离应大于 $20\mathrm{m}$。

(5) 接地引出端子应避开线路、结构底梁和结构柱,强电引出端子应尽量位于变电所电缆夹层中或靠近强电电缆井,弱电接地引出端子应靠近弱电电缆井或弱电设备处,以缩短接地回路的长度,并节省电缆投资。

3) 等电位联结

电气装置间或某一空间内,将金属可导电部分包括电气装置外露可导电部分和电气装置外部可导电部分,以恰当的方式互相连接,使其电位相等或相近,此类连接称为等电位联结。

对设备和人身安全造成危害的电气问题,都不是因为电位的高或低引起的,人身遭受电击、电气火灾的发生和电子信息设备的损坏,主要是由电位差引起的放电造成的。消除或减少电位差,是消除此类电气灾害的有效措施。采用等电位联结可以有效消除或减小各部分之间的电位差,有效防止人身遭受电击、电气火灾等事故的发生。

等电位联结可分为总等电位联结、辅助等电位联结和局部等电位联结。

总等电位联结是将下列可导电部分包括总保护导体、总接地导体或总接地端子,建筑物内的金属管道(通风、空调、水管等)和可利用的建筑物金属部分进行连接,以降低车站、建筑物内间接接触电压和不同金属部件间的电位差,并消除自建筑物外经电气线路和各种金属管道引入危险故障电压的危害。

辅助等电位联结,是将可同时触及的两个或几个可导电部分,进行电气连通,使他们之间的故障接触电压小于接触电压安全限值。

局部等电位联结,是在某一个局部电气装置范围内,通过局部等电位联结板,将该范围内电气设备外露可导电部分和外部可导电部分等进行电气连通,使该局部范围内,故障接触电压小于接触电压安全限值。

等电位联结是安全接地的重要内容,是间接接触防护的主要措施,它不是强调与地的联结,而是要求人身所能同时接触到的、电气系统正常运行不带电而异常时可能带电的设备外露可导电部分(金属外壳)和设备外部可导电部分相互之间的电气连接,从而避免或减小两者或多者之间的电位差,防止人身发生触电危险。

总等电位和局部等电位联结能够避免从接触的可导电物体外部引入的异常电位造成的接触电压危害,如雷击、中压系统接地故障引起的异常高电位的危害。辅助等电位联结能够避免被接触可导电物本身如低压设备外壳所在系统产生漏电带来异常电位的危害。

城市轨道交通系统是如何处理接地的?

8.4 杂散电流防护

8.4.1 杂散电流的形成

直流牵引供电系统在理想的状况下,牵引电流由牵引变电所的正极出发,经由接触网、电动列车和回流轨(即走行轨)返回牵引变电所的负极。但由于钢轨与隧道或道床等结构之间的绝缘电阻不是无限大,这样势必造成流经牵引轨的牵引电流不能全部经钢轨流回牵引变电所的负极,有一部分的牵引电流会泄漏到隧道或道床等结构钢上,然后经过结构钢和大地流回牵引变电所的负极,这部分泄漏电流因大地土壤的导电性质及地下金属管道的位置不同,可以分布很广,故称为"迷流"或"杂散电流"。图8-8为直流牵引杂散电流示意图。

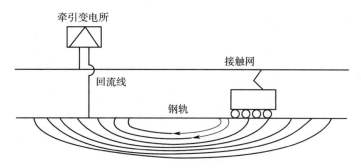

图 8-8　直流牵引地下杂散电流示意图

由图 8-8 可见,在牵引变电所回流线与钢轨相接的回流点处,地下迷流流回到牵引变电所。当轨道沿地下有金属管道或建筑物钢筋等导电物时,地下迷流必多沿金属导体流动,到了回流点附近再流向钢轨流回变电所,因此,在回流点附近的金属管道形成了阳极区,如图 8-9 所示,而且阳极区总是在回流点处不动,这就使阳极区内的金属物正离子流向大地,发生电解腐蚀现象,从而损坏了金属。

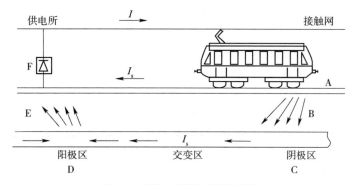

图 8-9　杂散电流腐蚀原理示意图

8.4.2　杂散电流的危害

城市轨道中的杂散电流是一种有害的电流,会对城市轨道交通系统中的电气设备、设施的正常运行造成不同程度的影响,对隧道、道床的结构钢和附近的金属管线也会造成危害。这种危害主要表现在如下几个方面:

(1) 若地下杂散电流流入电气接地装置,会引起过高的接地电位,使某些设备无法正常工作。

(2) 若钢轨(走行轨)局部或整体对地的绝缘变差,则此钢轨(走行轨)对大地的泄漏电流增大,地下杂散电流增大,这时有可能引起牵引变电所的框架保护动作,而框架保护动作则会引起整个牵引变电所的断路器跳闸,全所失电,同时还会联跳相邻牵引变电所对应的馈线断路器,从而造成较大范围的停电事故,影响城市轨道交通系统的正常运营。

(3) 对城市轨道隧道、道床或其他建筑物的结构钢以及地下的金属管线(如电缆、金属管件等)造成电腐蚀。如果这种电腐蚀长期存在,将会严重损坏附近的各种结构钢和地下金属管线,从而破坏结构钢的强度,缩短其使用寿命。

8.4.3 杂散电流的防护

可以采取增加轨道与大地间的绝缘、降低走行轨道的电阻、缩短变电所之间的距离、金属管道远离轨道线路和其他专门的"电保护"等措施使轨道电流少流入大地,即使流入大地也少流向地下金属物,如有已经流入地下金属物的电流,也使其在地下回流点处往专设"电旁泄"直接流回变电所,不形成腐蚀阳极区。所谓"电旁泄"是一种专设的电流通道,它保证杂散电流从被保护建筑物回流入钢轨网、牵引变电所回流线或者直接流入与钢轨网相连的牵引变电所母线,使地下建筑物处于阴极状态。

1）杂散电流的防护原则

为了改善地下电流造成的迷流腐蚀问题,应采取"以堵为主,以排为辅,堵排结合,加强监测"的原则。

(1) 堵。就是隔离和控制所有可能的杂散电流泄漏途径,减少杂散电流进入城市轨道的主体结构、设备及可能与其相关的设施。

(2) 排。就是通过杂散电流的收集及排流系统,提供杂散电流返回至牵引变电所负母线的通路,防止杂散电流继续向本系统外泄漏,以减少腐蚀。

(3) 监测。设计完备的杂散电流监测系统,监视、测量杂散电流的大小,为运营维护提供依据。

2）杂散电流防护的措施

(1) 合理设置牵引变电所。

杂散电流与列车到牵引变电所距离的平方成正比,牵引变电所之间的距离越长,杂散电流越大。在满足供电负荷、供电质量等前提下,可以适当调整牵引变电所的数量和位置,尽量使牵引变电所均匀布置。

(2) 牵引网采用双边供电。

在牵引网制式、牵引变电所间距以及走轨电阻值等条件相同的情况下,采用双边供电比采用单边供电,其牵引电流值减小近一半,杂散电流值仅为单边供电的1/4。

(3) 加强走行轨对地绝缘。

走行轨对地绝缘水平越好,则杂散电流的值越小。城市轨道交通运营中,轨地过渡电阻值的降低是产生杂散电流的最主要原因。《地铁杂散电流腐蚀防护技术规程》中规定"新建线路的走行轨与区间主体结构之间的过渡电阻值不应小于 $15\Omega \cdot km$,对于运行线路不应小于 $3\Omega \cdot km$"。必须定期清扫线路,清除粉尘、油污、脏物、沙土等,保持走行轨绝缘水平良好。及时消除道床积水,保持道床处于清洁干燥状态。

(4) 必要时应用排流法。

排流法存在不足,只能作为一种应急手段。当牵引变电所负母排通过排流柜与道床收集网钢筋电气连通后,原来负母排的负电位因钳制作用而接近零电位,使得两座牵引变电间的走行轨对地电位成倍增加,两牵引变电所间几乎全成为阳极区,除牵引变电所附近钢筋腐蚀减少外,其他区域钢筋以及走行轨腐蚀将更严重。

排流法可分为直接排流法、极性排流法和强制排流法,目前以极性排流法为主。

收集网收集由走轨泄漏出的杂散电流,并将杂散电流引导至牵引变电所的负极,防止杂散电流过多地流向主体结构钢筋和其他金属导体。在整体道床内铺设钢筋网并进行电气连接，以便杂散电流由道床流回牵引变电所提供一个良好的电气回路，可利用道床本身的钢筋作为杂散电流收集网。

当采取排流法进行杂散电流腐蚀防护时，一般在正线牵引变电所内设置杂散电流排流柜，排流柜的一端通过电缆与牵引变电所负极柜相连，另一端与收集网的排流端子相连接。排流柜在线路开通时应安装到位，但并不一定投运，只有当监测到道床收集网钢筋极化电位值超过设定值时，才投运，作为一种应急手段。

(5) 构建杂散电流监测系统。

杂散电流的腐蚀程度是由结构钢筋表面向周围泄漏的电流密度来确定的。一般无法直接对杂散电流进行测量，通常采用间接方法（结构钢筋极化电位偏移值）来反映杂散电流对结构钢筋的腐蚀情况。对于钢筋混凝土质的城市轨道交通主体结构的钢筋，上述极化电位的正向偏移平均值不应超过0.5V。

杂散电流监测系统有分散式监测系统、集中式监测系统和分部式监测系统几种。分部式系统如图8-10所示。

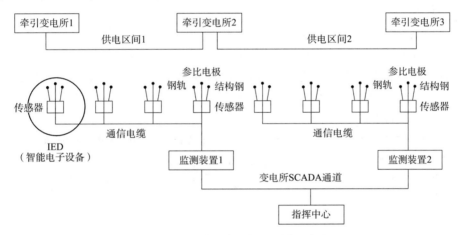

图8-10 分部式杂散电流监测系统示意图

想一想

城市轨道交通供电系统中的地下迷流是怎样产生的？如何防护？

8.5 城市轨道交通供电系统安全要求

8.5.1 保证安全的组织措施

保证安全的组织措施是指在进行电气作业时，将与检修、试验和运行有关的部门组织起来，加强联系、密切配合，在统一指挥下，共同保证电气作业的安全。组织措施包括工作票制度，工作许可制度，工作监护制度，工作间断、转移和终结制度。

1）工作票制度

工作票是指在已经投入运行的电气设备上或电气场所工作时，向工作人员交代工作任务和工作内容，实施安全技术措施，履行工作许可、工作监护、工作间断、转移和终结的书面依据。所谓工作票制度，是指在电气设备上进行任何电气作业，都必须填写工作票，并依据工作票布置安全措施和办理开工、终结手续。

根据作业性质不同，工作票分为两种，即第一种工作票和第二种工作票。第一种工作票用于高压设备停电作业及低压380V电源主母线的停电作业；第二种工作票用于高压设备不停电的作业、低压设备上的停电与不停电作业以及在二次回路上进行的不需高压设备停电的作业。

2）工作许可制度

工作许可制度是指凡是在电气设备上进行停电或不停电的工作，事先都必须得到工作许可人的许可，并履行许可手续后方可工作的制度。未经许可人许可，一律不准擅自进行工作，工作许可时应完成以下工作：审查工作票；申请停电和倒闸操作；布置安全措施；检查安全措施；签发许可工作。

3）工作监护制度

工作监护制度是指工作人员在工作过程中，工作负责人（监护人）必须始终在工作现场，对工作人员的安全认真监护，及时纠正违反安全的行为和动作的制度。

工作负责人办完工作许可手续之后，在工作班开工之前应向工作班人员交代现场安全措施，指明带电部位和其他注意事项。工作开始以后，工作负责人必须始终在工作现场，对工作人员的安全认真监护。

监护人要根据工作现场的具体情况和工作性质，如设备防护装置和标志是否齐全、室内还是室外工作、停电工作还是带电工作、在设备上工作还是在设备附近工作、进行电气工作还是非电气工作、参加工作的人员是熟练电工还是非熟练电工或是一般的工作人员等进行工作监护。

监护内容主要包括：部分停电时，监护所有工作人员的活动范围，使其与带电部分之间保持不小于规定的安全距离；带电作业时，监护所有工作人员的活动范围，使其与接地部分之间保持不小于规定的安全距离；监护所有工作人员工具使用是否正确，工作位置是否安全，操作方法是否得当。

4）工作间断、转移和终结制度

变电所及接触网的电气工作，在工作过程中，一般都要经历工作间断、工作转移和工作终结3个环节。因此，所有的电气工作都必须严格遵守"工作间断、转移和终结"的有关规定。

（1）工作间断制度。变电站的电气工作当日内出现工作间断时，工作班人员应从工作现场撤出，保持所有安全措施不动，工作票仍由工作负责人执存。间断后继续工作，无须经过工作许可人许可；隔日出现工作间断时，当日内工作收工，清扫工作现场，开放已封闭的通路，并将工作票交回值班员。次日复工时，应得到值班员许可后，取回工作票。工作负责人必须事前重新认真检查安全措施，合乎要求后方可工作。若无工作负责人或监护人带领，工作人员不得进入工作地点。

（2）工作转移制度。在同一电气连接部分用同一工作票依次在几个工作地点转移工作时，由值班员在开工前一次做完全部安全措施，转移工作时，不需再办理转移手续，但工作负责人在转移工作地点时，应向工作人员交代带电范围、安全措施和注意事项，尤其应该强调新的工作条件的特殊注意事项。

（3）工作终结制度。变电站的电气作业全部结束后，工作班应清扫、整理现场，消除工作中的各种遗留物件。工作负责人经过周密检查，待全体工作人员撤离工作现场后，再向值班人员讲解检修项目、发现的问题、试验结果和存在的问题等，并在值班处的检修记录簿上记载检修情况，然后与值班人员共同检查检修设备状况，如有无遗留物件、是否清洁等，必要时进行无电压下的操作试验。最后，在工作票（一式两份）上填明工作终结时间，经双方签字后即认为工作终结。工作终结并不是工作票终结，只有工作地点的全部接地线由值班人员全部拆除，并经值班负责人在工作票上签字后，工作票方可终结。

8.5.2 保证安全的技术措施

为了防止停电检修设备突然来电，工作人员由于身体或使用的工具接近邻近设备的带电部分而超过允许的安全距离，人员误走带电间隔和带电设备而造成触电事故，对于全部或部分停电的设备上的作业，必须采取下列保证安全的技术措施：停电、验电、放电及装设接地线、挂标示牌和装设遮栏。上述技术措施由值班员执行，对于无人值班的变电所，由断开电源人执行。

1）停电

对变电所有权停电的设备，值班员可按规定办理准许作业手续、自行停电；对变电所无权自行停电的设备，要按下列要求办理。

（1）属电力调度管辖的设备，作业前由值班员向电力调度提出停电申请，电力调度审查无误后发布停电倒闸命令。

（2）电力调度发布停电倒闸命令后，再发布停电作业命令。电力调度在发布停电作业命令后，受令人认真复诵，经确认无误后，方可给命令编号，批准时间。发令人和受令人同时填写作业命令记录，并由值班员（工作许可人）将命令编号和批准时间填入工作票中。

（3）对不属于电力调度管辖的设备停电时，按有关规定办理手续。

（4）在同一个停电范围内有几个作业组同时作业时，对每一个作业组，值班员必须分别办理停电申请。

2）验电

验电的目的是验证停电作业的电气设备和线路确无电压，防止带电装设接地线或带电和接地刀闸等恶性事故的发生。

验电的方法：

（1）验电时，应先将验电器在有电的设备上试验其性能完好；对于高压验电器，应按下试验开关，确认验电器状态良好，声光指示正确。

（2）验证验电器合格、指示正常后，在被试设备的进出线各侧按相分别验电。验电时将验电器慢慢靠近被试设备的带电部分（直流设备验电时将验电器直接接触到带电部分），若验电器无声光指示,则设备已停电,反之为有电。GIS 组合电器必须用专用的验电氖灯插入电容式感应设备插座进行测试。

(3)最后在有电的设备上复验一次,确认验电器状态良好。

(4)对于无法直接验电的设备,可以进行间接验电,即检查隔离开关(刀闸)的机械指示位置、电气指示、仪表及带电显示装置指示的变化,但至少应有两个及以上的指示或信号发生对应变化;若进行遥控操作,则应同时对隔离开关(刀闸)的状态指示、遥测、遥控信号及带电显示装置的指示进行间接验电。

3)放电和装设接地线

当验明设备确已无电压后,应立即将检修设备用接地线(或接地刀闸)三相短路并接地,电缆及电容器接地前应逐相充分放电。

装、拆接地线的方法及安全注意事项如下:

(1)装、拆接地线必须由两人配合进行。若为单人值班,只允许使用接地刀闸,或使用绝缘棒合接地刀闸接地。这是因为单人装接地线时,若发生带电装设接地线,则会出现无人救护的严重后果。

(2)装设接地线时,应先将接地端可靠接地,验明停电设备无电压后,立即将接地线的另一端接在设备的导体部分上,以防止装设接地线人员因设备突然来电或感应电压而发生触电危险。

(3)拆除接地线时,应先拆除设备的导体端,后拆除接地端。

(4)装、拆接地线时,应使用绝缘棒和戴绝缘手套,人体不得触碰接地线,以免感应电压或突然来电时的触电。

(5)装设接地线时,接地线与导体、接地桩必须接触良好。

(6)接地线的接地点与检修设备之间不得连接有断路器、隔离开关或熔断器。倘若布置的安全措施中存在切断电源操作不彻底的情况,在检修过程中有可能造成电压反馈,使检修设备带电而发生触电事故。故装设接地线时应避免上述情况发生。

(7)对带有电容的设备或电缆线路,在装设接地线之前应放电,以防工作人员电击。

(8)接地线与带电部分要符合安全距离的规定。

4)挂标示牌和装设遮栏

在电源切断后,应立即在有关部位、工作地点悬挂标示牌和装设临时遮栏。

下列部位和地点应悬挂标示牌和装设遮栏:

(1)在一经合闸即可送电到工作地点的断路器和隔离开关的操作把手上,均应悬挂"禁止合闸,有人工作"的标示牌。

(2)凡远方操作的断路器和隔离开关,在控制盘的操作把手上应悬挂"禁止合闸,有人工作"的标示牌。

(3)线路上有人工作时,应在线路断路器和隔离开关的操作把手上悬挂"禁止合闸,有人工作"的标示牌。

(4)当安全距离小于"设备不停电时的安全距离"时,即该距离以内的未停电设备、部分停电的工作设备应装设临时遮栏,并在临时遮栏上悬挂"止步,高压危险!"的标示牌。

(5)在室内高压设备上工作时,应在工作地点两旁间隔的遮栏上、工作地点对面间隔的遮栏上和禁止通行的过道(通道应装临时遮栏)上悬挂"止步,高压危险!"的标示牌。

(6)在室外地面高压设备上工作时,应在工作地点四周用绳子做好围栏,围栏上悬挂适当数量的"止步,高压危险!"的标示牌,标示牌有标志的一面必须朝向围栏里面(使工作人员随时可以看见)。

(7)在工作地点悬挂"在此工作"的标示牌。

上面提到的接地线、标示牌、临时遮栏、绳索围栏等,都是保证工作人员人身安全和设备安全运行的措施,工作人员不得随意移动和拆除。

8.5.3 倒闸作业

倒闸作业是城市轨道交通变电所运行人员的一项重要的常规工作,其操作得准确与否直接关系到操作人员、检修人员的安全和设备的正常运行。

电气设备有多种不同的运行状态,要将电气设备由一种运行状态转变到另一种运行状态,就需要进行一系列的操作,这就是倒闸操作。所谓改变运行状态,就是拉开或合上某些断路器和隔离开关,包括断开或投入相应的直流回路、改变继电保护和自动装置的定值或运行状态、临时接地线等。

倒闸的顺序原则是:严禁带负荷拉、合隔离开关,即停电时,先断开断路器,后断开隔离开关或拉出开关手车,送电时,顺序与上述相反;变压器或母线的操作,停电时,先拉负荷侧开关,后拉电源侧开关,送电时,顺序与此相反。

倒闸操作的基本规律如下:

(1)运行转检修:①拉开必须切断的断路器;②检查所切断的断路器处在断开位置;③拉开必须断开的全部隔离开关;④检查所拉开的隔离开关处在断开位置;⑤挂上保护用临时接地线或合上接地隔离开关;⑥检查合上的接地隔离开关处在接通位置。

(2)检修转运行:①拆除全部保护用临时接地线或拉开接地隔离开关;②检查所拉开的接地隔离开关在断开位置;③检查断路器处在断开位置;④合上全部必须合上的隔离开关;⑤检查所合上的隔离开关处在接通位置;⑥合上必须合上的断路器;⑦检查所合上的断路器处在接通位置。

(3)热备转运行:①合上必须合上的断路器;②检查所合上的断路器处在接通位置。

(4)冷备转运行:①检查全部接线;②检查断路器处在断开位置;③合上全部必须合上的隔离开关;④检查所合上的隔离开关处在接通位置;⑤合上必须合上的断路器;⑥检查所合上的断路处在接通位置。

倒闸操作是将电气设备从一种状态转变到另一种状态的过程,势必将会出现负荷的重新分配和潮流方向的重新调整,因此,倒闸操作前必须了解系统的运行是否合理、继电保护及自动装置是否与一次运行方式相适应、继电保护定值是否要调整等。在倒闸操作中,应注意监护表计,分析其指示是否正常,同时还需注意下列几点:

(1)倒闸操作必须两人配合进行,其中对设备较为熟悉者作为监护人(单人值班的变电所,倒闸操作由一人执行)。特别重要和复杂的倒闸操作由熟练的值班员操作,值班负责人监护,操作中执行监护制度,可及时纠正操作人在操作中可能出现的错误操作。同时,当在操作中发生意外时,监护人可及时对其进行救护。

(2)用绝缘棒拉、合隔离开关或经传动机构拉、合隔离开关和断路器,均应戴绝缘手套,雨天操作绝缘棒应加装防雨罩,还应穿绝缘靴;雷电天气时,禁止进行倒闸操作。

(3)装有闭锁装置(电气闭锁或机械闭锁)的隔离开关,应按闭锁装置要求进行操作,不得擅自解除闭锁。

倒闸操作票是防止误操作的主要措施,必须正确填写、执行和保管。操作票主要内容有编号、操作任务、操作顺序、发令人、操作人、监护人、下令时间、操作开始时间和终了时间等,书写应使用标准化的术语。

不同地区、不同公司,操作票术语或操作习惯不一定完全相同,但大原则是一致的,举例如下:

(1)开关操作:断开×××断路器(隔离开关),查确已断开;合上×××断路器(隔离开关),查确已合好。

(2)手车操作:将×××手车拉至试验位(或柜外);将×××手车推入工作位。

(3)操作电源操作:停×××交流(直流)操作电源,查确已断开;合×××交流(直流)操作电源,查确已合好。

(4)接地刀操作:查×××带电显示器三相灯灭,合上×××接地刀,查确已合好;拉开×××接地刀,查确已断开。

(5)接地线操作:在×××(设备)×侧验明无电,在×××(设备)×侧挂×号接地线;拆除×××(设备)×侧×号接地线,查确已拆除。

接触网验电接地实训

一、实训目的

掌握接触网验电、挂接地封线的程序和方法。

二、实训组织及要求

(1)指导教师人数:1人。

(2)学员分组:2人一组。

(3)纪律要求:

①要在规定的时间内完成实训任务;

②按规定带齐安全用品,遵守安全规程;

③设备维护符合技术要求;

④设备不得有损伤、人员不得有碰伤;

⑤采用正确的操作方法,无违章现象。

三、实训场地

接触网演练场。

四、实训设备及工具

(1)手持电台2部、验电器2台、接地线2根、钢丝刷2把、小绳2根、兆欧表1台。

(2)绝缘靴绝缘手套各2付、工具包2个、个人工具2套。

五、实训内容及操作

(1) 准备工作。

①按照分工单中的要求,监护人、地线操作人分别领取所需要的工具并进行登记。

②外观检查及试验:手持电台检查时重点检查电量是否足够,频道是否一致,一般用两个电台进行相互对讲试验,讲话中如有"嘀嘀"声说明电量不足,要及时进行更换。验电器要进行声光试验,试验正常后进行绝缘电阻检测,每2cm不低于100MΩ或整体不小于10000MΩ。绝缘手套与绝缘靴需进行外观检查,看有无破损、裂纹和黏稠物,绝缘手套要进行充气试验。接地线进行外观检查,检查绝缘杆是否有裂纹,接地线有无断股、接头透明护套有无破损,压接是否松动。

(2) 验电。

①得到施工负责人通知,可以下轨行区接挂地线命令后,地线人员方可共同前往地线位置。操作人穿戴好绝缘手套和绝缘靴,得到监护人试验验电器命令后在有电侧进行试验,确认声光功能显示是否正常。

②做接地端准备,用钢丝刷对需要接地的设备下面的钢轨进行除锈,并用接地钩钉连接接地线。

③接到施工负责人验电通知后,使用标准化用语交流、应答和确认。

施工负责人:"×××有没有,我是××。"

监护人:"我是×××,××请讲。"

施工负责人:"×××至×××区间上行(下行,或×××站×××道)接触网停电、线路封锁,×××号验电。"

监护人员:复诵内容。

监护人与地线操作人:"××区间下行(上行)×××号验电。"

操作人:"明白,×××区间下行(上行)×××号验电。"

操作人利用验电器对挂接地线处的接触线进行触碰验电操作。若验电器无报警,则被检测设备已经停电;若验电器报警,及时汇报施工负责人进行确认,若判断为残压,可进行挂地线放电,如果电压过高,停止操作。

验明无电后,操作人:"×××区间下行(上行)×××号验明无电。"

监护人:"明白,××区间下行(上行)×××号验明无电。"

监护人通知施工负责人:"××有没有,我是×××。"

监护人:"我是×××,×××请讲。"

监护人:"××区间下行(上行)×××号验明无电。"

施工负责人复诵内容。

(3) 接挂地线。

施工负责人:"×××有没有,我是×××。"

监护人:"我是××,×××请讲。"

施工负责人:"×××号接挂地线。"

监护人:"×××号接挂地线,××明白。"

监护人通知操作人:"×××号接挂地线。"

操作人复诵。

操作人立即在验电位置挂接地封线,装设接地线的顺序如下。

① 柔性接触网封挂地线:将接地引线连接至接地端(以回流轨作为接地端);搭挂接地杆挂钩时,要借助绝缘杆先触试定位器,观察是否有电(防止有电直接将接触线烧损),挂接人身体不得触及接地线;将接地杆挂钩挂至接触线。

② 刚性接触网封挂地线:将接地引线连接至接地端;搭挂接地杆挂钩时,要借助绝缘杆先触试接地线夹,观察是否有电(防止有电直接将接触网设备烧损),挂接人身体不得触及接地线;将接地杆挂钩挂至接地线夹。

操作人接挂地线时人体不得触及接地线,挂完地线后及时通知监护人×××号地线接挂完毕。

监护人复诵。然后监护人通知施工负责人。

拆除接地线时顺序与接挂地线顺序相反。

(4) 作业完毕,清点工具材料防止遗漏,工器具入库进行检查、登记。

六、考核办法

(1) 以小组为单位,指导教师按评分表评分。

(2) 评分法:按单项记分、扣分。

(3) 每组操作时间为5min。在规定的时间内完成,不加分、也不扣分;每超时1min,从总分中扣5分,超时3min停止作业。

七、分析与体会

(1) 在验电接地过程中,监护人起什么作用?

(2) 刚性接触网验电接地与柔性接触网验电接地有什么异同?

 复习思考题

1. 过电压有哪些类型?
2. 简述金属氧化物避雷器的工作原理。
3. 什么是接触电压和跨步电压?
4. 什么是综合接地系统?
5. 城市轨道交通的接地网应满足哪些要求?
6. 什么是杂散电流?
7. 杂散电流防护一般有哪些措施?
8. 电气工作中保证安全的组织措施和技术措施分别是什么?

附 录

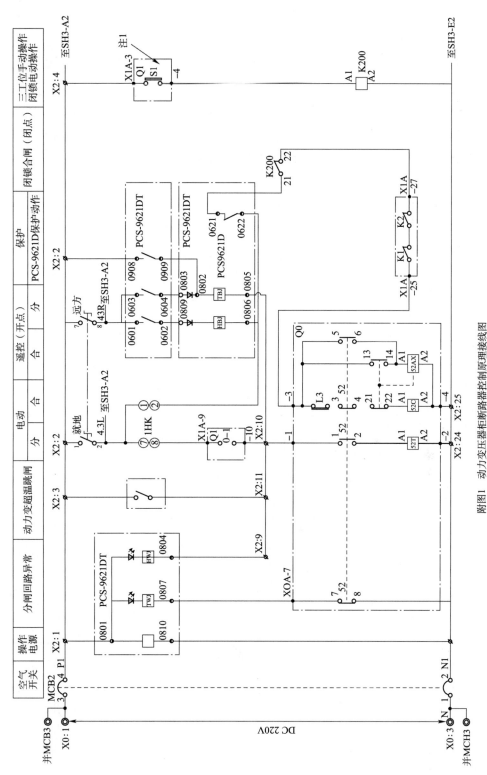

附图1 动力变压器柜断路器控制原理接线图
S1-三工位开关手动闭锁行程

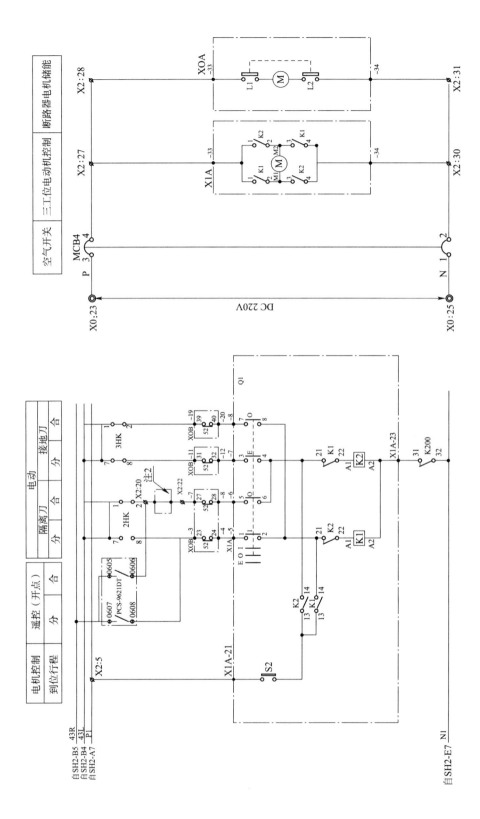

附图2　动力变压器柜三工位开关控制原理接线图

注：引自母联柜地刀接点。

参 考 文 献

[1] 张莹,陶艳.城市轨道交通供电技术[M].北京:人民交通出版社,2010.
[2] 童岩峰,章新华.城市轨道交通变配电检修工[M].北京:中国铁道出版社,2015.
[3] 于松伟.城市轨道交通供电系统设计原理与应用[M].成都:西南交通大学出版社,2008.
[4] 李学武.城市轨道交通供电系统概论[M].北京:化学工业出版社,2015.
[5] 张桂林.城市轨道交通接触网[M].成都:西南交通大学出版社,2016.
[6] 刘让雄.城市轨道交通供电系统运行与管理[M].成都:西南交通大学出版社,2015.
[7] 李亚宁.城市轨道交通供电系统[M].北京:中国电力出版社,2014.
[8] 陈玲.城市轨道交通供电系统[M].北京:北京交通大学出版社,2018.
[9] 宋奇吼,李学武.城市轨道交通供电[M].北京:中国铁道出版社,2012.
[10] 李建明.城市轨道交通供电[M].成都:西南交通大学出版社,2007.
[11] 李学武.城市轨道交通供变电技术[M].北京:中国铁道出版社,2012.
[12] 于小四.城市轨道交通供电系统安装技术手册[M].北京:中国铁道出版社,2011.
[13] 何宗华.城市轨道交通供电系统运行与维修[M].北京:中国建筑工业出版社,2006.
[14] 郑瞳炽,张明锐.城市轨道交通供电系统[M].北京:中国铁道出版社,2000.
[15] 黄德胜,张巍.地下铁道供电[M].北京:中国电力出版社,2010.
[16] 王国光.变电站二次回路及运行维护[M].北京:中国电力出版社,2011.
[17] 文峰.电气二次接线识图[M].北京:中国电力出版社,2000.